王白云 著

"以'学'为中心"
理论的建构与田野实践

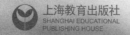

上海教育出版社
SHANGHAI EDUCATIONAL
PUBLISHING HOUSE

序 言

学生学习逻辑的变与不变

倪闽景

每一名教育工作者都应该研究学习,特别是在科技和社会发生快速变革的今天,对于学习的研究必须要成为一个十分重要的工作。王白云老师从多年教育教学实践和思考出发,撰写了《"以'学'为中心"理论的建构与田野实践》,从学生学习逻辑角度指出,时代发展到今天,"学习"已经超越单纯的"学术行为",演变为"社会行为"——学习的内容不是学习的目标,而是学生积极的、独立的、社会性个体成长的过程。学生就是要借助相对宁静的学校教育,专心修炼其独立性、合理建设其社会性。强调学生学习逻辑的定向与意义是构建学生的"系统理性",并从学习目标、学习空间、教学关系、学习流程、学习能量流动等多维角度,阐释了新时代学生学习的新变化和新取向。书中有大量故事和案例,很有说服力和可读性。

研究学习,我们要了解和学习相关的那些不变的要素。

首先是学习的目的不会改变。学习的目的对人类整体而言,是为了人类的延续和发展;学习的目的对人类个体而言,是为了个人的生存和幸福。其次是学习的生物基础不会改变。脑科学最新研究成果表明,学习本质上是通过外部刺激使大脑神经元在原有基础上发生新的连接。不同的学习内容和学习方法会形成不一样的脑神经回路,而脑神经回路形成和学习者的长时间深度学习有关。这个生物基础决定了学习一是要消耗时间,二是要选择性舍弃。任何学习都需要时间,本质上来说,这个时间就是脑神经元连接需要的时间,这个过程和外在的技术没有关系,快不起来;而一个人选择学习这个知识的时候,意味着他放弃了学习其他知识,学生学习的总时间是有极限的。第三是学习过程当中知识形成的层级关系不会改变。学习过程当中有四个知识层级:第一个层级是数字、文字和符号,实际上是由人的感

1

觉系统直接转化的碎片式知觉;第二个层级是信息,它是由数字、文字和符号相关联而产生的有意义的表达,比如"天正在下雨"就是一条信息,它不是一个知识;第三个层级是知识,知识是大量信息经过抽象和结构化处理的结果,也是认知的核心元素;第四个层级是智慧,包括方法、素养、情感等方面内容,比如好学、坚韧、宽容、勇敢、诚信、创造力、幽默感、领导力、责任感、思维能力等等。符号的关联产生信息,信息的关联产生知识,知识在人的头脑中形成关联产生智慧,无论技术如何发展,学习过程从数据到信息到知识再到智慧这样的知识形成层级不会改变。

我们再来看学习的哪些要素是在不断变化的。

首先是学习内容的变化。随着人类对世界认识的加深和人文积累,知识内容不断丰富拓展,学习的内容出现了爆炸式增长,这个是显而易见的。其次是现代信息技术的突破性发展,使知识的呈现和送达方式发生了重大变化,也因此产生了新的学习途径和学习空间,特别是虚拟学习空间的产生,是我们这个时代特有的颠覆性成果。第三是大数据、人工智能在学习领域的应用,对于学习者的学习过程分析成为可能,能够让学习变得更有趣、更有意义,这里包含了三种可能性:一是发现不同学生的学习特点,提供更有针对性的个性化学习支撑,让每一个学生保持学习的热情,真正实现因材施教;二是拓宽学生学习的视界,为学生的创造性学习提供工具和平台,使学生从知识的消费者转化为知识的生产者;三是技术灵活多样的表达手段,能极大地丰富孩子们的感官体验,从而在学习过程中收获愉悦。

以上这些有关学习领域的变与不变,我们呼唤和期待本土的教育理论体系,特别是呼唤广大一线教师能够去发现现代化教学的基本特征,并形成机制化运作策略。王白云老师站在学生学习逻辑角度,以实践者的姿态,提出了新的学生学习逻辑:学习目标由"教师立场"转向"学习立场"的重新定位,学习空间从"物理概念"转向"资源意义"的重新设计,教学关系从"集权式"转向"分布式"的重新勾勒,学习流程从"单一的学习步骤"转向"基于学生学习力的要素重构"的多元化再造。

皮亚杰说,教育的目标不是去增加知识的数量,而是为孩子的发明和发现创造可能,塑造能做不一样事情的人。现代教育更要突出这个目标。我认为,课程即大脑,有怎样的课程,就造就怎样的大脑。社会和科技的走向将深深影响到学习的价值判断,人类并不会一直做同样的事情,也不会一直用相同的方式做事。寒武纪时代爆发的一场生物进化革命,产生了无数新的生命形式,实现了从多细胞生命到多样化生态的飞跃;十万年前,伴随着语言和文字出现,人类进入了文化进化的阶段;目前,生命开始了人脑和电脑相关联的数字进化,进入了一个以创新创造为主导的新时代。对于学习研究将从以下几方面深入开展:

一是对于学习者而言,未来人类遇到的瓶颈问题无关知识,而是如何形成共识。信息化破除了知识权威,让每一个人都有了表达的机会,而形成共识将难度加大。在学习过程中,应该有更多的主题能够让学生体验观念冲突,并让学生们体验协商和妥协,而这方面实际上有大量的案例可以去实践,也非常值得我们用时间去让孩子们体会沟通和决定。

二是对于学习者而言,未来人类面临着超大规模信息带来的挑战。以前我们只有几个电台或电视台可以来选,现在可能已经有上千个电台或电视台可以来选了,未来可能人人都有电台或电视台,几十亿的信息通道,将大大改变我们的行为方式,学会选择已经成为核心要素。学习首先是要让孩子们了解,没有完美的选择,只有现实的选择,真正好的学习态度,并不是追求正确,而是解决问题。而且可以让学习者进一步明白,解决一个问题,往往会带来新的问题,这也恰恰是技术和人类不断进步的特征。

三是对于学习者而言,未来人类最大的特征是相互关联并透明,形成开放的、集体的创新新范式。就像一把刀,可以用来切割材料,也可能用于暴力行为一样,科技让每一个人的隐私完全处于脆弱的状态,如果大多数人不尊重这样一个现实,那么新科技将让未来人类生活在无比黑暗之中。学习需要激发的是集体创造力,让人和人之间的连接变成资源和学会尊重的机会,互相尊重,互相分享,并在思想关联中孕育创造力。创新实际上从来就是一个社会现象,一个人的创意只有得到别人的认同,才真正会变成一个社会改变的动力。因此在学习当中,要创造机会让学生理解社会运作的系统性,了解不同角色在创造活动当中的重要性,竞争与合作,发展与成本,行为与规则。

四是由于大数据技术和脑科学的突破式进展,学习将进入一个超级学习的阶段。大数据应用和脑科学研究最重大的价值,不仅在于能让学生学得更好,还能揭示学习发生的本质。当人们不知道万有引力定律的时候,大家就知道树上的苹果会掉下来,但当人们知道万有引力定律以后,却可以制造宇宙飞船飞到月球上去。大数据将揭示学习的秘密,揭示人脑当中学习发生的微妙过程。一旦学习的秘密被通透地发现,学习将从经典学习进化到超级学习阶段,而现在刚好在一个分水岭上。

目　录

第一章 背景:"'学'为中心"的 现实困境与时代趋势

教育已经进入 3.0 时代。

1.0 时代,教育还在"草创"时期。没有稳定的教与学空间,没有确定的教材、教学目标甚至教学对象。教育尚处于师徒作坊式阶段。

2.0 时代,以赫尔巴特和夸美纽斯们为标志,在标准化的教学空间、明确的教育目标、教材、教学对象甚至评价标准所形成的体系下,开展近乎标准化的近现代教育。

3.0 时代,信息爆炸,获得信息的方式层出不穷;学习空间多维而无限;教师对知识的"垄断"权力宣告终结。传统的"教"与"学"的含义随之发生巨大变化,"教"与"学"关系的重心因之悄然转移:"学习"不再是"教师教、学生学",而是学生"自我导向"的过程;"智力"不仅仅对应"知识",而是"系统发现、制订规划、形成判断并有效输出的能力";教师不再是"知识的传授者",而是一边放手、一边援手的"导学、督学、建立学际关系"的人。

但是传统的"'教'为中心""知识中心"的惯性是很难改变的。近代教育强大的"管理"属性、教育领域"过度的责任心"和"低层次的勤奋"造成的越位,都使"'学'为中心"的立场很难切实确定,学生"学习逻辑"很难真实发生。

一方面,寄望于教师的热情及教师个体的零星作为、或对教学策略做一点微调应该都于事无补;另一方面,支持"'学'为中心"的实践理论、课程形态、要件及机制,至今大多只是零星要素的状态。

教育,单有愿景和热情是不够的。

第一节 问题：当下教育中的缺位与趋向

教育是时代的产物、文化的产物，教育也丰富和塑造着社会文化。在与社会大文明彼此借力、彼此矫正的过程中，教育已经从 1.0 时代、2.0 时代开始迈进 3.0 时代。

教育的 1.0 时代衍生于人类文明的农耕时代。耳提面命的教导方式，师徒式带教，以传授经验、解释社会规则为核心。在"教育体系"方面，没有固定的教育空间、教学时间、教材；更没有相应的教学标准、评价方式，教师、学生都可以即兴产生、自主脱身。

在中国，1.0 教育时代的代表人物是孔子。孔子是伟大的教育家。但即便是伟大的教育家，其带教过程中师生关系也是不稳定的。历史书上号称孔子有弟子三千。弟子三千是个什么概念？很可能是"人次"的概念——有些学生，或许只是到孔子的身边站了一站，就转身跑到少正卯或别的什么人那里去了。1.0 时代的教育并没有固定的学生。此后漫长的几千年，学生跟谁学，以谁为师，往往具有很强的随意性。

教学空间更不稳定、不正规。先秦时期，全体师生"教无定所"是常态。树下、河边、路上，都可能是古代的"教室"。几千年的私塾都是找一间房子，放几套桌子板凳充任教室。

教学时长也没有一定。有的学生跟着孔子终身从学，有的呢，几小时几分钟怕也是常事。

"教学内容"也是即兴发挥居多。有一次颜回做饭，一点灰尘掉进饭锅，为避免浪费，颜回把这一点粘灰的饭粒放进了嘴里。再盛饭给孔子吃的时候，孔子表现出很大的不高兴：我做老师的都没有吃，你做学生的凭什么先吃？颜回解释之后孔子才表情恢复和悦。这顿饭，就是孔子教育的机缘、教学的内容。见机行事，随机教学，应该是孔子教学的最大特点。

当然更没有明确的教学目标和评价规则。

但是，这个时代也积淀了教育追求素质、讲求因材施教、体现教学相长甚至学生为本的"未来"基因。

工业化到来,全世界政治格局和思想格局进入动荡调整时期。工业革命要求大量的技术工人。培养怎样的人,怎样培养这些人,用什么培养、在哪里培养,一整套的思考促生了一整套的设计。以赫尔巴特《普通教育学》为标志,近代教育——教育的 2.0 时代应运而生。

2.0 时代的首要特征是"教育"的体系化。固定的教学空间、特定的教材、稳定的教学人员与学生,一系列相关的考试与评价:教学有了完整的体系。

2.0 时代的第二个特征就是"规模化"。夸美纽斯的班级制毫无争议地成为近代教育的范板。规模化培养人才成为此后几百年教育模式的主流。

2.0 时代的第三大特征就是"知识""技术"本位。工业革命对世界进行了重新"开天辟地"。如果说在此之前,社会上主要有两大阶层——一是拥有特权的贵族阶级,一是受制于人、鲜有特权和社会资源的底层——"阶级"的划分主要基于"权力"。那么,工业革命标志着人类开始以另一种方式进行"分类",一类是"创造和引领社会文明的人",另一类是"适应社会文明的人"。发明飞机、轮船、汽车、火车、原子弹的高端人才,他们决定人们的生活方式甚至世界的格局。另一"类"人,学会乘坐飞机、使用那些"新型智群"发明的工具、适应"那些人"的思维方式,成为终其一生的"任务"和"活法"。自然而然,把那些新型智者的发明或发现的东西"知识"化、"技术"化,让年轻人成为他们的生产助手或产品的运用者,成为"教育"的主要功能。

在这样的局势中,知识本位和技术本位成为自然结果。不管传统文化带有怎样的人文思想,时代的核心需求都是催生教育最主要的特质。"人"的因素退步和退隐,成为近代教育的根本特征。

一、2.0 时代的教育"管理"属性强大,"学生学习立场"模糊

2.0 时代的第四特征是"强管理"。受工业文化的影响,近代教育具有强大的工业文化特征。分门别类、生产线运作是工业文化的典型标志。对应到教育体系,就是有人负责"决策"、有人负责"实践",有人负责编教材、有人负责实施教学,有人负责教授语文、有人负责教授数学。各司其职的结果之一,是大部分人偏于一隅,没有机会也没有必要"通观全局、系统考虑"。

另一方面,随着社会对教育的"需求"日趋强烈,教育任务日趋艰巨,教

育体系日趋庞大,负责具体工作的教职人员的工作领域越来越固定,工作区间在整个教育系统中越来越窄小,教育思维越来越单一。这导致教育体系内整体上思想能量立体流动的网络没有充分形成,教育领域内各种力量分头发力、有效整合的模式没有充分发育。

在这种情形下,真正的教育主体——学生,身为"管理"体系的末端,处于"管理"金字塔的底部,因为容易被"弱视",所以明显被"弱势"。

(一) 各种社会力量参与教育"管理"和时间分配,学生陷入被动

使问题更加复杂的是,一方面"管"大于"理"导致学生立场黯弱,另一方面,社会的多元化又使各种外围力量得以参与教育"主导"和时间分配,学生原本有限的一点"学习自主权"再一次被强势瓜分。

最显性的特征就是"教育变成民生"。

最初,人们接受教育主要为了个体和种族的生存与繁衍。捕鱼、结网需要学习,简单的家族公共符号需要对其内涵加以理解,人与人之间的契约也需要学习制订与执行。

随着工业化程度的加剧,特别是人工智能的发展,社会竞争愈演愈烈,对人才,特别是高层次人才的需求日益加大,"人才"的层次划分空前清晰,学历的基准线被大大提升,人们更希望成为卓越人才和全面型人才,对教育"质量"与"课程多样化"的要求不断升级。人人都希望"更具有竞争优势",剧场效应被不断强化。

于是,一个地区房价一度取决于学区内学校的办学水平。各级城市中,最为风生水起的企业曾经是各类教育培训机构。家庭矛盾最易点燃的导火索是家里有个成绩不佳的孩子。三口或四口之家,最大的家庭支出之一是教育。学生的基本生活姿态,就是背着书包在学校和各类培训机构间出入。

教育,诞生之初是社会的衍生物,多年发育才成为相对独立的社会活动,这个原本与"产业"无关的象牙塔,不知道什么时候开始聚焦了全社会的眼光。很多人为之欣欣然:教育受到了前所未有的重视。事实上,是教育遭受了前所未有的压力。

教育一旦变成"民生",教育从专业范畴转入综合空间,被迫承担起维护社会公平、保障社会稳定、参与房价调控的社会责任,教育就不再是"专业",转而归属公共活动。有孩子上学或即将有孩子上学的家长,往往不仅是教

育的监督员,也常以教育的指挥官自居。教师和其他专门从事教育研究和实践工作的人反而被减少了话语权,教育在嘈杂的大众声浪中专业性日见稀薄。

与此同时,学习的主体开始异化,成长者降格为"考取高分上好大学找好工作"、提前为生存而挣扎的人;学习也不再是学生的事情,家长、培训机构纷纷参与决策干预和时间分配。学生在无数人的指挥和干预之下疲于奔命。主要的任务变成"接受"和"服从"。"遵从"成为使命。

在社会体系中,学生有限的主导权和自主权这一次被肆无忌惮地瓜分。

1972 年联合国教科文组织提出口号:"教育即解放。"人类文明发展到一定程度、教育"遵从"的意味强化到一定程度、对"人"的关注超过对外物的关注的时候,"解放"则具有了更深刻的意义。时至今日,教育更为紧要的是让更多的人从视野的狭隘中解放出来、从情性的蒙昧中解放出来、从思维的僵化中解放出来、从人格的卑微中解放出来。教育是要让受教育者心灵更自由、性情更丰满、心性更坚韧;教育要使受教育者能够在志趣的光辉中,更懂得学习的意义、更明白思考的价值和方法,并借此更自信、更轻松地走进自己向往的自主王国。国际 21 世纪教育委员会在题为"教育:财富蕴藏其中"的报告中指出:"教育的基本作用,似乎比任何时候都更在于保证人人享有他们为充分发挥自己的才能和尽可能牢牢掌握自己的命运而需要的思想、判断、感情和想象方面的自由。"现在我们的学生"遵从"的结果,别的不说,单是"表情",学生就失去了"生动"。

人类与其他动物的主要区别之一,就是人类富有表情。但凡是社会中的人,总会有喜怒哀乐,怎么会没有表情呢? 特别是以生动活泼为天性的青少年。

可是,现在的学生常常没有表情。年级越高越没有表情,越是在教室里越没有表情。在一起坐几个星期彼此之间也难得相互给个笑脸。

◇ **案例:"何必这样没有表情"**

笔者有一次到某声名远播的学校讲课,路过一个走廊,一群四年级男生静待体检,每个小孩低眉顺眼坐着,鸦雀无声。事实上他们正处于"上房揭瓦"的年龄;某次给某师大研究生上课,走进教室,个个面无表情,我开玩笑说,你们这是对我有情绪吗?他们看我一眼,没什么反应。我调侃他们:我的对面是兵马俑——千人千面可是没有表情吗?他们惊怪地看我一眼,又恢复沉寂。我佯装生气地说,我有一次去黄土高原,几尺高的黄土,就是一毛不生。很多年以前,这里发育了河洛文化,是中原文化发育的肥美之地,那时候,森林茂密、绿草遍野。过度用力的结果,就是不毛之地。现在的黄土高原,壁立千仞,但是你踢它它不动,你咬它它不哼。我相信你们就是女娲用那样的黄土做的。这时候他们才勉强有了一点鲜活的神气。

还有一次笔者到某省会开会,当地的教育主管向我介绍他们的教育亮点,其中有一张幼儿园的照片——小朋友们一律把手背在背后,一本正经地听老师讲课。"为什么小孩子的手背在后面?""守纪呀。""为什么要这么守纪啊?""让老师的课能够顺利上下去啊。"老师有没有别的办法既能让孩子们守规则又能保护他们自由的天性?小朋友天真烂漫活泼的本性会不会从此慢慢湮灭?在澳大利亚,学生下课闹得简直沸反盈天!上课铃一响,学生们热气腾腾地奔进教室。当老师说"小朋友们,我们一起来聆听大地的声音"(他们的小朋友坐在地毯上上课),孩子们就会瞬间安静。

再努力的教育,一旦把学生变成无生机的生命,都是舍本逐末的教育。

很多年前,鲁迅先生有感于封建文化桎梏之力,发出救救孩子的呐喊。斗转星移,近100年之后的今天,封建文化的桎梏对我们年轻人的控制力量近乎完全消解,但是他们并没有我们期待的那样生机勃勃。

教育正是因为各种力量的强势和强化,把孩子变成了缺少生机的"工具人",你坐在位置上不动,让干什么就干什么,不让干什么就不干什么。规定你几点来就几点来,规定你该完成什么事儿就完成什么事。以听话为第一使命。

本来,生长在科技格外发达的时代,我们的学生应该比任何时期的年轻人都拥有更广阔的天地,也拥有更好的生活及学习条件。可实际中,孩子们经常从这个教室里出来,又马上背着书包进入那个教室,然后又从那里出来进入下一个教室。背影落寞而沉重。连幼儿园都办上了晚托班,各类正规不正规的培训机构虚"座"以待。只要开始背上书包，孩子们爱玩、爱自然、爱自由的天性便与他们的朝夕寒暑一起几乎被悉数收缴。在蓝天白云下行走感觉多么美好，看阳光的金线穿越尘埃是多么奇妙，跟一棵小树互诉忧乐并结下好长一段时间的友谊也很不错。可是他们的"性情"同身体一道被"拘禁"了。一个人在"六合"空间里关得时间太久，很容易由"动物"变成"植物"。

生活在信息爆炸时代的孩子，本来可以比任何时代的年轻人都更明白什么叫"知识"。可惜，一本一本的练习册和一张一张的试卷覆盖了一切。也许孩子们还来不及想一想他们需要什么，或是判断一下他们应该做一点什么，他们的世界就被席卷了。原本活泼泼的生命的主人，变成"到时接单、如期完工"的奴隶，他们差不多以为他们日日夜夜沉溺其中的试题就是"知识"的全部。也许他们要等到离开校园才会知道："试题"的背后是"课本"，课本的背后还有"知识的原野"，那里才是孕育知识、方法和真正兴趣的所在，才是"知识"真正的家。

把整个儿的最美好的青少年时光一股脑儿投入到"知识"中去，结果连"知识"来自哪里、什么是"知识"最本真的状态都不知道，这是怎样的悲哀？何况随着年龄的增长，很多孩子离"知识"、离"兴趣"、离"自主"渐行渐远。就拿"读书"来说吧，很多读书的孩子并不读书，初中生没读过整本科普读物的并不鲜见，高中生没读过几本中外名著的也大有人在。料想在不久的将来走进社会之后，这些曾经"读"了好些年"书"的孩子并不会成为喜欢读书、能够自动买书来读的群体。没有自己的兴趣，不懂得自己做选择，没有自主学习的方法和意识，也从没有在知识的原生态里行走的感觉，他们怎么会想到读书、会喜欢读书？——他们早已把自己和知识的原野、兴趣的天地隔离了，也把自己跟"自主学习""持续发展"最常见的方式隔离了。

胡适说："解放的唯一办法就是实行解放。"人口众多的国情一时是不能改变的，就学的压力一时是难以消解的，把我们的孩子"关"进校园、"拘"于课堂、"限"于课本、"绑架"于试题之上的"教育"亟需变革。

（二）庞大的"系统"着力于学生，学生不堪其"负"

源于近些年教育的一些弊端，一些本来感情色彩中性的词，不幸变成了如假包换的贬义词。负担，本来只是指"承受的压力或担当的责任"（《现代汉语大词典》)。"学业负担"也只是学生所承受的任务和压力而已。但是因为学生的学业负担畸重,近几年在社会话语中,"学业负担"揉进了"过分""过度"的意味。

据《中国青年报》报道:从 2010 年开始,上海市教委教研室开展了长达 10 年的作业研究,在 2013 年 30000 个样本的调查研究中发现,有 31.4% 的小学生和 38.2% 的中学生认为作业负担重。2012 年 PISA 测试结果表明,上海学生数学、科学和阅读素养均列世界第一,但是作业时间也是世界上最长的。另有调研表明,54.6% 的小学生和 73.1% 的初中生存在作业超时的情况。

2017 年 9 月,中国共产党中央委员会办公厅和中华人民共和国国务院办公厅印发的《关于深化教育体制机制改革的意见》,明确提出要切实减轻学生过重课外负担。

2019 年 6 月 23 日颁布的《中共中央　国务院关于深化教育教学改革全面提高义务教育质量的意见》第十条提出:"统筹调控不同年级、不同学科作业数量和作业时间,促进学生完成好基础性作业,强化实践性作业,探索弹性作业和跨学科作业。"

2021 年元旦刚过,有些省的教育部门官网发布中小学减负清单 15 条。

2021 年教育部年度工作会上,教育部部长陈宝生向全国教育系统提出了抓好中小学作业、睡眠、手机、读物、体质管理等主要任务。2021 年 5 月,中共中央办公厅、国务院办公厅印发了《关于进一步减轻义务教育阶段学生作业负担和校外培训负担的意见》,指出义务教育最突出的问题之一是中小学生负担太重,短视化、功利化问题没有根本解决。

近些年国家减轻学生学业负担的政策不断推出,一方面表现了国家对学生身心健康的密切关注,另一方面显示学生的学业负担不仅没有应声而降,反而有不断延续甚至不断加重的趋势。

明知道学生的学业负担不仅影响学生的睡眠、伤害学生的身体,却过度占用学生自主的时间,变相钳制学生的学习兴趣和创造素养,对学生、对教育、对社会文化都害莫大焉。为什么减负减负,越减越"负"?

究其原因,首先是对"负担"的过度认定,导致"减负"并没有形成共识。

众所周知,学生学习是一个吸收和运用的过程,是不断修正自我、攀登高峰的过程。课前预习,课后巩固,对学习者而言实属天经地义。无论赫尔巴特还是杜威、无论是本土实践操作还是国外教育理论,都被视为理所当然。学业负担不是贬义词,只有超出规范和合理空间的学业才需要"减负"。但是,有些教育主管部门解决学生学业负担的心理过于急切,政策调控缺少必要的解释和指导。一方面教师们缺乏具体操作的策略,另一方面有些家长因为内心焦虑而对教师反向施压。减负结果,事与愿违。

其次,将"学业负担"狭隘地理解为"作业负担",导致对问题的来源判断不清、解决问题的方案隔靴搔痒。学业负担,来源于至少三个方面。一是学科门类过多。不仅产生的作业因此增多,而且直接导致学生绝大部分时间都在上课,没有太多的时间完成作业。课程多,活动多,是加剧学生学业负担的源头。没有对应学生的时间系统规划学习课程,成为加重学生学业负担的首要推手。而一旦把学业负担理解为作业负担,一味盯着作业,难免南辕北辙。二是作业类型广度、深度、活动程度大大加强,需要花费学生更多的时间和精力。随着教育改革的推进,学科作业加上社团活动,做板报、社会调查、社会实践、演讲辩论类作业大大增加,确定主题、搜集资料、形成文案、做PPT,一个礼拜只要有一项这样的作业,整个星期都"不得安生"(某学生语)。调查表明,某小学生一个星期最多会接收到四项这样的作业,某高中生一学期为此花费时间平均每周达三小时。三是校内外联合加码,学校学生作业量"高位稳定"。学生校外补课占用了双休日的大部分时间;校外补课的作业数量同样可观。而且一旦学生的校内作业有所减少,家长一定要求校外作业量加码。甚至校内校外互抢时间,作业负担自然居高不下。

第三,假性"负担"导致"负担"成真。课业之所以成为负担,与学生的课业心态(认知和情绪)、学习能力(把控时间的能力、做作业的速度效率)密切相关。一旦心理上不认同,情绪上有对立,不是"负担"也是负担;加上有的学生有意无意拖延时间,作业时间比正常加倍,自然"负担"更加一等。

以上分析可以看出,学业负担的来源主要有三个。一是学生。班级制教学中真正的个别化教学是不存在的。不同的作业要求只会导致未来的学生学习基础和水平落差的增大。所以,除了对个别同学补缺补差,加强情绪辅导、把消极心理转化为积极心理是更为重要的工作。但是实事求是地说,如果学生的学习情绪源于社会影响和家庭教育,"转化"工作并不如想象中那么轻而易举。

二是校内教师。通过信息平台的作业统筹看起来是一个不错的方案，但是事实上，这种统筹也只能是相对调整。不同学科作业出现的高峰时段，有时候是那么一致。为了保护学生的身心健康，学科老师要进行作业减量，但是减量往往影响学科教学的进度。这个矛盾，在整个教育场境中，竟然没有解决的主体——上级主管部门不可能就此作具体的指令，学校领导也不可能有精力和能力做这种学科协调，教师个体也只有靠自身觉悟要求自己而管不到别人，学生更是完全处于被动的地位。但是，能否做到是第二个问题，愿不愿意做才是先决条件。老师到底愿不愿意降低学生的学业负担？出于道义和感情，他们当然是愿意的。出于"减轻自己批改作业的负担"，教师也没有理由不积极配合。但是，如果头上悬着达摩克利斯之剑——很多人跟在后面要成绩，或者把作业多少看成是教师是否敬业的标准，那么教师布置作业也只有"多多益善"的选择了。

事实上，很多的学业负担来自第三方——家长。

笔者调查表明，要求作业"多一点"的家长，在小学占45%，在初中占87%，在高中占93%。

为什么要"多一点"？

三分之二以上被调查的家长的回答是：考个好初中（高中、大学）。

为什么一定要考个好大学？

答曰：否则找不到好工作。

几乎可以这样说：学业负担的真正推手，在内，是追求"功利"的不良生态；在外，是家长们面对竞争的无奈。

所以，学生"负担"的背后，是一个庞大的"系统"。只要教育绑上了其他任务，就不是教育内部的事情了。无论教育的主管部门如何下文，学生的学业负担也会岿然不动。

但是，如果我们换一个思路，以学生为解决这个问题的主体，能接受多少课程、可以有限完成哪些作业，应该补充一点什么"负担"，都在学生自主而理性的分析之下进行调控，是不是很多关系、很多矛盾，都可以迎刃而解？

第一，国家对课程进行清理和整合，以"保障公民教育"为基准，限制校本课程，转移特色课程（到体制之外），以发展学生的身心健康为主要目标，保障学生更多自主的时间和空间。

第二,各级业务部门在"体系"框架内进行职能定位,不缺位,不越位。国家有关决策部门着力于方向的确定和保障,高等院所开发、梳理专业教育资源并进行作业资源的合理配置和使用指导,基层教师着力于转化资源研究配置过程中的细节和能效。这样将教师从研究课程标准、研究教材等力所不能及的任务中解放出来,切实增强教学效能。

第三,研究作业、课业与学生时间、需要之间的关系,该做的作业分类操作,不该做的作业彻底摈除,让学生只承受应该承受的"负担"。

撇开就业问题,国人文化观念等复杂因素,在教育教学范畴内解决学生"负担"问题,应该策略并不复杂,操作也未必十分繁难。在教育部做大部署、下大决心"双减"的同时,如果实践领域依然没有"基于学生立场""对应学生发展"理解学生负担,分析学习现状,制订相应办法,"减负"的内在压力很难快速消解。

二、当下的教育依然在"应试"与"应对未来"之间徘徊

教育主要是为未来做准备。学生不是跨出了学校的门槛就大功告成或者功德圆满,他在未来的社会中发展成什么样子,教育要为他做好充分的铺垫和引导。

2020年初,一场疫情不期而至。线上教学突如其来地迅速覆盖了全国,从城市到乡村,从书香之家,到农村家庭。

按理说信息时代,线上教学不管是作为主流教育形式,还是主流教育的补充,它都是一个趋势所在,不应该给广大师生一个措手不及。

事实中的窘况直接呈现了当代教育的几点缺失。

一是有计划无规划,"对未来准备"的缺失。的确,前一学期末一切都准备好了,什么时候开学,开学后组织学生什么活动。可是春节时突然来了一个指令,到3月17日被正式通知要进行网上教学。很多用惯电脑十几年的老师,器材上突然缺这个缺那个;技术更是捉襟见肘,无论是高中老师还是小学老师,都深深感觉这是一场"变故"。除了极少数过去有各种储备或者说特别有技术储备的老师,其他的人可能都像一脚掉进了一个陷阱里,设备和网络没一样顺手。

我们经常说未来已来,为什么未来真的来了我们会这样惊慌失措? 教学计划、教案,几乎每个教师都驾轻就熟;可是更远、更意外的东西,大家似乎都没看见。

二是教学场境的缺失。在当下的中国,除了极为偏远的农村,网络几乎全面覆盖,手机几乎人手一部。可是,真的到了教学的时候,且不说老师为了逃避家里宝宝或宠物的"骚扰",只有在卫生间安一个直播间,学生大多在卧室或沙发进行所谓的学习。卧室和沙发是平常睡觉听音乐吃零食看电视的地方,所以学生网课期间自然而然地睡觉听音乐吃零食看电视。在以教育投资为最大家庭投资之一的大城市,也很少有专门给孩子的书房,笔者在对上海某区进行的全样本调查中发现,只有 30% 的家庭有学生书橱。

更严重的是"自主性"的缺失——学生自我设计、自我管理与自主学习能力的缺失。

教学最主要的元素是什么或者说主体是什么? 毫无疑问是学生。未来社会对学生的最主要的要求是什么? 是自我学习的能力。

但是,学霸云集的名校,学生线上学习自我管理的状况也不容乐观。

- 你了解学习目标吗?
- 你了解你的成长目标吗?
- 你感觉控制住学习节奏了吗?
- 你是否每节课会有两次或两次以上的走神?
- 你是否有躲避线上对话的心理和事实?
- 你认为线上学习效果不理想的主要原因是什么?

100% 的学生号称了解学习目标。但是 98% 的人表示不了解成长目标。这听起来匪夷所思。难道学习不是为了成长? 难道孩子们成长的长远目标与阶段性目标没有关系? 难道不认为日常学习的过程中,该选择合适的方式给自己制订法则、增加力量,让自己达到自己最终所要所期待的那种情形?

原来学生们对自己的未来没有设想,他们之所以学习,是因为他们一直在学习。

之所以 100% 的人认为自己了解学习目标,只是因为笔者每次上课讲义上对"学习目标"进行列举。比如：

- 学会圈画文章的中心句
- 理解文章材料与中心的关系
- 学会梳理文章的思路

具体要求白纸黑字写在那里，学生们领会充分，但是学习这些东西的"目标"就似乎与他们没有关系。

当笔者询问学生是否有躲避线上对话的心理和事实的时候，有76%的学生表示躲避，有52%的学生表示每节课都会有脑子不转或者胡思乱想两次以上——包括年级里排在前20的学生。

再问"你认为线上教学的学习效果不理想的主要原因是什么"的时候，28%的学生说家里太舒服，68%的学生说干扰或者诱惑太多，26%的学生说不知道怎么去学，57%的学生直接承认根本管不住自己。一群正值青春的学生，既不关心自己的成长目标，也不能有效约束自己做好当下的事情。不妨得出结论：线上教学的困难很多，但更深层次、最根本、最底部的问题是学生的状态，而学生的状态归根结底要看学生的自我管理的能力。

学生的群体性"游离"也对教学能量传导的方式提出考验。学生在信号的那一头，老师在信号的这一头。教师端是一个人，学生端是分散的几十位。表面看起来几十个学生都可以跟老师有直接对话的机会，其实他们是一个平面。当老师要求互动的时候，学生们可能几十个人一拥而上，老师在讲解的时候，学生们有可能几十个人一下子隐遁；当老师点评某同学的作业的时候，其他的作业自然被屏蔽。当老师怀疑某同学处在游离状态的时候，老师要花很多功夫去核对名单。教与学的能量非常难以聚焦和传递。因为老师和学生之间、教师的电脑和学生的电脑之间，是很多空洞和很多面墙。

如果教师与学生之间有某种组织存在、将学生与教师之间的"电波"通过无形的线索连接呢？

很显然。目前没有。

某种意义上，疫情催动的线上教学是对我们教育发展现代化阶段的一个检验，是对我们在未来时代中，我们教育的形式观念、发展阶段的一次检验。我们的教育还离"未来"很远，自然离学生的未来能力培养的需要更远。

（一）片面强调"效率"和"经验"，忽略了现代教育的基本特征是学习组织的机制化运作

1. 现代思维的基本特征是系统设计。

什么是现代思维？一个人外出旅游，走到哪里是哪里，看见什么是什么；日出而行，日落而归，这不是现代思维。具有现代思维的人会确定目标、选择景点、设计路线，甚至事先安排好就餐的饭店和防范意外的器具物品。前者顺其自然，后者系统设计。

什么是系统设计？系统设计就是脱离"重复经验或简单处理问题"的行为惯性，基于实际，从系列实际作为中抽取规律，形成理念，然后设计相应的材料、形状，为之配备一整套制作工具和流水线，再去解决实际问题。遵循的是"从具体事件中概括原理——加强系统设计——解决具体问题"的思维以及操作过程。

一旦你处理教学的目标、教学的内容、教学的过程等一切问题还是基于"经验"，不着眼学生发展的需求，不对过往的得失加以横向比较和纵向评估，不在"设计"和"设计的系统性"上下足够的功夫，没有形成基于学生立场的理性的教育教学观念，跟"圈"外人士持有一样的思维和话语系统，那么你的教育还停留在 1.0 至多 2.0 时代。

现代思维最主要的特征就是抽象。

2. 现代教育的基本特征是学习组织的机制化运作。

系统设计的结果就是机制化运作。

教学不等于搬运。但是如果将教学任务粗略地理解为将一堆柴火（知识等）搬到学生的大脑里，原始的做法是马上动员学生肩挑手提，顶多再号召学生们齐心协力。现代教育的做法则是，第一步是跟学生们一起研究任务和目标，然后引导同学把自己组织起来，设计方案（研究学习方式和流程），开山辟道、建造机车（完成学习的各种准备，包括思维和心理的准备），监控管理调度（督学与评学）——进行整个机制的设计和运作。这就是教育的现代化。教育的现代化不是说教室里的硬件变得高端，教育的现代化是一种观念，是一种现代思维和运作方式。

我们的教育常常片面强调"效率"和"经验"，急于事功，忽略"经验"的滞后性和有限性,很大程度上阻碍了教育向"现代"发育,妨害学生智能的多维发展与综合发展。

(二) 过分强调"知识"和"技能",忽视现代教育的根本追求是赋予学生以"未来"智能

教育是指向未来的行业。衣服今年做了明年再穿可能过时,面包今天制作明天再吃可能过期。教育却具有未来性。培养的学生是否"优秀",学生说了不算,家长说了不算,家长校长说了也未必能算,如果学生将来走向社会,赫然发现自己在社会上百无一能,或者能干但并不幸福,他就都不能算成功。诸多学霸毕业即失业,有的为人冷漠,甚至走上犯罪道路,他们在学校学习生活期间未必不被视为学校的瑰宝;反之,一些曾经在学校被老师嫌弃的"捣乱分子",不仅成为人生赢家,而且为社会做出了相当大的贡献。

对学生的培养是成功还是失败? 站在"未来"的角度审视,笔者认为他们至少要符合"四有"标准,才有可能算得上合格或是优秀的"产品"。"四更"学生,才是为未来培养的人。

1. 思维更灵敏。

王尔德说:本来我很聪敏,但是教育让我糊涂了。可见教育并不一定让人聪敏。很多人少年时候都很聪敏,充满了灵气和天分。经过我们多年的教学,对社会越来越冷漠,对自然越来越麻木,思想越来越偏激,对解决问题越来越恐惧或盲目。这是教育的失败。

2. 身心更强健。

如果学生上了小学初中高中,越来越手无缚鸡之力,站着参加开学典礼,就摇摇晃晃作昏倒状,加上近视、肥胖、骨质疏松,这种学生很难说优秀或成功。

当然心理要更健康。一个人活得好不好、能不能跟周围人正常沟通、能不能在社会文化中有效发挥自己的能量,固然与周边环境有关,更要看个体的心理是否健康。能战胜大风大浪的人都是心理素质强大的人。一个高中男生被老师批评了几句就泣不成声;一个名校学生,只因为某次考试的成绩与理想成绩有点距离就万念俱灰;个别"人才"受到一点"不公正"待遇就仇

视社会,这样的教育自然不能算成功。

3. 更有情义、更具有感知幸福和谋取幸福的能力。

人区别于其他动物的最主要的特征之一就是具有情意。情意是人的重要维度,是人与外界的温暖的纽带。爱自然、爱社会、爱人类、爱自己,才会有追求进步和美好的动力。

有情义的孩子,才更能感知幸福。幸福是一种感受,未必是一种遭遇。只有当不幸遭遇被不理性地内化的时候,人们才会感觉不幸。《旧唐书》写韩愈"三岁而孤"之后"自以为孤儿",好处是从此不需要别人鼓励就能自觉拼命读书,坏处是从此性格褊急言语极端。遭遇也是可以"异化"的,笔者过去的一位学生,母亲早逝,父亲患病,家境贫寒,但是她永远笑意盈盈,觉得生活对她有很多"恩赐",最后有了幸福的家庭和理想的事业。相反,"身在福中不知福"也变成一种常态——有的孩子家境富裕,父母对他们宝贝有加,穿名牌,吃美食,豪车接送,依然觉得自己不幸福,这是因为他们缺了一个能力,就是感知幸福的能力。幸福就在他的身上,他看不见,他误解"不幸"的内涵和人生的意义,沉浸在自己的小情绪中自怨自怜。

谋取幸福的能力更为重要,培养起来也更为艰难。一个人如何才能让自己更幸福? 除了心理作用,还应该为自己做些什么,这是一个社会学命题,也是教育的根本命题。教育的终极意义是让人类更美好、个体更幸福。

◆ 案例:"你可以自由了"

一名学生在日记里写道:我的父亲是一个缺少道德的人。我十二岁的时候希望他给我自由,他不同意,答应十四岁给我自由;到了十四岁,他又说十六岁给我自由。现在我十六岁了,他仍然对我管头管脚。

我把她找过来问:你说你爸爸"缺少道德",是不是过分了?

她激动地说,一点都不过分! 他就是一个不道德的人;早上催我起床,晚上催我写作业,双休日不让我出去看电影,我接了个男生电话他要追问个没完没了。我简直没法活了您知道吗!

我说,他确实有点问题。你都十六岁了,很多事情都应该交给你自

16

己。我支持你要求自由。不过你要的自由是什么样子的呢?

她说,就是不要管我。

什么都不管?

什么都不管!

那你从今天开始,吃什么、住哪里呢? 你总不能吃着人家的饭、住着人家的房,在人家眼皮子底下晃来晃去,不想读书只想玩儿将来考不上大学找不到工作还要回来啃人家老,然后要求人家什么都不管吧?

还有——我拿给她一张账单:你16年来的吃喝用度,保守计算10万元,你打算怎样偿还呢?

她瞠目结舌。

我说,我的父亲,养了我23年,我大学刚毕业他就去世了,没用上我一分钱,没喝到我买的一滴酒。子欲养而亲不待,到今天我还过不去这个坎。

衣食无忧,有父母的呵护和监管,可以上学和嬉闹,没有战争瘟疫和其他的各种威胁。你得天独厚占有这样的资源,还觉得痛苦?

有些事情——我接着说,我们可以采取一点办法来处理,比如,我们跟父母谈一谈,做一个约定,让他们安心,我们自主。

后来与她一起"密谋",支持她与她的父亲"斗智斗勇"近一年时间,她终究以自己的自觉换取了父亲的信任。父亲舒心了,她也快乐了。

4. 更具有适应或者发展社会的意识和能力。

第二次工业革命是人类的第三次开天辟地。第一次开天辟地是盘古,他将混沌世界中轻盈的部分升为天,浑浊的部分沉积而为地。第二次开天辟地是人类社会形成,拥有权力资源的成为统治阶级,没有资源的成为被统治阶级。第二次工业革命对人类的阶级做了重新划分,有智能和创造力的人成为引领世界和规定生活方式的人,比如莱尔兄弟"规定"你出远门要坐飞机,乔布斯"规定"你要学会用手机。大多数人,就成为被人"规定"的人。所以,少数天赋异禀的学生要担当起引领社会的作用,而不是仅仅想着比别人多买几套房子;天资普通的孩子要努力适应社会、为社会做出普通人应该做出的贡献。

但不管天资如何,每个人都应该有服务他人、关爱他人,为他人做贡献的热诚。在做贡献的过程中奉献和培养自己,让自己的视野更宏阔、智能更卓越。

◇ **案例:"国家不关你的事儿,那你关我什么事儿?"**

一名理科班的学生经常跑来找我问问题。我不是他的任课老师,但是只要他来问,我都认真解答。

某天他来找我的时候,我随手把手机举给他看,对他半开玩笑地说:你看我们国家与 X 国发生了争端,你的学姐建议你们不要去他们的超市买东西呢。

没想到这个学生斩钉截铁地回答说:国家关我什么事?

我非常恼火,骂道:国家不关你什么事,那你关我什么事? 你又不是我的学生,我为什么利用我的休息时间为你辅导? 你坐在窗明几净的教室里读书,谁在青藏高原为你站岗放哨? 你在国外被欺负了,谁费时费力为你讨回公道?

一个除了自己没有世界,心里只有自己、读书只为稻粱谋的人,是不可能得到最充分的资源、发挥自己最充分的潜能的。

第二节　设想:放弃"细节整改",建构
"'学'为中心"的理想教学模型

在《未来与文化》一书中,20 世纪美国杰出人类学家玛格丽特·米德提出了著名的"三喻文化"说,将人类文化分为前喻时代、同喻时代、后喻时代。小辈向前辈学习,是前喻文化。长辈向小辈学习,是后喻文化。后喻文化和后喻时代的降临,意味着抱残守缺、"缝补"思维已经落伍。

教育从 1.0 时代的 16 进制的缓慢生长,到 2.0 时代十进制的稳定发展,再到 3.0 信息时代的二进制,世界日新月异,教育也潜在地发生根本变化。知识本位时代一去不复返,"灌输"式教学开始成为历史遗存。2.0 时

代遗留下来的强烈的"管控"意味,也因为师生在信息获得上的权利平等而失去市场。课程也由电影院式慢慢向"超市形态"转型。教育在理念上优化、在权利上出让,求自变、找支点、做统整,是大势所在。

一、现代思维:基于问题做"教改"不如建构理想教育的未来模型

教育改革必须推进。改什么,往哪里改?

一种思路是基于"问题",一种思路是对应"理想"。

（一）教育史上几场变革让中国教育围绕"人的培养"有了系列的演进

人类与人类文明发展的过程,其实是人类文化持续变革的历程。变革有时候是一种颠覆,有时候是一种表象上的还原——看起来很"像",实际上本质不同;有时候高歌猛进,有时候潜移默化。但是毫无疑问,背后涌动的是生机和力量。小变革带来小发展,大变革带来大突破。中国早期马克思主义教育理论家杨贤江在《新教育大纲》一书中曾指出:"教育的发生就根植于当时当地的人民实际生活的需要,它是帮助人经营社会生活的一种手段……自有人生,便有教育。因为自有人生,便有实际生活的需要。"[1]教育变革是时代的产物,当然也极为深远地影响着时代的发展。

中国的近代教育可以称之为"后发外生型"。1862 年到 1898 年间,受外国思潮影响,有识之士创办的一批诸如同文馆、方言馆、北洋中西学堂和上海的南洋公学等学校,开启了中国教育变革的第二次重大革命。两千年传统的封建教育开始向近代教育转轨,班级制、社会化办学的思想、理论、制度和方法开始萌芽。1902 年管学大臣张百熙拟订《钦定学堂章程》即壬寅学制,1903 年张百熙、荣庆、张之洞以日本学制为蓝本,重新拟订学堂章程并于 1904 年 1 月公布,即《奏定学堂章程》,俗称癸卯学制。两个学制的诞生,标志着中国教育由封建教育向近代教育的转型。中国教育从"征圣宗经"开始转向"人"的培养。

20 世纪二三十年代,中国乡村因天灾人祸而陷入深重危机,受杜威教

---

① 参见杨贤江《新教育大纲》,人民教育出版社 1961 年版。

育思想影响,以陶行知、晏阳初、梁漱溟等为代表的资产阶级知识分子,以其独特的思维视角,提出了在不改变现有社会制度和秩序的前提下,通过发展乡村教育改造乡村社会,进而改造整个中国,实现国家振兴、民族再造的时代命题,发起了一场声势浩大的乡村教育运动,创造出了各具特色的具有时代气息的乡村教育模式。尽管因为时代变迁和自身局限,十几年后该模式流于失败。但是"行知思想""生活教育"与陈鹤琴的"活教育"成为中国教育的文化基因。与此同时,基于中国现代教育外国化引发的弊病,为谋求适合中国的国情和国民性的现代教育,大批教育界人士投身"新教育中国化"运动,探讨中国教育与外国经验之间的关系。中国教育本土化与育人目标本土化的本土化问题,成为中国教育研究的基本命题之一。

在中国共产党的领导下,1934 年,中华苏维埃政府提出苏维埃文化教育建设总方针:"在于以共产主义的精神来教育广大的劳苦民众,在于使文化教育为革命战争和阶级斗争服务,在于使教育与劳动联系起来,在于使广大中国民众都成为享受文明幸福的人。"强调教育关注社会与个体幸福的双重功能。20 世纪 50 年代,中国教育受到苏联苏霍姆林斯基和凯洛夫等人的影响,1950 年提出"为工农服务,为生产建设服务";1957 年提出"我们的教育方针,应该使受教育者在德育、智育、体育几方面都得到发展,成为有社会主义觉悟的有文化的劳动者";1958 年 9 月中共中央国务院发布了《关于教育工作的指示》,制订了发展教育事业的"三个结合""六个并举"的原则。"三个结合"是指发展教育事业必须采取统一性与多样性相结合、普及与提高相结合、全面规划与地方分权相结合的原则。"六个并举"是指在具体办学形式上,实行国家办学与厂矿、企业、农业合作社办学并举;普通教育与职业技术教育并举;成人教育与儿童教育并举;全日制学校与半工半读、业余学校并举;学校教育与自学并举;免费的教育与不免费的教育并举。"党的教育工作方针,是教育为无产阶级的政治服务,教育与生产劳动结合。"强调教育的政治思想意义和社会服务功能。

20 世纪 70 年代恢复高考制度,教育由国民教育自动演化为民生教育。应试、分数、学业负担,成为教育道路上驱之不散的雾霾。国家层面,曾经提出教育要面向现代化、面向世界、面向未来的专业方向。

1981 年 6 月 27 日,党的十一届三中全会通过的《中国共产党中央委员会关于建国以来关于党的若干问题的决议》指出:"要加强和改善思想政治工作,用马克思主义世界观和共产主义道德教育人民和青年,坚持德智体全面发展、又红又专、知识分子与工人农民相结合、脑力劳动与体力劳动相结合的教育方针。"

1991年李铁映在全国教育工作会议上做了《努力建设有中国特色的社会主义教育体系》的报告,将教育方针明确表述为:党和国家的教育方针是"教育必须为社会主义现代化建设服务,必须同生产劳动相结合,培养德、智、体等方面全面发展的社会主义事业的建设者和接班人。"

2000年3月5日,朱镕基总理在《政府工作报告》中要求:"各级各类学校都要全民推进素质教育,加强德育工作,努力培养学生的创新精神和实践能力,促进学生德智体全面发展。"

可以看出,教育的大政方针保持基本稳定不变。

但在实践操作领域,绝大多数师生基本上都是在应试教育的道路之上忙碌。

近三十年,教育一直在此起彼伏的改革浪潮之中。但无论如何改革,都可以视为高考背景之下影响力和反影响力的搏斗,针对的"问题",都是恢复高考以后的应试教育,没有从中国教育的真正起点、未来的真正需求、真正的学生学习立场上系统探讨"教改"的基础和方向。

教育规律、教学策略、教育管理方式:1.没有形成系统理论、没有产生一大批有相应影响的教育家。2.没有产生群体性、大范围长时效的典型案例。3.没有产生相应的教育思想热潮。

正如某师范大学教授所言:中国教育学存在两大"依赖"问题。第一是依赖国外。翻译介绍国外一部分的教育思想成了教育理论更新的捷径。在中国教育本土化的道路上,至今高校专家还是以翻译介绍外国20世纪50年代到90年代的教育家和教育思想为己任,没有真实形成为基层服务、在实践中培植中国样本的风潮。其二没有系统的中国的教育理论。2001年初,叶澜教授发表了《世纪初中国教育理论发展的断想》,文章提出:"进入了21世纪的中国,不能没有自己原创的教育理论。"中国教育的自主性、内生性、系统性道路依然漫长。至于基于学生学习为中心的教育理论和体系,更是只有雏形。

（二）信息时代"缝缝补补"式的思维应该摒弃

◇ **案例**：孤立谈"以人为本"难以实现"以人为本"

几十年教育改革,似乎可以概括为一句话:变"以分为本""以管理为本"为"以人为本"。"以人为本"的概念其实是 1921 年北大的一个名叫孙本文的人提出的。一百年过去了,教育界是否明白了什么叫"以人为本"、怎样"以人为本"?

有所学校的校长十分强调"以人为本"。正巧有一个学生痴迷于写网络小说。这位校长怎么办呢? 他特许这个学生半年假期,让他回家专心写作小说,半年之后,学校为这个学生量身订制,组织一批教师为这个学生补习功课。这位学生数学不行,于是派一个数学老师给他;这个学生物理不行,再安排一个物理老师专门服务。事后学校颇为自豪,拿这个例子向社会昭示,它在进行以人为本的个性化的教育;这个区也以此为案例,向全市教师显示,他们区存在这样以人为本的教育典范。

但是,这是不是真的"以人为本"呢? 单纯从"这个学生"、这个"点"出发,的确是"以人为本"。但是,什么是"义务教育"? 义务教育是受国家委托而进行的国民教育。从国家的角度来说,每个国民受教育的机会均等。从某个学校的角度来说,可能平均 14 个学生一位教师。而这个学校,在相当的一个阶段内,一个学生占有了 5~10 个教师,那么多的老师资源为什么可以被一个人独占、其他孩子的教育权利凭什么被这个孩子剥夺? 校长这样的决定,有没有获得其他学生和家长的同意? 如果补课老师用的是课余时间,这些老师又出于什么规定而有必要额外付出劳动? 如果说学校为教师的补课额外提供报酬,那么纳税人的金钱是不是可以被校长任意调度? 资源是国家的,是全体人民的,是所有纳税人的。所有的教育资源,尤其是公办的义务教育学校的教育资源,校长有权利合理调度,但是校长没权利进行不合理调度。有时候从善良之心出发,做出违规的事情也是极有可能的。何况,义务教育的基本义务是"基础教育",基础教育应基于国家课程的规定,"写作网络小说"并不是国家课程规定的。学校是否有权限因为"网络小说"而无条件放假(不是休学),又无条件因为"网络小说"而调度本不属于某一个学生的教育资源?在更宏大的背景下考察这个教育事件,有没有理由怀疑这是一次以"以人为本"为名的滥用职权?

可见,教育本来就不是零敲碎打的东西。教育过程中的变量层出不穷,不是某个标准、某个样板能放之四海而皆准的。

1. 社会发展携带教育进入"新阶段"。

2016年初瑞士达沃斯召开的世界经济论坛年会,主题为"掌控第四次工业革命",与会者们普遍预测,未来社会将呈现出几个无处不在:互联网无处不在、数据无处不在、智能无处不在。也有专家认为未来社会有三个显著特点:人工智能社会,虚拟与现实的融合,共享社会。

当工业4.0时代全面来临之际,知识世界从金字塔变成了游泳池乃至浩瀚大海,原先在信息不对称的情形下,掌握话语权的教师的教育思维、习惯、行为都将被颠覆。所以3.0时代的教育,学校服务由电影院形态变成超市形态,一个学生一张课表、学生自己选课堂、选老师,课程外包,都不鲜见。

2. "教育"的使命开始"移位"。

曾任耶鲁大学校长20年之久的理查德·莱文说过:不传授任何知识和技能,却能令人胜任任何学科和职业,这才是真正的教育。以色列学者尤瓦尔·赫拉利在《未来简史》中提出,未来社会发展对就业将产生巨大的影响,到2033年,电话营销人员和保险业务员有99%的概率会失业,收银员有97%,服务员94%,公交车司机有89%会失业,当然,也可能出现许多新职业,比如虚拟世界的设计师。未来社会的发展变化必将影响到教育的发展,也必然引起教育的巨大变革。教育面临的挑战将表现在培养目标、学科专业设置、课程内容、教学方式、学习方式、管理方式等各个方面。我们需要培养有持久求知欲的人,有稳定人格的人,有独立思考的人,能在海量数据、信息里迅速提取有效内容,应对瞬息万变的社会,为个人、社群、国家,在地球村里谋得一席之地的人。

3. 教育"发展"有新特征。

芬兰《教育与研究发展规划2011—2016》等文件提出,基础教育未来发展的核心目标在于培养未来公民。

全国政协副秘书长、中国教育学会副会长朱永新先生分析未来学校的15种可能性中有三条值得注意:学校会成为学习共同体;学习的时间弹性化;教师的来源和角色多样化。2018年2月底,日本教育学界最具影响力的佐藤学先生在一次讲座中提出,未来的学校应该是一个学习共同体,老师和学生在课堂中应该是平等的,相互倾听、一起学习。

几年前,笔者与一位成功的商业人士聊天,问他现在什么行业最热门,他回答:"我不关心现在,我只关心未来。"二进制时代的思维,可能就是这种"未来意识"。一个人的预见性,可能是现在做生意、选职业、规划未来的最重要的东西。三十年后的教育怎么样,我们无法想象;三年后的社会什么样,我们必须想象。如果不对应未来,只盯着眼前脚下,不仅改变不了当下,改成了也是落伍的当下。

新三年,旧三年,缝缝补补又三年的时代过去了。

所以,"基于问题改革教育",虽然是一种美好的愿望,但是在3.0时代,可能是一个南辕北辙的愿望。

3.0时代的生活思维是:如果这是一件旧衣服,或是一件破衣服,缝缝补补千万回也不会成为锦服霓裳。对应未来,重新设计,怕是更为理性的选择。何况,老子说:未兆易谋。与其与各种对抗的力量拔河做改革,不如顺应教育进化的趋势,因势利导。

预见未来,才能"遇见未来"。

二、回归理性:清理教育负"资产",尊重规律,让瘦身变成健身的第一步

人类文明的进程是大趋势永远向"前"、局部上不断改向。以夸美纽斯《大教学论》为标志的近400年近现代教育的红利和信息时代的便利,使教育(基础教育)当今有了瘦身和减负的资本。考虑教育的"不作为"、教师的"不应该"、学生的"不需要",以降温的方式协助提速,或许是教育发展的智慧。

我们知道,如果想一棵树结果更多,到一定的时候要为它剪枝;如果想一个人更健康地活着,30岁之后可能要减肥;如果想一台电脑保持更快的速度,到一定的时候就要清理内存。

有人问一位大企业家"你为什么成功",这位成功人士给出的答案是:对机会说"不"。一般人都强调要抓住机会,潜意识里只要能抓住机会就是聪

明的人、勇敢的人、进取的人,并且将来会有所成就的人。但是很多时候对机会说"不"才有可能有更大的成功。这就像渔网,网眼越小,捕到鱼的机会越多、捕到的鱼数量越大。但是要想真正捕到大鱼,渔人也要肯付出"舍弃"小鱼小虾的代价。

所以,我们同样要相信,当我们的教育发展到今天,不管是一百年还是三十年,一定会积累很多负资产,这些负资产积累至今,没有坚决的断舍离,怕会严重拖累教育前进的脚步。

(一) 放弃无限责任,删减课程。让基础教育回归国民教育

中国的基础教育,特别是中小学教育,承载的是国家意志,培养的是国家公民。国家公民的基本素养和基本能力的培养,是基础教育的主要责任。如果学校教育将自身的责任无限放大,既要培养全才,又要满足特殊才能的培养,同时还要为特殊学生量身定制,势必会不断增加学校课程、增加学校管理压力、分散教师的教育精力。越来越多的课程、越来越多的特色学校,为学生和学校增加了多重负担。科学的做法,应该是把一些特色课程交给体制外的学校去做,把特色课程的选择权还给学生。当一个学校的课表密不透风的时候,就是教育开始力不从心的时候。学校只有撇开它不应该有的功能,才能保证它做好该做的事情。简洁和分工成为必须,很多的"不作为"都是潜在的增长点。

(二) 放弃不理性的保姆式干预,激活学生引导教育生长的能力

只要环境合适,一棵树长到一定的时候,就不再需要你刻意去给它施加肥料或者浇灌水分,它可以自己长到很大;如果不幸有雷电劈断了它的某个枝丫,或有虫害侵蚀了它部分肌体,它完全可以自行修复。

一个人长到一定年龄,就可以不依赖大人的喂养和照顾,靠自己的能力继续生长。相反,如果你不断再去对一棵树表示你的爱心,你就会变成柳宗元《种树郭橐驼传》里面的反面教材;如果你继续担心一个16岁以上的少年行走是否稳当,你只会培养巨婴。

教育也有生命,它长到一定的时候,完全可以对自己进行功能的调整和修复。教育的肌体里面内在元素,是教学空间、教学资料、教师和学生,所以只要充分地把这些要素之间的关系建立起来,提供合适的生态,让他们相互

调整和激活,教育可能就能成为最优秀的教育。

◇ **案例:"这个老师不合适"**

　　某高中的几个班干部请来校长,对校长说:某某老师的优点很多、敬业、谦和、真诚、善良。但是这个老师也有一个很大的不足,就是思路不太清晰,关键概念总讲不清,作业布置也始终不明所以。所以,我们希望学校帮我们换一个老师。

　　全部意见清晰、理性、冷静客观,完全没有意气用事。

　　校长只好说:"给我一点时间,也给他一个机会。"

　　学生问:"多长时间?"

　　校长讲:"三个月。"

　　学生说:"好"。

　　如果三个月以后这群学生再来找校长,这个老师就要自行修炼去了。——学生会用他的判断告诉你,你是适合还是不适合。

不要小看学生,他们不仅是教导的对象,也是引导教育发展的力量。世界上最奇怪的事情是产品好不好不问消费者,只问一群旁观的人——比如专家。老师课上得好不好,能不能教书,如何改进,首先应该求教的不是别人,而是系统内部的关键元素。

近代教育400多年,发展到今天,教育空间、教学内容、教学评价、教师这些元素全部具备,而且发育都已经基本成熟。特别是作为教育场境中最重要的元素、群体意义上作为集合概念的"学生"已经发育成熟,即便是小学生,也具有辨识学习空间、学习内容、教师、教学评价"好""坏"的能力。只不过以感性的角度观察、用感性的语言表达而已。比如:这个地方没意思、这个老师不喜欢我们、我不喜欢她这么说我们……我们要相信他们自适自洽的能力,相信他们彼此矫正、彼此协调、共同促进的能力。我们要相信教育现在可以自主生长、自我调适、自主矫正。

也就是说,教育从依靠外部规则,到依靠内部力量提振自己实施新生长,是教育发展的必然规律。这种从集体建设,到集体免疫的过程,是教育生态培育的过程。生态是教育发展最自然、最强悍、最有发展潜能的力量。当然,生态不是管出来的,是养出来、放任出来的。

（三）放弃对"教师"教改功能的过度幻想，让教师专心为学生做"园丁"

"教师是教育改革的关键"，这句话几乎是全社会共同的认识。于是，要求教师研究教学设计、建设网络平台、开发校本课程、建设创新空间……一方面寄望于教师在研究建设中更新理念发展能力，另一方面希望教师完成教育实践领域全系统的建设。

于是教师疲于奔命、忙于应付，有的连改作业的时间都没有了。

教师到底是什么？

事实上，教师只是园丁。

园丁负责育苗、培植、消灭病虫害。只要有需要，园丁还要负责施肥、灌溉、清除杂草。

但是园丁不需要做袁隆平研究种子的事情，也不应该制作土壤、发明肥料、准备"季节"。

一个高水平的教师像高水平的装修工，有高的品位和技术；如果他觉得把屋子装修成中式的，他就购置中式的材料，如果他觉得装修成西式的更加合宜，他就购置西式的材料。

他们都不必研制材料。

他们主要是终端劳作者，是能量转化的人，而不是整个教育从设计到实施的流水线的负责人、生产能量的人。

所以，当一本语文课本以"教材"的名义发放到教师手中，教师还要查阅相关的字词，还要研究作者相关的生平，还要思考文章教育的价值，还要查阅最新的研究成果——这就不应该称为"教材"，而是"素材"。

为什么不能由高校人员或其他的专业人员完成相关的研究呢？

教师最应该研究的是"怎样教"，而不是"教什么"和"用什么资源来教"。

何况，环境大于个体。任何个人的力量都不足以对抗系统。即便一个教师试图推行学生的"自主学习"，教室里就是一张讲台面对一批桌椅怎么办？教室里没有相应的自学资料怎么办？学生带着强烈的"求灌输"的心理习惯怎么办？家长把"自主学习"理解成"学生自己学习"予以坚决反对怎么办？

——事实上，教师只是教学的关键，并不是教改的关键。

（四）放弃低层次的勤奋，对学生进行"权力出让"

教师们大多早上七点不到就赶到学校，晚上六点还不能离开校园，上下午课间操在教室里管理学生，中午匆匆吃饭匆匆放下碗筷就赶紧找学生谈话、补课，难得坐下身来又是成堆的作业，饶是这样，还扛着沉重的压力，每一次年级考试年终考评都战战兢兢如临大敌。

但是仔细跟踪某位教师并与他（她）做一场较为深入的交谈之后，不忍之心难免残忍起来，脑子里会冒出一句人神共愤的话：勤劳有时是最大的懒惰。

勤劳的老师一般勤于备课和讲解、勤于布置学生作业并勤于批改作业、勤于找学生补课或做思想工作。他们往往课本、试卷、作业本上写得密密麻麻，十分频密地纠正学生和教训学生。但是如果你问他（她）（以语文为例）：为什么要上这一篇课文？为什么要这样上课文而不是用别的方法？为什么用这样的方式对待学生，是不是真的别无选择？他（她）会非常吃惊和茫然。

是的，他们从来没有这样自问过，似乎也从来没有被问过这样的问题。

他们的勤劳，其实是放弃"思想"的一个表现。

教育是一种面对可塑性极强的孩子的工作。从来没有人说只要从事的是教育，或者是在"教育"的名义下进行的工作，就对孩子的未来一定发挥正向的影响作用。每一个教育工作者天然对学生举着双刃剑。当我们把学生关在教室里的时候，学生就失去了一次在阳光下跳跃奔跑的机会，当我们教育学生"书中自有黄金屋"的时候，学生就失去了梦想的花园；当我们对学生铺天盖地地进行灌输的时候，学生就失去表现自我的时机。教育行为其实是一种对利弊权衡的行为。所以，每当我们对学生做一件事情的时候，我们得想一想学生是否值得因为这件事放弃其他的可能；当我们选择用这样的方式做的时候，我们得掂量一下这样的方式是否是最高效的方式。也许我们每一个人都没有足够的智慧永远做最恰当的选择，但是我们不能放弃做最恰当的选择的追求。因为这是一个为人师者最具有职业特性的追求。

事实上在教育教学的过程中，教师们总是把自己当作一个劳动者而不是一个教育者。我们总是忘记了"为学生选择最合适的内容和方式"这一本该支持一切行为的最原始的动机，"按照习惯"做事、按照"常规"做事、按照"某人的要求"做事。结果出现了这样的情形：一位老师耐心地、大声地给学生解说试卷,激情昂扬声嘶力竭,但是一个班40多名学生中,8名渐入梦乡,6名东张西望神游窗外。损失的岂止时间。

结果是这些老师觉得冤屈:自己付出那么多——休息顾不上、身体顾不上,甚至家里的孩子顾不上,结果最想要的成绩没有得到,学生也不领情,简直悲剧。

鲁迅说,悲剧就是将美好的东西毁灭给别人看。勤劳的教师对悲剧的理解大约是"自己的圭臬被视为毒药"。是的,勤劳的教师是对学生、对教学有极大责任心的老师——在很多人日进斗金挥金如土的时候,在"家教一日抵上班十天"的现状之下,没有高度责任心的老师如何肯出力不讨好把自己的教学演绎为坚持不懈的搏斗?

殊不知,很多时候勤劳是对责任心的一种误读,特别是当这种"勤劳"缺少准确目标的指引和学术素养支撑的时候。"出让权力",或许减少低层次劳动的最佳出路。

(五) 放弃过度责任心,尊重学生的"不需要"[①]

两千多年前,庄子给我们讲了两个故事。一个故事是:很久很久以前,中原大地的君王名叫混沌。混沌者,顾名思义,既没鼻子也没有口眼。一次南海之王与北海之王逛到混沌的地盘,混沌热情招待,二王感动得不行,一定要予以报答,想来想去决定为混沌凿上七窍——一天一窍。结果第七天混沌身亡。

另一个故事关于马儿。马儿生于天地之间,想走就走,想闹就闹,想吃就吃,想睡就睡;水草足以供养,霜雪无碍生存,闲来无事还可以在旷野上昂首漫步、看云卷花开。伯乐来了,伯乐说,我懂相马,我更是调教马儿的高手,于是乎又是烫又是剪,又是刻又是洗,把马儿们系上笼头塞进马厩,训练它们按时吃饭按量饮水、按规则走路按要求奔驰。不久,马儿们死亡大半。

这都是爱与智慧名义下的悲剧。混沌并不需要七窍,南北海之王也不因为混沌没有七窍而有所损失。但是在二王眼里,正常人皆有七窍,没有七窍便是缺失,有缺失总是应该加以弥补。殊不知天赋万物,只有类别没有优劣,强行将特点当作缺点来纠正,必有悲剧。

马儿的遭遇更是寻常。长期以来,人们总是以是否"有用"作为人才的

---

① 参见笔者《尊重学生的不需要》,《现代教学》2013年第4期。

标准。"培养有用之才"成为教育的最高教义。什么是有用？对谁"有用"才是真的"有用"？站在什么角度来分析学生的"是否有用"？健康有没有"用"？快乐有没有"用"？在伯乐眼里，马儿的自在快乐不重要，天性如何也不重要，约束之，修理之，使之可以驾驭与奴役，似乎才是伯乐们的使命。或许，生命并不需要这样纯粹的功利心。

很多"优质"学校展示的宣传图片中，小朋友全体背着手端坐，秩序俨然。活泼好动乃少儿天性，为人师者为了能顺利施教，把小朋友一个个变成提线木偶。利大于弊？得大于失？是否真是小朋友生命的需要？拓展言之，一个肃穆严整的环境，是否真是小朋友成长的需要？

又比如，心理学实验告诉我们，男孩比女孩更缺少安全感，所以男生更喜欢做小动作，我们的老师为了"培养"男孩们"良好习惯"，强制他们老老实实、毕恭毕敬；男孩们天性喜欢大大咧咧不讲细节，老师们拼命要求他们细心细心再细心。在"精细化"管教与强劲的管制之下，男孩细心了、老实了，结果出现"男孩儿危机"——好端端的男孩儿们，在教育的"呵护"下生出了"危机"。

划片入学，一小女生进入了一所特色小学。特色本是好事，但在教育、特别在基础教育，对于通过划片入学的小朋友而言，未必是件好事。比如，为了"打造特色"，学校致力于田径课程，班会课动不动讲田径文化，选修课基本是田径项目，活动时间也常常以田径为主。可怜一个酷爱阅读和跳舞的女孩儿，不得不常常被要求把书本和舞蹈活动搁置一边，去充任田径比赛啦啦队员。有关人士是否想过：强化体能很有必要，体育课程十分重要，田径运动值得重视，但是，"被迫田径"和"田径过度"是否真的是这所学校 500 名学生中每一个学生的真正的需要？

教育越来越受到重视，但是学生的"不需要"越来越受到更大的挑战。按照常理，小朋友不淘气谁有资格淘气，小时候不率性何时可以率性？清朝教育家王筠引用桐城先辈的话说，学生二十岁不狂没出息。但是随着教育经费越来越多的投入，教育在学生身上的作为越来越细密。可怜见，本来每天还有个把小时"教育"照应不到，孩子们还可以利用这个时间邀两个小伙伴捉捉迷藏逗逗蚂蚁，这下好了，所有时间都被课程算计去了，连玩玩机器人看看童话书的时间也被没收了，连假期也被统一规划了！读书读书读书，十八年的生长史几乎是课堂内受囚禁的历史。生而为人，真的要聆听那么些教诲、操练那么些题目? 真的要把春花秋月都关在窗外、将行走交谊都置之度外? 2017年1月10日《科学》杂志上一篇文章表明其研究结果:中国的独生子女缺乏基本的应对技能;现实中一场一个多少时的开学典礼,十多岁的学生竟因体力不支而晕倒在地。可是我们还是拼命把学生关进教室进行圈养。这些所谓的"读书",到底多少门科、多少节课,是学生真正的需要?

中国古人喜欢讲格物致知,但是中国很少出现自然科学家,爱因斯坦、牛顿的队伍之中,很少中国教育的硕果。于是我们开始大讲特讲创造力。创造力从哪里来? 想必不是从书本中来,也不会完全从"知识"中来(有学者将知识分为陈述性知识和过程性知识,一般认为陈述性知识反而一定程度上妨碍创造力的生长和发挥)。中国古代少儿讨论太阳早晚中午离人更远更近的问题(《汤问》),但是就算那两个小儿活到今天,几千年过去,他们的思考也不会有什么进展,因为他们被收进教室读这个那个去了,他们没有时间开展属于他们自己的"问题"探究。

混沌死了,很多马丢掉了性命,南海北海二王可能有些自责,伯乐却未必自觉有罪。或许在伯乐那里,只要有一匹马按照自己的设想方式生活,或有一匹马最后以自己设计的方式奔跑,他就可以为自己的调教方式乃至教育成果得意——为了教育的成功,总要有所放弃、有所牺牲呀。殊不知,当某种关怀、某种教育忽略了学生的"不需要"的时候,学生真正的"需要"也变得面目不清了。这种时候,被放弃、牺牲的不是别的,恰恰是教育的初心。

三、时代机缘:基于学生立场的中国教育切实转型

学生未来的核心能力是什么? 是从海量的信息里发现有效信息并加以整合提炼为己所用的能力,是在人与人之间的关系被手机边缘化、人们之间的关系越来愈疏远的信息社会里,参与或者建立组织、凝聚感情的能力,是与无限扩大的自然社会、无限复杂的人类社会、无限浩瀚的学术社会建立长期、稳定、有效关系,学习与自主学习的能力。

(一)学生立场:中国教育的时代趋向

未来已来。当今教育已经呈现五大未来趋向。

1. 课程指向：由知识取向转向智能取向。

任何理论都有对立面。身为数学家和哲学家的笛卡儿有句名言是"我思故我在"。这句话我更喜欢它原来的意思：世界上只有一件事情可以肯定，这件事情就是怀疑本身。没什么认知是绝对正确的。拘泥于一种认知、固守一种判断，会屏蔽更大的空间和探究的热情，还可能失掉的更多的正确可能——守住一个错误或者抱残守缺一辈子，你浑然不知自己曾经一直在错误里面。

◈ **案例**：辛弃疾是好人还是坏人？

原来高中课文有一篇文章《把栏杆拍遍》，里面的辛弃疾文才武略，精忠爱国。据说作者花了六年的时间来写这篇文章。言辞极其华美。

但是也有史料介绍了辛弃疾五件事情。

第一件事，辛弃疾是辽国宰相蔡松年的学生。蔡松年那时候有两个著名的学生，一个叫党怀英，一个叫辛弃疾，党怀英留在辽国，辛弃疾南下。

第二，辛弃疾不是跟他爸爸长大的，而是跟他爷爷长大的。当时宋朝被金兵赶得到处乱跑，在杭州建了一个小朝廷，几乎所有的大臣都跟着皇帝。但是辛弃疾的爷爷留在开封做了敌人的伪官。

第三，战乱年代，辛弃疾在江西的带湖建了一个别墅，花了十年时间，面积宏阔，楼台轩榭。虽然南宋的官员薪水不薄，但是辛弃疾比一般人格外富有。

第四，辛弃疾一辈子被大贬两次，都是因为虐、贪两字。

第五，他准备组织飞虎队，当时宋朝的一位忠厚老臣说，不得了！辛弃疾要组织军伍，老百姓又要受苦了。

这五则资料未必全真，但也未必全假。可见如果教师一味地把学生圈养在僵化的"知识"的圈子里，可能导致学生终身被蒙蔽。

更重要的是，在信息爆炸、"知识"日新月异的时代，不断反省、主动"进化"的心理习惯成为人才的必需品，在海量的信息里辨识真实或有价值的信息的能力不可或缺。能够借助信息更新思想、发现真理、解决问题，才能保障在未来社会中生存和发展的权利。

课程指向智能。

2. 管理形态：由"集权式"转向"分布式"。

在某些大城市，已经有家长陪听制度，学生上课家长也可以坐在里面。曾经有一个家长投诉老师"漏教"一篇文章，当老师辩解说，这是一篇自读文章。家长愤怒地说，你作为教师，看不出它很有价值吗？

巧在另有一位老师"控诉"说，一位家长跟教师提意见，说某某文章很没有意义，不应该让学生在它身上浪费时间。教师解释说这是国家教材，家长生气地说，教材上有你就教吗？你做老师难道没有判断吗？

现在有相当一部分家长比教师更有"知识"和思想。学生同样。有人说现在的优秀学生比教师更擅长信息技术。其实不止信息技术，很多学生的知识面、见识、甚至学科知识，都不比离开大学很多年的教师差。

民主风气和学生的自主意识也越来越强。有些高中学生作为网络"原住民"，早已放弃对权威的迷信，他们只相信可以打动他们内心的东西，"权力"和"命令"只会让他们渐行渐远。

不管是实际需求还是学生意向，"集权式"领导模型都已经成为过去，"分布式"领导势在必行。

3. 教师功能：由"讲师"变成导学、督学与助学。

与以前教师讲课、改作业、订正作业、测验的教学任务不同，未来教师的功能主要体现在两大板块，第一板块是导学和督学而不是教学。教师在导学环节告知学生学习目标、建议学生学习流程、介绍学习内容、推荐学习资源、渲染学习价值。借助督学关注学习发生的程度和状态，进行适当的评价和指导。第二板块就是要建立"学际关系"，建立学生与学生之间，学生和老师之间，学生和课本之间，学生和社会之间，学生和未来之间的联系，而且是稳定长期的、能够自生长、自调控的联系。偶尔的课堂上小组讨论那不叫学际关系。教师要把学生组织起来，尽可能发挥学生的学习自主性。老师尽可能掌控支点，而不是搬动地球，更不是搬一个地球把地球塞到学生怀里——即便你给学生一个地球它也不是世界的全部。

4. "智力"核心："自主学习力"。

时代发展到今天，"学习"不再是单纯的"学术行为"，事实上早已演变为"社会行为"——学习的内容不是学习的目标，而是学生积极的、独立的、社会性个体成长的过程。学生就是要借助相对宁静的学校教育,专心修炼其独立性、合理建设其社会性。信息时代,教育给学生知识已经不再是重要的事情,让学生具有学习的能力更为重要。

5. 课程特质:在开放中打破边界。

传统教育意义上的课程,是学校教育的总和。较之传统,当今的"课程"开始有两点变化,一是课程不再是学校教育,而是学校教育加上学校组织或提倡的教育,如游学,如社会实践、国际课程。传统课堂的比例,特别是知识课堂的比例越来越小。校园的围墙在趋向无形化。课外的课程资源越来越受到重视,教师的职业功能从教授转向引导发现。

课程的第二点变化是"课程"的学科边界越来越模糊,育人要素越来越受到关注。"是什么学科"变得不那么重要,"有怎样的育人元素"才是课程存在与否的根本。"适当的育人元素+情境",几乎成为"课程"的新定义。跨学科课程、综合课程的建设和实施成为大势所趋。

(二) 立德树人:国家课程的价值指向

中国的近现代教育,不仅在从历史方位中寻求比较,也注重通过对西方国家的密切观察、外国经验理论的介绍和引进,塑造中国教育的发展特色和方向。

1957年,苏联发射的第一颗人造地球卫星震惊了美国朝野,全国上下一致认为是教育的不力造成了美国的落后。深刻反思将近10年,美国的教育家们得出结论:美国的科学教育先进,而人文落后。这个结论,直接促生了1967年美国政府在哈佛大学教育研究生院创立的"零点项目"——研究如何在学校中加强艺术教育,开发人脑的形象思维("零"代表空白,意在以此唤起国人对艺术教育的重视)。20多年上亿美元的投入,超过百位的科学家、教育家的卷入,直接产生了美国教育变革的大局、丰富的教育理论。

近几年,中国以前所未有的舆论力量和系列举措,表明国家进行教育改革的强大决心。中国教育本土化体系的重新建构、中国教育以教为本转向学生学习立场的内部机理的形成的契机降临。

1. "人"的立场、社会指向。

在中国,封建教育时代,教育的目标总体上有两根线,一是为社会的教育,如以孔子倡导和规范的教育,"克己复礼",主张生命个体把自己纳入社会规则之中,把个体视为社会的元素。期间不是没有从人性的角度和个体的角度考量教育目标的主张,庄子提出要顺应自然,柳宗元等提出顺天致性。但总体看来,"为社会"的教育是主线,"为个体"的教育是"灰迹"。1919 年新文化运动对教育最大的贡献就是看到个体的独立性,同时看到个体与国家的关系,胡适、陈独秀等向全社会诠释,只有个体的幸福才能集结社会的大幸福,反之,没有个体的幸福则没有社会的大幸福。新文化运动对中国文化和教育的贡献之一,在于将个体与国家结合起来,并且建构集体与个体之间的关系。1922 年北大教授明确提出"以人为本";新中国成立之后,由于苏联社会主义教育模式的引进,重新强调做社会的元素而不是独立的个体。教育的目标主要从国家需要的角度立意,定位于"培养合格的社会主义劳动者"。二期课改之中,"以人为本"的理念强势回归,"教育就是满足人的发展的需要",实践言之,满足学生的个人需要甚至利益需要。

"以人为本"的教育理念的回归,恰巧是中国处于所谓的价值观解构时期。中国几千年来形成和遵循的以国家为上、道德为上的集体观念遭到前所未有的冲击,多元价值观兴起,中国社会进入准个人主义和利益主义时期。在教育方式上,让学生自然发展和自动发展成为很多家长学生乃至教师的梦想。从人性的角度顺应孩子的日本教育著作《窗边的小豆豆》成为很多教育人士的热门读物;英国电影《新乌龙女校》,近乎魔幻地表现"自由"发展是青少年成长的不二路径。

在一系列社会事件现实中,道德空气的稀薄和道德环境的恶化,让人们意识到"个人"同时是一个社会人。现代教育观念讲求把"人的教育"视为"为个体"的教育。

2014 年 9 月 9 日,习近平总书记同北京师范大学师生代表座谈时的讲话提出:"好老师应该懂得,选择当老师就选择了责任,就要尽到教书育人、立德树人的责任,并把这种责任体现到平凡、普通、细微的教学管理之中。"2017 年 10 月 18 日,他在中国共产党第十九次全国代表大会上的报告指出:"要全面贯彻党的教育方针,落实立德树人根本任务,发展素质教育,推进教育公平,培养德智体美全面发展的社会主义建设者和接班人。"2018 年 9 月习近平总书记在全国教育大会上强调要坚持中国特色社会主义教育发展道路,培养德智体美劳全面发展的社会主义建设者和接班人;近三年,教育部在教材编写和推送的力度在中国教育史上司况空前;提出高考评价体系的"一核""四层""四翼",强调"立德树人、服务选才、引导教学"这一核心,中共中央、国务院出台新中国第一个关于教育评价系统性改革的文件——《深化新时代教育评价改革总体方案》,强调扭转不科学的教育评价导向,坚决克服唯分数、唯升学、唯文凭、唯论文、唯帽子的顽瘴痼疾。2021 年教育部工作要点,强调"用科学发展观统领教育工作全局""继续深入推进中小学课程改革。全面修订和完善义务教育阶段课程标准,建立和完善以校为本的教研制度。大力推进高中课程改革实验工作""落实好减轻中小学生过重课业负担的五项要求""加强学校体育和美育工作,关心学生身心健康"。

在民间,十余年来把1800 余名大山里的女孩送进大学的张桂梅成为新闻人物,留守女孩钟芳蓉以湖南省文科第四名(676 分)的成绩报考北大考古系衍生出一系列穷孩子配不配有梦想的讨论。教育改变命运、用教育阻断贫困代际传递的思想,裸露中国教育金字塔底部的事实——在中国,不管大城市的教育如何与国际接轨,仍然存在为生存和生活分野巨大的教育。

可见,时至今日,具有前瞻性的人们似乎发现某种观念开始离传统文化、似乎也与以人为本的初衷渐行渐远,那就是个人主义、无原则主义、乡愿主义、利益主义的出现。于是人们突然想到与人本主义并驾齐驱的思潮中还有"要素主义"①和"改造主义"②。也因此,人们开始在人本主义的内涵中注入社会主义的思想,设想在社会人与国际人的框架中培养个性。既关注以人为本,也强调国家责任。

2. 课程整体结构的形态变化:从线型到"立体"。

前面提到,当下课程的内部结构发生变化。中国近代教育从 20 世纪初开始,一百多年来的发展方向是学科越来越精细(语文一度细化为 60 多门)、学段越来越稳定。也许应验了合久必分的历史规律,学科逐渐融合为板块和主题,学段也渐渐谋求贯通,也因此,提出基于课程标准而跨越课程标准。所谓跨越课程标准,不是拔高学科难度,而是模糊学科内涵,强调人

---

① "要素主义"是出现于 20 世纪 20 年代的西方教育哲学流派。主要代表人物有巴格莱等。强调"种族经验"或"文化遗产"的重要性。认为学校的主要任务就是把这些文化的共同要素传给下一代。

② "改造主义"是实用主义教育的一个分支。该理论出现于 20 世纪 50 年代,代表人物为康茨等。强调教育应该以改造社会为目标。

的素养。比如语文中的辩论,在现代课程中,或许语言的积累、材料的索取,观点的确定都是基于学科标准的,但是人的思维能力,在辩论中习得的对话的意识、思辨的思维和悲悯情怀,才是立足于学科却超越学科的追求。

但这些基本是地方作为。2017 年开始,地方作为被升级和提升,变成国家意志和国家要求。陆续颁布的课程标准和统编教材,把"课程"的结构由线型变成立体。

体现在宏观设计上,以五育并举为目标,倡导综合课程和跨学科课程。既引导教师设计学科内的专题教学,也鼓励跨学科、跨领域的综合探究。弥补各学科分科施教之间的裂缝,丰富课程的类型、拓展学生探究的空间、培养学生自主学习和自主创造的能力。

体现在学科教学上,以"核心素养"为统领,强调"单元"概念,以前按时间推进的单篇、单课时的学科教学,变成"单元"叙事,不是简单的教学内容的累加,而是特定主题、特定任务、特定探究、特定成果的"学习"闭环。单元与单元之间也不再是简单的内容的链接,而是组成任务群、集结课程目标规定的学科素养的具体载体和有机序列。

体现在教学理念上,强调学习而不是教学。知识传授本位转化为体验本位,关注学生的学习是否真实发生,关注学生直接学习而不是间接和假性学习。

第二章 本质:"'学'为中心"的定义与定向

第一节 学生"学习":养成持久的导向力

◇ **案例**:一项关于传统课堂教学实效的调研

《劝学》是高中学生的必学篇目。教师们大多怀着高度的责任心,对这篇文章进行细致的讲解,从作家生平,到生词难句,再到思想内涵和写作特点,没有一个细节轻易放过。但是教学成效如何?

【教师预期教学成效】

1. 关于字词的数量——大部分学生对字词掌握的数量仅增加15—20个。

2. 对荀子的认识——90%的学生对荀子的认识有深入。

3. 对文化的认知—— 85%的学生对中国文化的认识得到丰富。

4. 对文章特点的认识——80%的学生对文章的艺术手法有印象;85%的学生对文章的句式特点有印象;85%的学生对荀子的文风有个人理解。

5. 关于阅读量的提高——85%的学生相关阅读达5000字以上。

6. 关于写作兴趣和能力——50%的学生学完这篇文章后写作兴趣和能力有提高。

7. 关于"说"的能力——50%的学生学完这篇文章后"说"的兴趣和能力有提高。

8. 关于语文学习的兴趣和方法——70%的学生学完这篇文章,对古文或荀子的文章兴趣有提高。

9. 关于对老师的感受——50%的学生学完这篇文章后,对老师的印象更为深刻,或感觉更加良好。

10. 关于"自主研究"的兴趣和方法——通过本文的学习,50%的学生有查阅资料的经历;70%的学生有"发现问题"的经历;20%的学生有"研究问题""自主学习"的经历。

【实际的学生学习成效】

1. 关于字词的数量——85%的学生对字词掌握的数量仅增加3—7个。

2. 对荀子的认识——70%的学生对荀子的认识"基本维持原状"。

3. 对传统文化的认知——85%的学生对中国文化的认知"基本没有改变"。

4. 关于对文章特点的认识——仅39%的学生对文章的艺术手法有印象;27%的学生对文章的句式特点有印象;5%的学生对荀子的文风有印象;3%的学生对荀子的文风有个人理解。

5. 关于阅读面的提高——仅2%的学生相关阅读达5000字以上。

6. 关于写作兴趣和能力——仅4%的学生学完这篇文章后写作兴趣有提高。

7. 关于"说"的能力——仅1%的学生学完这篇文章后"说"的兴趣有提高;14%的学生学完这篇文章后"说"的能力有提高。

8. 关于语文学习的兴趣和方法——12%的学生学完这篇文章,对古文或荀子的文章兴趣有提高。

9. 关于对老师的感受——14%的学生学完这篇文章后,对老师的印象更为深刻,或感觉更加良好。

10. 关于"自主研究"的兴趣和方法——仅5%的学生在学习本文的过程中有查阅资料的经历;12%的学生有"发现问题"的经历;3%的学生有"研究问题""自主学习"的经历。

可见,老师的教并不等于学生学;老师教得认真不等于学生学得实在。老师教得得意不等于学生学得如意。"教书"与"教学"表面上是一字之别,实际上本质迥异。"教书"者的眼里是"书",其目的在于完成对教材的讲授,"教学"的指向是"学",动机在于"教"会学生"学"。前者意在完成一个谋生者的职业任务,后者旨在实现为人师者培育学生的神圣活动。

所以在活动过程中,一个侧重于"教书"的老师,或许会认真备课、认真讲课、认真批改作业,甚至认真辅导学生,但是,他的一切围绕"书本"和"知识"在进行——上课前考虑的是讲哪些"知识",上课时考虑的是怎样讲解这些"知识",上课后考虑的是这些"知识"有没有被落实。不能说这种老师的眼里没有"学生",但是他们思考的原点、参照的标准又实实在在不是学生。因此他们的教学难免跟学生的学习有或远或近的距离。

当然,这里涉及的因素很多。我们首先讨论意识和理念。

一、"学习"含义:"持久导向力"形成的过程

什么是"学习"?

◇ **案例:"章"的两种教法**

"章"是一个常用字。如果你来教它,你怎么教?

一种教学是:

告知同学这个字读"zhāng",是"立"与"早"的组合;能组成"文章""乐章"这样的词语。

然后布置同学记忆和抄写。直到学生会认、会读、会写、会用,算是"学会"。

还有一种:

老师:"章"什么结构?

学生:上下。"立""早"。

老师:"任何理论都有对立面。"这个字的结构分析有没有别的可能?

学生:"音""十";"立""日""十"。

老师:中国有很多文字是会意字;各偏旁部首的意思组合成这个字的意思。按照这个原理,基于不同的结构分析"章","章"有哪些不同的意思?

学生:"立""早"大概是"早起"或"高高站立"的意思;"音""十"大

概"音乐很多"的意思。

老师：你能找出一些证据证明或否定你的解释吗？

学生："彰显"的"彰"或许与"章"有关；"乐章"就与音乐有关；"永州之野产异蛇，黑质而白章"，不过这个"章"是花纹的意思。

老师：有一本书是我国第一部系统分析字形、考究字源的文字学著作，是中国历史上的第一部字典。它就是汉代学者许慎编著的《说文解字》。各位手上有相关资料，请查阅研究一下，"章"到底是什么结构、什么意思。

学生查阅之后："樂（乐）竟爲（为）一章。从音从十。十，數（数）之終（终）也。"是不是指一个乐章结束？

老师：是的。这个章，不是"立""早"，是"音""十"。"章"天然有两个意思，一个意思代表一个章节告一段落，音乐每到一个段落就做一个"十"字记号，表明一章结束，所以文章、篇章就有这个意思。小"十"字记号是一个写意的"花纹"，所以"文章"二字在中国古代是花纹的意思。庄子里有一句名言，叫作"瞽者不以与观乎文章"，瞽者就是盲人，不要跟盲人讨论花纹。初中课本有一篇文章叫作《捕蛇者说》，讲"永州之野产异蛇，黑质而白章"——这种蛇黑色的底子，白色的花纹。

老师：你们猜猜"贼"是什么结构？课后查阅一下给自己一个结论和证明。

传统教学中，一个老师教"章"，可能会直接告诉学生：读"zhāng"，"立""早"结构，"文章"的意思。学生负责听见与记住。会念、会认、会写，将来会用就算达标。这种学习，教师讲学生听，学生听完去练，练完考，考完补，补完再讲。机械学习的结果是只知其一不知其二、只知其表不知其里。当然也不能叫真学习。

基于学生立场的学习是这样发生的：

1. 引领趣味。引导学生关心这个字的起源，强化学生学习科学的、本质的东西。

2. 引导学生展开思维活动。引导学生放弃成见和道听途说，学习"反对"和"质疑"、比较与思辨；强化联想与想象，注意将自己知识的积累和自己的感受,跟更广阔的学问、空间进行勾连;学习假设和推理,拥有已知突破未知,知道本原还了解现在,掌握当下还预知将来。

3. 建立学术关系,用专业的方式学习。通过建设学生与学术之间的联系,引导学生了解"解字"的最经典的学术空间所在,引导学生养成追根溯源、自主解决问题的能力和习惯。

4. 强化自主学习。"贼"是什么? 学生可以有两种选择,一是查字典或《说文解字》,这是依据学习"章"的经验加以推理。他们会发现:在古代,"贼"并不是望文生义的"盗贼"的意思,也不是"贝"与"戎"的组合。孔子在《论语》里说"老而不死是为贼""乡愿是为贼","贼"是"则"与"戈"的组合,是用武器伤害规则的意思。老而不死,或无原则地做老好人,都是对社会的一种伤害。

5. 培养好奇心。真正的学习源自兴趣,真正的兴趣来自好奇。当教学中的"知识"成为探究的原点、学生调动智慧、表达才华、训练创造力的机会,好奇和兴趣也就接踵而至。比如,"陕",什么是"陕"? 也许《新华字典》"告诉"学生们这个字念 shǎn,是陕西省的简称。到此结束,这种学习就没有导向性,学生不会有在此基础上加强学习的冲动,也不会形成自行学习的习惯和能力。所以《新华字典》只是工具不能是教材。真正的学习,要运用一定的方法,要进入一定的情境,要有探讨、思考、比较、创造的过程和继续探讨、思考、比较、创造的心理惯性。同样的"陕",如果学生观察它是"耳刀旁+一个狭长地带"、联想到"耳刀旁"是"阜"的简写,高地的意思,"陕"是一个狭长的高地;他们可能接着猜想"陕"是不是中国古代洛水与安徽的颍水之间的一个狭长的地带(顺便意外发现颍水也就是姜太公钓鱼的地方);继而寻找资料去证实或证伪;他们可能还会饶有兴味地"想入非非":为什么黄河以南叫河南,河南以北叫河北,洞庭湖以南叫湖南、以北叫湖北,太行山以东叫山东、以西叫山西,为什么中国有陕西却没有陕东?

6. 加强创造力。一旦学习变成"从源头出发、形成江河"的过程,学生就会不断发现,发现新问题、新资料、新想法、新工艺,形成猜想、新念想、新趣味、新方法、新思路、新作品。这就是创造和强化创造力的过程。有人认为中小学生不要谈创造和创造力,这是因为他们对创造和创造力有误会。事实上,没有小创造就不会有大发明,没有创造的意识和习惯就不可能成为未来的创造者。创造是每个人与生俱来的本能,是对世界的好奇、对真相和真理的向往、对信息资源掌握、思考习惯的综合效应,是学生动态的、自主的学习过程的结果。

曾担任丹麦国家学习实验室主任的心理学博士克努兹·伊列雷斯在《我们如何学习》一文指出:"学习是发生于生命有机体中的任何导向持久性能力改变的过程,并且,这些过程的发生并不是单纯由于生理性成熟或衰老机制的原因。"①按照这个标准,"学会"并不是"学习"的全部。能产生持久导向才是更高远的目标和更为根本的特质。

操作层面的学生的学习具体包括六大任务:

- 对学习目标的确定。
- 对任务的内容难度与自己拥有实力加以充分理解。
- 对学习资源包括支持性条件提出要求并模糊掌控。
- 形成关于问题的假设并借助资料和学伴加以证明。
- 记忆、探究;形成学习成果并进行自我评估。
- 选择合适的方式追加学习成效。

二、"学习"方式:基于"环境+主题"的自我主导

20世纪的蒙台梭利说,不要认为教书是教师教的过程,教师应该为儿童设计合适的主题和环境。华东师范大学钟启泉教授强调,最好的学习是单元学习。为什么要有单元、有合适的主题和环境?就是为了学生有更大的自主的空间,有更多的自主行走、自我养育的机缘。在电子信息环绕身边的情境中引导学生走出纷乱信息的包围,实现人的主动性,是教育面临的新挑战。

学习方式是学习者开展学习所采取的策略。按学习进行的形式,可分为接受学习和发现学习;根据学习者对整个学习过程的控制程度,可分为自主学习和他主学习。根据新旧知识经验相互作用的情况,可分为意义学习和机械学习;就组织形式而言,可分为独立学习和合作学习。

多元智能理论认为,无论什么时候,不论多么优秀的教师,都不可能找

① 参见克努兹·伊列雷斯《我们如何学习》,教育科学出版社2010年版,第3页。

到一种适合于所有学生的教学方法。至于原因,该学派认为——由于学生智力表现形式的多样性和复杂性。

但是笔者认为,学习方式不仅仅是智力基础的结果,也是智力基础的原因。有什么样的智力基础,则需要什么样的学习方式,同理,有什么样的学习方式,也会产生什么样的智力基础。所以,学习方式不仅是一种工具,也是一种智力养成的习惯;不仅是一种学生的选择,也是老师导引的结果。

◇ 案例:启智还是"灌输"

　　小学科学与劳技课里有一节内容:"声音是怎样传进耳朵的?"
　　对于小朋友而言,这是一个颇有意思的话题。
　　如果老师的引导如下:
　　你看过《三国演义》没? 带兵打仗的人常常往地上一卧,耳朵贴地,马上就能判断远方有多少兵马,离自己还有多远。他为什么不站着听呢? 不是站得高才能听得远吗?
　　一个神秘广阔的世界会在学生面前訇然打开。
　　这时候只要老师略加鼓励,提供相应的器材和资料,"开放性学习""探究性学习"的方式立即被采用,而且容易形成习惯:当一个霹雳闪过,过了好一会儿才有轰隆隆的雷声传来,这是为什么呀? 光被叶子遮住,就不能照到脸上,为什么光的传播与声音的传播不一样?
　　但是,某小学老师是这样完成这节课的:
　　先是让学生对课本进行朗读,然后老师进行讲解,最后"告诉"学生三句话并要求他们记住:声音传播是需要媒质的;媒质主要是气体、液体和固体;媒质的不同传播的效能是不一样的。
　　学生的学习方式是什么? 当然以听、记为主。

　　曾经有一个学生拿了一个很难的字跑到笔者跟前"讨教"。以为会得到表扬吧。结果我调侃道:中国汉字9万多,我认得的字大约八千。你怎么确认我给你的说法是正确的呢? 我给你的答案你是信呢还是不信呢? 再说了,查字典是你小学就拥有的一项技能,这项技能你为什么搁置不用呢? 如果你确定你的问题是不知道查什么工具书,那么我们一道去图书馆。

然后我带他去图书馆,我跟他讨论图书馆的这批工具书都有什么用。有一次上课正好碰到那个字,我请这个同学告诉大家这个字的读音和意思。我故作惊奇地问,这么生僻的字你怎么认识的? 他说某某工具书上查到了。我对全体说:这就对了,这就叫学生。一个不知道如何学习的人怎么叫学生? 了解最专业的学习方法和学习内容所在的叫高层次学生;能够自己找到专业的学习内容并进行自主学习的是最高级别的学生。否则只能叫书本的奴隶、知识的奴隶、教师的奴隶。

时代发展到今天,"学习"已经超越单纯的"学术行为",演变为"社会行为"——学习的内容不仅是零星或系统的知识与技能,还是学生积极的、独立的、社会性个体成长的过程。学生就是要借助相对宁静的学校教育,专心修炼其独立性、合理建设其社会性。

第二节 学生"智力":系统理性

人生是一场没有预演的戏剧。这句话提醒我们,人生的每一个念头,每一步都要慎重。其实最需要慎重的不是我们自己的人生,比如教育,涉及的恐怕不是一个人的事情,也不是单纯的当下的事情,教育不仅仅是帮助学生,有时候是直接为学生确定人生的方向和做人的原则,所以教育要格外慎重。

长期以来,"智力"是教育重要的目标指向。教育也特别关心学生的智力培养。什么是"智"? 过去我们常常认为"智力"就是记性和悟性的总和。可是随着信息时代的到来,智力的内涵有了变化。比如某企业家,资料显示他考了两年大学数学都没有考出一个像样的成绩,按照传统评价智力的标准,他应该不是一个"智力"骄人的人。可是,他能做到据说世界上最难的两件事:把自己的思想放进别人的大脑,把别人的金钱放进自己的口袋。所以,单纯讨论"智力",他未必不是一个"高人"。

一、知识的时代关于"智"的描述

（一）"知识"未必是"智"的"核心"

有一种关于"智力"的解释是,智力是"人们接受和建立知识的能力"。什么是"知识"?

《现代汉语词典》(修订本,商务印书馆 1999 年)解释说:知识是"人们在改造世界的实践中所获得的认识和经验的总和"。

百度百科则表示:知识是符合文明方向的,人类对物质世界以及精神世界探索的结果总和。

这句解释说出了"知识"的部分真谛——知识并不是静态的,它是人类探索的结果。只要人类探索的行为没有终止。"知识"就一直可能被修改。"知识"是相对贴近真相和真理的信息,确认"知识"是一个动态的过程。

何况"符合文明方向"也是"动态"的过程。布鲁诺关于世界的理论很符合当时文明的方向,但是在他所处的时代人们就认为它是异端邪说。

千百年来,人们把学校学习的内容一言蔽之为"知识"。学生学习知识、教师传授知识。天长日久,形成惯性,认为"知识"就是学校教育和学生学习的全部目标。知识来自哪里? 来自教科书和耳濡目染口口相传。

我国中小学历史和语文教材中,"烽火戏诸侯"的故事是作为"知识"录入其中的。故事中,周幽王因为宠幸褒姒,不惜点燃本来用来昭示警情的烽火导致亡国。

司马迁《史记》记载的这个故事,最早出现在《国语·郑语》中,据说是周幽王时期的史官史伯讲述的。

但是有学者考证,周幽王之后的周平王东迁,晋国和郑国追随左右,幽王失国的记载大多保存在这两国的史官手中。这些史料对褒姒和周幽王予以指责,但是没有提到"烽火戏诸侯"的故事。何况,"烽火"作为报警系统是西汉为了防御匈奴才出现的——周幽王的时候,"烽火"应该还没有被发明出来。

可见,有些"知识"可能是假说。

以前的小学课本里有一篇 18 世纪法国博物学家布封的《松鼠》。文章

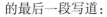

的最后一段写道：

"松鼠也是一种有用的小动物。它们的肉可以吃，尾毛可以制成画笔，皮可以制成皮衣。"

——以现在的生态理念，这根本就是错误的"知识"。

初中数学里有个定理，貌似是颠扑不破的真理：两点之间线段最短。

伟大的帕斯卡尔有一本伟大的书，叫作《思想录》。《思想录》被翻译到中国来，它的译者叫何兆武，何兆武有一本小书，《上学记》（不是他自己写的，他口述别人整理），《上学记》里有一段话：

两点之间直线（线段——笔者注）最短，这是个方便的假设。因为它没有证明，是个公理。非欧几何就不承认两点之间直线最短。

可见两点之间线段最短，也只在某一个时间段，在某一个学术话语体系内它是正确的。现在学习的数学、物理都是所谓的古典数学和物理，离数学和物理最前沿学术成果有一定距离。

又比如，我们都认为时间是"一去不复返"的。物理学里面也有热力学第二定律即"熵增"定律。《三体》的作者提出，人带着会死的威胁生活是一件多么有压力的事情。但是伯特兰·罗素的《数学原理》曾经表示，物理世界中的时—空秩序和因果是有密切关系的。在古典物理学中，事事都是可逆转的。如果你用和以前一样的速度使物质的每一小块向回动，宇宙的整个历史就要向回展开。

到底什么是关于时间、关于平行空间最确定的"知识"？

培根说，知识就是力量。从教学的层面是，基本层次是知识，一个老师不教知识，没有办法落实教学中的种种目标。学生在基础教育阶段有一个基本的学习内容，就是学知识，所以老师要教他知识。如果给知识下个定义，知识是人类到今天为止，证明它可靠、正确的有关信息概念思维方式和学术结论。

其实人类的知识经历过三次大的更新，我们学习的是二次工业革命以前的。"知识"具有强烈的时代内涵。

应该把它理解为摸着石头过河的石头，绝不能把它当作教育的目标，"这节课懂得哪些"，这只是其中的一个维度，如果这是全部维度的话，这个教学将有毒有害，将限制学生的思维。

（二）近代及此前对"智"的认知

像人类在其他领域的认知一样,人类社会对智力的认识也具有阶段性。

第一阶段:将"智"泛化为"接近真理和真相的信息"、对社会的认知和理解的能力。

智者不惑,仁者不忧。两千多年前孔子就提出了三好的标准,叫智、仁、勇,他认为从三个维度考察一个人,就可以观察他是否是一个全面的优秀的人,第一个维度,就是他是否有足够的智慧,从智者不惑这四个字上可以看出,智就是有一定的知识,有足够的清醒的智力判断,就是能够对世界上的一切做自己应该做的事情。

尚"智"还是尚"勇",一直是教育必须做出的选择。比如说古希腊时代,斯巴达城邦尚"勇"。孩子们从小集体生活,城邦里的公民每个人都对孩子有教育的义务。城邦对每个孩子的培养目标,就是培养他做一个勇敢的战士。重点训练他们刻苦、机智,让他们从八九岁开始训练坚韧的品格、勇敢的精神、强健的体魄,训练他们灵活机智地去处理事务。可见,尚"勇"的时代所谓的"智"就是勇士的机灵与勇士的智慧。

古希腊有一个非常影响后人思维乃至精神世界的运动,叫智者运动。智者,一开始不是本地的人。这些人擅长言辞、思辨、辩论,讲究修辞。他们不仅有文化,更重要的是善于思辨。苏格拉底提出"认识你自己"。所谓认识你自己,言下之意就是,我们最重要的研究对象和教育对象是我们自己。无论在中国的春秋战国,还是在西方的古希腊时期,哲人们都强调要对自己的思想、对自己的教育进行完全不自觉的分析。这时候还没有教育学,也没有人本身的科学,种种分析完全是不自觉的、出于本能。但是这时候人们已经从三个层面对自己进行一个不自觉的界定。比如说要有知识,没有知识怎么能做智者呢? 第二个要有技巧,包括思维方式;第三个要有表达的能力,要有感染的力量,"智"表现在至少这三个方面。

第二阶段:将"智"异化为某种信仰。

中世纪开始基督教的教育。众所周知,有知识可能会有思想,有思想就会有独立判断,有独立判断非常容易信仰真理或者信仰你自己。那么还怎么信仰上帝? 所以宗教教育时代可以算是教育的反智时代。

第三阶段:将"智"专业化为特定素养与技术。

西方有骑士教育。骑士听起来招人艳羡,骑士教育却未必轻松。骑士要学习七项重要的技艺,比如游泳、骑马、射箭,还需要会写诗,还需要在音乐方面具有才能。身体上的骁勇,精神上的健朗,知识上的博学,才艺上的广泛,都统括于"智"的范畴。

(三) 现代智力观:"智""智力"与"智能"

在近代文化史上,人们对"智"的理解变得多维。文艺复兴虽然强调人本,但是他们重视学问,也重视学问与社会和自然的联系。蒙田强调教育对于"生活"的终极意义;斯宾塞说,教育是为完满的生活做准备;夸美纽斯说"把一切事物交给一切人"才是教育的本质。总之,"智"是一个笼统的、包含诸如学问、能力的综合概念。

进入 20 世纪,人们开始对"智"的内涵与要素进行细致的分解与分析。1905 年,法国心理学家比奈·阿尔弗雷德和他的学生编制了世界上第一套智力量表。一方面认为智力与天赋、教育均有关系,将"智力"分解为观察力、记忆力、想象力、创造力、分析判断能力、思维能力、应变能力、推理能力等,认为智力由短期记忆力、推理能力和语言能力三种能力组成。另一方面,把"智力"理解为可以测量的东西。

1914 年,德国心理学家施特恩首先提出"智商"概念。1916 年,特曼教授把这套量表介绍到美国,修订为斯丹福—比奈智力量表,将用心理年龄与生理年龄之比作为评定儿童智力水平的指数。

20 世纪 20 年代,美国心理学家特曼进行过一项大规模的研究实验,他通过智力测试将智商大于等于 140 分的孩子划分为天才,并以此为标准筛选出了一千二百名"天才儿童"。随后,美国政府为这群孩子提供最优质的教育资源和师资,期待着从这些孩子中产生杰出科学家。五六十年后,人们追踪到其中 800 多名"神童"的现状。发现他们中的大多数并没有成为科学家或者其他领域的"伟人"。这激发了人们对智商与"智力"的统一性和矛盾性的研究,人们也更为关注智力作为个体有意识地以思维活动来适应新情况的一种潜力、个体对生活中新问题和新条件的心理上的适应能力。

英国教育家博克汉姆提出,智力是学习的能力。

心理学家皮亚杰认为,儿童智力本质上是一种思维结构。

林林总总,人们普遍认同关于"智"有两种状态,内在天赋——是记性与悟性的总和;外显能力——以语言能力和数理逻辑能力为核心、以整合的方式存在的一种能力。前者可以理解为"智商",后者可以理解为"智力"或"智能"。

但是现实生活中人们发现,一方面大量的成功人士并非那些智力测试中被认为是智商很高的人;另一方面许多被认定为智商很低,甚至弱智的人却在某些领域表现出了突出的才能和聪明过人之处。为了正确认识人的智力成分和智能结构,许多学者进行了相关的研究并取得了重大进展。越来越多的学者认识到,智力是由不同因素构成的、是多元的。教育学家戴维·珀金斯提出真智力理论,他认为,人的智力分三大类:神经智力、经验智力和反省智力。美国心理学家吉尔福特则认为,智力是对信息进行处理的能力。英国心理学家斯皮尔曼,美国的桑代克、瑟斯顿等人都表达了类似的观点。20世纪80年代以来,美国心理学家斯腾伯格提出了著名的智力阶层论,即智力三元论,认为人的智力是由分析能力、创造能力和应用能力三个相对独立的能力方面组成的。美国哈佛大学教授、当代世界著名的心理学家和教育家霍华德·加德纳于1983年出版了他的力作《心智的结构》一书,提出了他的多元智能理论,将智力分为语言智力、逻辑数学智力、音乐智力、空间智力、身体运动智力、人际关系智力和内省智力,后来,加德纳又添加了自然智力。另有心理学家指出,智力是从事艰难、复杂、抽象、敏捷和创造性的活动以及集中能力和保持情绪稳定的能力——智力又被看作是个体的各种认知能力的综合,包括解决新问题的能力,抽象思维、学习能力,对环境的适应能力。到这个层面,"智力"其实是一种"智能"。

二、未来视角:最高"智力"是"系统理性"

时代发展到今天,教育对"智"的判断,已经由本身拓展到整个世界,又由世界反观到人本身,而这时候研究的,不再是学生有什么天赋、有什么单纯的作为,而是能怎样地融入社会、对应未来,包含智、智力(包含智商、智能)乃至智能的全部。

但是智力,特别是智能,依然不是容易分析的东西。科技发展很快,人们用50年的时间就可以从学会用筷子,到学会制造航天器、把人类几千年的文明技术学到手。但是我们几千年过去,很难讲现在有几个人的智力境界、智能程度超越先贤圣哲。加上不同的领域智力元素大相径庭,给教育带来严重的挑战。

站在未来视角、站在教育角度,到底什么是智力?

◇ **案例:"这个食堂不利于学生气质养成"**

笔者曾经带学生到贵阳去参加社会实践,驻扎在一个山区的初中里。周四到达,在学校的学生食堂吃饭。饭后一名学生跟我说:老师能不能跟校方商量一下,给我六分钟时间,我给他们做一个微讲座,或者一个小发言? 我跟这名学生交谈了一会儿,对他做了一点提醒。校会上校长给了这名学生六分钟。

这名学生一共讲了五张 PPT,第一张标题;第二张食堂照片分析图,说明这样的食堂只能满足学生基本的生存需求,不利于他们文化气质的养成;第三张心理学社会学依据;第四张改造方案效果图;第五张,改造总预算 1983 元。

这个学生的发言满足了笔者对"智力"(智能)的几乎全部的要求。

(一) 敏感力

敏感力是第一智力。人的成长很大程度靠外部信息的激活。很多人走过路过,结果全部错过,这样的人很难得到外界的刺激和滋养。同样的食堂,成天有川流不息的学生进进出出,但是对于大多数学生而言,这个食堂只是一个吃饭的地方,没有思想精神对接的契机。另一方面,"敏感"是一切灵感、思考、探究、发现的起源。

(二) 预判力

预判是基于复杂信息、对应当下与未来的一种综合和提炼。也许由于各种各样的原因,"预判"有待补充和修正,但这正是通过对"预判"的反思和完善,人们完成一个个学习过程、一步步丰富内涵。

(三) 以专业的方式、借助专业资源研究、证明(证伪)的探索力

这是一个学生、一个成长中的人最重要的习惯。当一个人有了敏感、预

判,接下来最重要的就是研究、在专业领域里进行研究,否则会流于泛泛的牢骚。只有借助专业的资料资源补充自己的不足,对自己的念头进行深入观察和自我矫正,学习才能真正发生智力,才能真正生长。

（四）给出解决问题的方案、形成结论的能力

任何时候,给出解决问题的办法都是智力的直接体现。

（五）以极简的方式阐释成果的传达力

据说在高明与平庸之间只有一个差别,就是简洁。任何人的成果只有有效传达才能深入人心,而有效传达的最佳方式就是极简。

笔者认为,未来视角的"智力"（智能）表现为:第一,发现问题的能力;第二,系统规划问题的能力;第三,有依据地解决问题的能力;第四,提出解决问题的有效方案的能力。第五,简洁、明确、系统地传达成果的能力。

三、"智力"在教学实践中的维度

前面说过,以加德纳的"多元智能"为代表的智力分析,代表了当今关于智能的先进理论。这种理论更多地引导人们进一步对"人"的智力特征加以理解,对整体的课程建构、课程设置也提供了相应的指导。但是在学科内部,在教学实施过程中,如何进行有效教学和成效观测,必须有另一种分析和观照的维度。

前面以"章"字的学习为例说明了"学习"的主动性与被动性、学习的封闭性与开放性、学习的终结性与生长性之间的区别。事实上,那个例子同样可以说明另一个问题:"智力"在教学实践层面的结构分析。

领导或参与组织的能力

学习能力

思维品质与思维方式

知识结构与视野

知识与信息

（一）知识与信息

虽然"知识"很多时候只是在一定时段、一定范围、一定情境下更接近真理或真相的结论,但是,知识始终是人类通向更接近真理和真相的阶梯。没有地心说,就没有日心说;没有牛顿的绝对的时空观就没有爱因斯坦的广义相对论。"知识"只是摸着过河的鹅卵石。人类文明就是这样一步步在确定、否定、重新确定的过程中进步的。

还有一类"知识"是人类为了表述世界而设置的一种规定或者"假说"。就像我们为万事万物所设定的名称。这一类知识,为我们提供专业对话的轨道和平台。很多学科中的"概念"就是此类。它们更多的是一种信息。

"知识"信息是学生形成智力的基础部分。

（二）知识结构与视野

结构是一切东西成就自我的根本。上海有东方明珠电视塔。电视塔的"前身"是钢筋水泥砖块,它们只是素材,不能叫作工具,更不能叫作艺术。只有当人们把它们组合成塔基塔身塔尖、变成内部外部中间的时候,它才变成了一个工具和艺术品。辨识一个教师是否达到了较高的专业层次,评价的标准也是结构。一个语文老师可能会写诗,可能会写文章,甚至多才多艺,但是如果他不懂教育学,不懂心理学,不懂孩子智能发展的特点,不了解教育发展的历史,没有引导孩子的有效策略,也不能算是一个好教师。

一个学生,不懂结构化学习就不会是智慧的学习。有一个学生考上某一流大学读了几天书,9月10日回到母校看他的中学老师,大呼小叫地对他的中学老师说:我们大学老师实在没名堂,水平还不如你。

这位老师冷静地问他三个问题:

第一,你大学老师的学术观点是什么?

第二,你的这位大学老师受哪些学术流派和著作的影响?

第三,你预判一下你大学老师在当今或者未来二十年的学术地位?

这位同学张口结舌。三个自成结构的问题就可以诊断出他连老师学术长袍的裙边都没有摸着。

有一位教师去香港读书,经常性地翘课去看海、探访海盗洞、跟渔民一道去近海打鱼、寻访原始居民的居住地。但是她依然读出了该校该系开办

以来的第一名。"诀窍"就是她采取结构化学习:每有一门新课程,她始终要搞清三个问题:

第一,这个老师的观点——如果没有搞清楚,下课就去跟老师交流。

第二,分析老师看了哪些书、受哪些学术流派著作的影响——没搞明白就继续听课,或去图书馆研究资料。

第三,搞清楚老师的观点仅仅是一家之言,还是代表整个香港的观点,或是欧洲社会的观点。

三个块面就几乎统帅整个课程的学习。这也是结构。

布鲁纳强调"不论我们选教什么学科,务必使学生理解该学科的基本结构"。

认知结构是个体拿来认识周围世界的工具,它可以在不断的使用中自发地完善起来,教学主要是帮助学生掌握基础学科的知识,并以此为同化点来完成对知识结构的更新,促使他们运用新的认知结构来完成对周围世界的感知,这就是有机体智慧生长的过程。"结构性把握"是学习方法中最重要的一种。

(三) 思维品质与思维方式

◇ 案例:"这是什么?"

有一次笔者拿一根木尺走进教室,问同学:这是什么?

学生说:木尺。

笔者故意有点夸张地给他零分。

笔者启发说:给木尺下个定义吧。什么是木尺? 我手上的这个东西除了测量长度还能做什么?

学生说:你手上的这个东西可以测量长度,还可以挂在墙上做装饰品,也可以用来和泥当玩具,当然也可以用来打人充当戒尺。如果有人愿意,举着它站在南京路街头那叫行为艺术。

笔者接着说:所有的分析都是为了结论,所有的理解都是为了创造。你们给我一个结论,它到底是什么?

学生说:根据创作者的主要用意和生活中最主要的用途,我决定它是木尺。

笔者给他满分。

为什么同样表示是"木尺",前面给零分,后面给满分? 因为这是一节思维训练课。思维不是单纯的思想、思考,它是思想行走的方向、力度和过程。

思维特征是学科的本质特征、是"人"的第二"基因"。

教育之所以分科,是因为学科之间有明显的区别和分工。学科之间根本区别在于对世界的解释方式。表象上的区别是"语言",比如语文运用的是语言文字,数学运用的是数字和图形,音乐运用的是音符和旋律,体育运用的是肢体和器械……本质上的区别是思维方式。

理科生经常这样鄙视文科生:你们很有意思——每次举一个例子就证明世界有什么。这是有多么不严谨啊。哪像我们,举一个反例就证明世界没什么。

其实,这是学科追求不同。文科就是要追求世界的博大精深、丰富多彩,因此有一个例子就努力证明其有,因为丰富是它的最高指标。理科是力求逻辑简洁和最终结论,所以它的重要任务就是删繁就简,把所有乱七八糟的干扰项全部清除,因此它找到所有的反例就赶紧否定,以求最后最正确的唯一出现。所以,文科一个例子就证明自己是对,理科一个反例就有效驳斥了某个观点,是文科与理科使命和本质的区别。二者并行不悖。

◇ 案例:"您这也叫诗?"

笔者某次为一群理科学科带头人做讲座,目的是"提升他们的人文素养"。我从中国的一首小诗说起。

江南

江南可采莲,莲叶何田田。鱼戏莲叶间。

鱼戏莲叶东,鱼戏莲叶西,鱼戏莲叶南,鱼戏莲叶北。

我问:这首诗美吗?

他们一个个看着我,不以为然的表情。

那你们写一首?

他们"才思"敏捷,性格豪迈。某教师往窗外一看,当即赋诗一首:

学校有操场,操场可踢球,

球在脚东边,球在脚西边,

球在脚南边,球在脚北边。

全体鼓掌。

我"不怀好意"地说,中午会去食堂吃饭,你们以食堂为题材再来一首?

他们果然再接再厉:

> 学校有食堂,食堂可吃饭,
>
> 碗在我东边,碗在我西边,
>
> 碗在我南边,碗在我北边。

我问:一个年轻的帅哥在油腻腻的食堂围着一只破碗转来转去,你怎么了?

他们自己也忍不住哄堂大笑起来。

是的,他们是理科世界的教学精英,但是他们不懂诗。他们不知道诗最主要的思维特征不是求逻辑的简洁,而是求逻辑的意外,情理之中的意料之外。他们也不了解诗的第二元素是情趣,比如《江南》——人家写的是蓝天丽日之下、绿叶流水之间,一个小女生静观小鱼游来游去,目光婉转,心思流转,眼睛在看,口不能言(鱼是男女感情和美的象征)的样子,多么婉约,多少不能言说的期待和幽怨。表达了人类亘古至今超越一切的情感,却又表达得这么质朴、这么美丽。

杜甫有一首诗,名叫《古柏行》:

> 孔明庙前有老柏,柯如青铜根如石。
>
> 霜皮溜雨四十围,黛色参天二千尺。
>
> …………
>
> 苦心岂免容蝼蚁,香叶终经宿鸾凤。
>
> 志士幽人莫怨嗟:古来材大难为用。

著名的宋朝科学家、《梦溪笔谈》的作者沈括深更半夜对这首诗中的大树进行了仔细的测算:直径不到七尺,树高二千尺!于是生气地把桌子一拍说,"无乃太细长乎!"他生气是因为他运用逻辑思维读诗。

"理科思维"会问:同一个李白,一会儿"飞流直下三千尺",一会儿"白发三千丈"——头发倒有三千丈,飞流只有三千尺,瀑布只有头发的十分之一长?你们还说瀑布"壮阔"?——他们不理解,情境不同,"尺子"可以不一样,人文不讲究尺子的永恒。正如史铁生在《合欢树》中写道:我得承认我的母亲是世上最美丽的女人。理科生会抬杠:你妈妈是世界上最好看的女人,你以什么为样本? 以什么为标准? 比维纳斯、埃及艳后都好看吗? 只有得了"数理病"的人才会想这样的问题。史铁生的意思是,在我眼里,没哪个女人比我妈妈更好,我爱她——不讲究逻辑、不关注事实的时候,恰恰是在凸显"情意"的时候。

当年刘某某拿硫酸泼熊事件曾经喧嚣一时,人们纷纷谴责他的残忍。为什么残忍? 根子上是缺少人文思维、缺少情意。刘某某拿硫酸泼熊的瞬间大约只想着探索"真理"。

只"讲求事实"和所谓的"理性",成为很多理科生的特征。

◇ **案例:"我怎么不冷?"**

有一个学霸,他是名牌大学计算机系研究生。他的女朋友要跟他分手。

我问女生:你为什么跟他分手呢? 你看他长的一表人才,家境还好,还是学霸,更重要的是对你情有独钟,多少女孩子追他他都视而不见。

这个女生说:我也不想跟他分手。只是实在跟他混不下去了。

怎么混不下去? 举个例子?

——就说昨晚吧。昨天晚上我们在一起排队买票,我说有点冷。你猜他怎么回答? 他回答说"我怎么不冷"。

我转身教育这个男生说,你怎么不冷? 你不冷是不是因为你脂肪丰厚或热血沸腾呀。可是人家是女生,人家冷呀。你回应她至少可以有两个更智慧的版本,第一是物质版,把衣服给她披上;第二肉麻版,把女生抱住说,我是你永远的温暖。

这个男生对我说:女生就是矫情。

女生愤然离去。而这个男生,只觉得他十分无辜。

他后来才知道,世界上有些信号,与其说是寻求物质上的帮助,不如说是在寻找情意上的呼应。很多时候人们需要的是安慰而不是真理。

理科学得成功,标志就是形成理科思维;文科同理。数理思维不同于人文思维。但是,据说为了防止人类分化成男人类和女人类,上天故意让女儿长得像爸,让儿子长得像妈。就像树,地平面以下树根是彼此绞缠的,树干以上树冠是彼此勾连,只有中间一小段是独立分野。所以,理科人必须学习文科,让他具有更丰富的想象和更饱满的情意,学文科的同时必须学习数理,让自己更讲求逻辑更信仰真理。

(四) 学习能力

面对未来,最重要的可能不是别的,而是自主学习的能力。很多行业招聘员工不在乎你专业是什么,在乎你什么学校出身。他们尊崇这样一个逻辑:好学校出身的学霸一定具有自主学习的能力,可能就职后的前几个月前几年处于劣势,但是前景可观。能够自主学习,是未来的第一能力。

学习能力是由三个要素组成的,这三个要素分别是学习的动力、学习的毅力和学习的能力。学习能力自1965年随着学习型组织的提出,缘起于管理领域,后被迁移到教育领域,主要研究教学中如何构建学习者的学习力以促其有效终身学习。

学习能力是把知识资源转化为知识资本的能力。个人的学习能力,不仅包含其知识总量,即个人学习内容的宽广程度和组织与个人的开放程度,也包含知识的质量,即学习者的综合素质、学习效率和学习品质;还包含它的学习流量,即学习的速度及吸纳和扩充知识的能力;更重要的是看其知识的增量,即学习成果的创新程度以及学习者把知识转化为价值的程度。

(五) 领导或参与组织的能力

在创新领域,信息时代日益强调"智力"的众筹。在学习领域,团队学习比个人学习更重要。团队内部信息和知识自由流动,高度共享。团队学习既是团队成员相互沟通和交流思想的过程,也是团队成员寻求共识和统一行动的过程,从而也是产生团队的"创造性张力"的过程。

与此同时,信息时代更容易形成生命个体独处的环境。人的社会性大多借助"网络"实现。事实上,网络更容易导致人情的削弱。所以,能否借由"组织"培养合作能力和情意,成为新的教育时代的"智力"标识。

第三节　"学生学习逻辑"的特征

《西游记》里面有个孙悟空,本领高强、天真活泼、烂漫可爱、个性斐然。但是,即便因科举考试失败而被挤压到社会边缘的吴承恩,也设定他是一个需要紧箍咒镇压、九九八十一难修炼、如来观音教导的对象。唐僧有什么本事? 代表"主流观念"就是"本事"。所以,即便唐僧有时候忠奸不辨,也不妨碍他是悟空永远的"师父"。

后来有一部电影《华山救母》,里面的孙悟空已经成佛,他端坐佛台之上,眼睛半开半闭,面对求救的沉香几乎一言不发。但是,在正统观念里,这就叫"修成正果""大功告成"。"正果"就是把你所有与社会规则冲突的个性都杀灭,把自己纳入社会道德、社会理性规范之中去;"成功"就是把所有的自我化的东西剥离,变成集体意识所理想的样子。这是中国文化情境的突出内涵。

影响到教育,自然强调要进入规范、皈依理性。表面上看,教学是教师的具体行为,实际上教学方式一样是社会文化的衍生物。教学的基础理念是什么? 这取决于社会文化的总体观念。

在中国,儒家思想是中国教育观念的主流。所谓"克己复礼",对应教育,就是站在"社会"的角度,基于"社会人"的培养目标,告知学生"礼"是什么,要求学生约束自己的种种本性、欲念,把自己纳入到"礼"的社会规范之中。战国时期思想集大成者荀子强调"木直中绳"。什么是"人才"? 符合社会种种规范的人才是"人才","教育"是运用各种规范去"制约"和"修理"某个人。这种"把人纳入到一种理性的规范之中去"的教育思想和人才观,在中华大地上流布甚远影响深切。

但是中国文化一直还有一股暗流,或曰"支流"。《庄子》中的中原大帝"混沌"没有七窍。这在外人眼里它根本就是个残疾。但是如果按照"常规"标准为他凿上七窍,他只会流血而死。

魏晋之后,"教育就是尊重和解放"的思想更进一步。柳宗元《种树郭橐驼传》强调:要想树木繁荣昌盛,你就要少加干涉,"顺天致性"是你最智慧的选择。龚自珍在《病梅馆记》谴责对梅花进行雕琢砍削捆绑、结果"遏其生气"的残酷行为,呼吁要顺其天性。迁移到教育,龚自珍的观念就是"解放",教育要崇尚自然主义。

除了自然主义,中国教育一直隐伏着"人本"基因。这种基因到中国近代教育萌芽时期开始生长。1914 年教育部整体教育方案草案提出"力避从前形式的教育,注重精神的教育。教育者教人之所以为人也……诚者非局于外象,而在于发展内部之精神""经籍浩穰,儿童脑力有限,语气全经课读,不若择要征引,循序指导""各学校宜养成学生之自动力暨共同习惯……养成之法,一宜废除注入教授,在引其自行观察及追求之兴趣"表达了对"形式主义"的批判,建议关注"学生的脑力""废除注入教授""养成学生之自动力"与"共同习惯"、引导学生"自行观察"与"兴趣"。

遗憾的是,1977 年恢复高考制度之后,中国教育一直深陷在与实用主义和功利主义抗争的困局中。顶层设计有待于进一步体系化,理论建构与基层实践双向匡正的推进模型有待于系统建设。

假使"学生立场""学习立场"被凸显,学生学习是不是自然而然地发生?

◈ **案例**:一个关于作业的故事——学生学习不容易真实发生

会做作业是每个学生的基本任务和基本能力。特别是高中生。

教材里有两首诗,一首是陶渊明的《归园田居》,一首是曹操的《短歌行》。

于是老师布置了一项作业:比较《短歌行》《归园田居》的诗风。

布置作业的同时,老师从知网上下载了三篇资料印了给学生,一篇关于《短歌行》的诗风,一篇关于《归园田居》诗风,一篇是关于两首诗的诗风比较。

同学们当即把材料打开,奋笔疾书地开始抄写。老师阻止说,这个作业的功能不是考查抄写能力。老师希望你能做三件事。

第一件事,围绕"诗风"搜集丰富的、结构化的材料。

第二件事,形成关于"诗风"的个人理解。

第三件事,用课本上的例子来加以证明或者阐述"诗风"。

老师还说,提供的这点材料肯定不够丰富。所以你们必须去图书馆。

然后带他们去了图书馆,先带领他们了解图书馆的馆藏,因为相应的资料有限,所以又带领学生进了电子阅览室。

学生们动作很快,立即打开百度。老师调侃说:"我以为只有大爷大妈咨询红烧鱼的做法的时候才去查百度。我没想到做作业做学术也去查百度。"于是介绍了几个学术网站,学生们转而查中国知网。

他们搜索材料的能力非同寻常,一会儿工夫就找到了他们要找的东西,马上又开始奋笔疾书。一节课不到,有人抄写了好几百字。

第一节课快下课的时候,老师打断了同学们的抄写。她说,我怀疑你们全体的作业都要重做。

学生们惊疑不已:怎么会?老师您看,我写了那么多,而且我写得很工整,怎么会要重做呢?

于是老师给每个学生发了一张单子,请他们填写。

序号	学习维度	内容陈述	自我评价(自觉满意打✓;完全不满意打×;不确定是否满意打↙)
1	什么是诗风(简要概括)		
2	诗风都有哪些类型(列举其中的6种)		
3	对陶曹诗风都有哪些说法(列举最典型的3种)		

结果全班加起来只有一个疑似"对号",四个"半对",其他全是"叉"。

学生们自己难为情地说,老师,我们是白做了,是该重做,完全没有达标。

同学们再去重做,做完到讲台上介绍自己的成果。折腾了两个星期,这项作业算是勉强达标。

为什么这次作业做得这么难?原因很简单,他们平常很少做这样的作业。

61

他们最喜欢最擅长最希望做的作业是——把字词或课本抄一遍,把这两首诗各抄一遍,把答案抄一遍,抄一百遍也行——宁可抄一百遍。如果要求背诵,也还勉强可以接受。反正不要做这种"没有边际"的作业。

"传统"的作业是什么形态?

——抄写并记住"什么是诗风""诗风的类型有哪些";陶渊明、曹操这两首诗的诗风是什么。

简洁、干净。老师负责讲和布置,学生负责接受。学生操更少的心、承受更小的"负担"。

但是,仔细分析,这里有很大的问题。

从教学目标上,"传统"的作业旨在让学生"记住"关于诗风、关于陶渊明、曹操诗风的有关内容。为什么要记住这些?是为了将来考试的时候能够搬用。至于学生兴味的发育、思维的发展、文学感知力的增强,都不在"作业"关注的范围之内。至少不是这种作业主要关注的所在。

教学心理上,老师的目标就是把这些"知识"灌输给学生、希望这些学生接受这些知识。在教师的心目中,知识比学生的地位更领先。

从教学原理看,众所周知,如果要有效接受"知识"的过程,必须经历"关注信息——形成感觉——援用别的资源比照批判——形成结论—有效输出"的过程。如果只是"记住",停留在"关注信息"阶段,是没有办法与自己的神经组织进行有效构建的——也就是说,不仅不能真切有效学习到"知识",更谈不上思维发展或其他智力的发展了。没有经过深层次思考的任何努力,哪怕很勤奋,都是难有效用的。

一、学生学习逻辑在实践领域的系统诉求

在整个世界的教育格局中,关于学生学习逻辑的理念和实践主要经历了三个阶段。

第一阶段,着眼"知识客体"、着眼"学习态度"定义"学习过程"阶段。

学生学习是怎样发生的?又是怎样有效发生的?关于学习过程,中国古人强调宏观的学习行为要素,强调他们之间相辅相成的关系,旨在教育人们要努力学习、反复学习、在思考与实践中用心学习。孔子说:"学而不思则罔,思而不学则殆。""学而时习之,不亦说乎。"(《论语·学而》)强调学习既要思考,

也要学习;既要领悟,也要练习。"学""思""习"可以理解为孔子心目中的"学习过程"中的要素。至于在具体学习的过程中,又未必是先学、再思、再习。《中庸》引用孔子的话说:"博学之,审问之,慎思之,明辨之,笃行之。"强调学习过程中的要素与环节有五个,但也是笼统言之。《学记》指出"学然后知不足……知不足,然后能自反也,知困,然后能自强也",把学习理解为"学——知不足——反思——继续学习"几个阶段,同时强调"学""问"及"循序渐进"有"指导学习"的现代意味。王安石《游褒禅山记》"世之奇伟、瑰怪,非常之观,常在于险远,而人之所罕至焉,故非有志者不能至也。有志矣,不随以止也,然力不足者,亦不能至也。有志与力,而又不随以怠,至于幽暗昏惑而无物以相之,亦不能至也。然力足以至焉,于人为可讥,而在己为有悔;尽吾志也而不能至者,可以无悔矣",对应到学习领域,就是"志""力""外物帮助""独立意志"都是实现卓越的必要条件。至于实现卓越的过程,大约是"志"为先导,后面几个元素依次追加。汉朝王充,宋朝朱熹、张载,明清之际的王夫之等人,又把学习总结为学、思、习、行四个紧密联系、相互促进的过程。中国古代关于"学习"及其过程的分析,是中国古代教育文化的宝贵财富,对后人发挥重要的指导作用。但是,整体上立足于学习态度,从"励志"、道德教育层面讨论"学习过程"。

第二阶段,着眼"学生立场"、渗透科学方法、系统建构"学习过程"阶段。

有"现代教育之父"之称、19世纪德国心理学家和教育家赫尔巴特,将心理学知识运用于教育的探索中,在寻求科学依据构建完整教育学体系的过程中,开始并完成了教育心理学化。他把学习划分为连续进行的四个步骤,即明辨、联想、系统和方法。这几个步骤后来被美国赫尔巴特派发展为五个步骤:"明辨"变成"准备和提示";"联想"变成"比较和抽象";"系统"变成"概括";"方法"变成"应用"。这些步骤是"教与学"的有机结合。在"准备"过程中学生要回顾已有经验,引入有关概念;在"提示"过程中教师要进行必要讲解和提醒;"比较和抽象"是学生深入形成自己的个人体验、完成个体认知的过程。"概括"是学生在事实比较的基础之上探究"原理"的阶段;"应用"是学生将新习得的原理用来解释同类事实或实践运用的过程。赫尔巴特学习过程五步法,意味着欧洲大陆上19世纪(1)开始将"科学"元素引入对学生有效学习的过程研究。(2)将学生放在教学的"主体"位置上,教师在教学过程中只是辅佐。(3)关注学生学习过程中运用诸如"比较""抽象""概括"等促进学生掌握专业的思维工具探究"原理"。(4)注重学以致用。

近现代的中国教育受美国杜威和苏联凯洛夫影响很深。美国教育家杜威从实用主义经验论和心理学出发,提出要以儿童个人生活实践或直接经验为中心,强调"由做而学",作为一个思维过程,具体分成五个步骤,通称"思维五步",一是感知疑难的情境;二是确定疑难的所在;三是提出解决疑难的各种假设;四是对这些假设进行推断;五是验证或修改假设。当然,他认为这五个步骤的顺序并不是固定的。杜威反对传统的对知识的"旁观论",他相信学生知识完全客观、可以脱离认知者——这是颇为系统的强调学生立场和学习逻辑的理论。在中国,从小学教师到大学校长,一大批教育人士受其影响。中国教育开始出现系统关注学生学习立场的理念与作为的萌芽。陶行知"行知教育"把学习过程明确为"行""知"两大阶段——教学做合一、行是知之始。但是,对学生学习的研究并没有进入哲学层面。基于学生学习逻辑的理论建构没有有效形成。

伊·安·凯洛夫作为20世纪四五十年代苏维埃教育学的代表人物之一,他所主编的《教育学》对我国产生很大影响。他认为教学过程必须在科学认识论的指导下进行,同时明确"教学不是、也不可能是与科学的认识过程完全一致的过程"。凯洛夫师承赫尔巴特派,强调三中心——以教师为中心,以课堂为中心,以知识为中心;五环节——组织教学、复习旧课、讲授新课、巩固新课(或知识、练习)、布置作业。这就是对中国教育影响深远的"凯洛夫的五环节教学法"。当时《苏联中学文学教学大纲》规定分析一篇文学作品,必须要有介绍作家和作品的时代背景、阅读、分析、结束、复习等严格的"五个步骤"。新中国成立初期,苏联教育专家普希金在北师大附中指导讲授《红领巾》一课时加以运用。后来谢皮耶娃又引进"文艺作品教学"程序八环节,即启发工作、阅读课文、读后谈话、逐段阅读分析、编写段落大意、复习阅读、复述和创造性讲述、结束谈话。这就是通常所谓的"讲读法"。很快风靡全国,相当长的一段时间内国内出现介绍作者时代背景、段落大意、中心思想、写作特点等烦琐讲解分析的套路。自新中国成立初期至今,在实践领域,中国的教改某种意义上一直是对这种套路及其惯性的矫正。

第三阶段,基于心智发展规律研究的成果和信息加工模式理论建构"学习过程"相关理论阶段。

随着信息论、控制论、人工智能、脑科学和认知心理学等的发展,心理学家们尝试用信息加工理论来模拟和解释学习过程的结构。

苏联心理学家列昂节夫依据活动理论,对活动的结构进行分析,他认为一切活动的结构都是环状,是由内导作用、同对象环节实际接触的效应过程、借助于返回联系修正和充实起初传入的映象三个基本环节组成。所以,他所解说的"学习过程"分为定向环节(即"感受环节"或"输入系统")、行动环节(即"运动环节"或"输出系统")、反馈环节(即"返回系统"或"回归式内导系统")。

20世纪60年代美国米勒等人的《计划与行为结构》认为,人的行为是按照一定程序完成的,人的行为包括学习过程,与计算机信息加工执行程序有很大的相似性,行为是作为一个基本单位存在的,它是在分子水平上转变为块状反应。这个程序就是负反馈环路的动作程序:"测验—操作—测验—输出",即TOTE(test—operate—test—exit)单元。其中反馈、强化极为重要。

稍晚的美国心理学家加涅提出信息加工模式。他认同人类的学习过程与机器处理信息的过程相似,他们把人类对知识、技能的学习看成是信息在人脑中的流程,所以学习过程就是信息流程。基于记忆的重要性及记忆规律、人脑学习的非自发性,他提出学习过程的八阶段:(1)动机阶段(期待)。(2)领会阶段(注意选择性知觉)。(3)获得阶段(编码)。(4)保持阶段(储存)。(5)回忆阶段(检索)。(6)概括阶段(迁移)。(7)动作阶段(反应)。(8)反馈阶段(强化)。

反观中国教育自近代教育开启以来,关于教学过程,不是在凯洛夫的三中心五环节的影响中,就是在这种影响的反叛中。实际上,反叛也是一种变相的师承。近三十年来,一方面没有完全脱离全盘苏化带来的影响,另一方面从借鉴苏联转向译介欧美。在理论和哲学层面,一直没有自己的系统理论和完整的实践主张。在本土化教育体系尚未完全成型的中国,由于没有充分意识到教学过程的本质及其在教育变革中深层次的意义,没有在意识和操作层面将学习过程与教学过程之间的区别进行厘清。

按道理,学习是学生的事情,研究学生如何学习,是教育研究和教育实践首要的事情。

教学是为了教学生学,研究教学首先应该在研究学生学习逻辑的基础上再研究教学逻辑。现实中,教师教学的线索很清晰,学生学习的主线却很难建立。

原因很简单,第一,教育体系虽然是为受教育者建设的,建设者却是具有资源和权力的教育者(教师)。本着人类自我中心的思维惯性,教师在自己的立场上建立教学的逻辑,远比站在别人(学生)的立场上建立学生的学习逻辑要自然和方便得多。其次,教育者是凭借完整、完善而长期的"机制"存在的,学生却以偶然、短期、个人的身份参与教学,所以,教育者更容易凝聚自己的话语优势和行为惯性。第三,教师教学逻辑以"知识"为抓手,关注"知识""技能"等的传授,是相对显性的程序和元素,教师、教材、教学空间、教学过程,都是更为可观察和监控的事实;学生学习,个性化色彩很重,背后起支撑作用的不仅涉及基因、还包括脑科学、心理学乃至社会学元素。所以,避难就易,经过几百年乃至几千年的积淀,教学逻辑变得明晰而强悍,学生学习的逻辑显得暗弱无力。

长期以来,以下种种现象既标志着学生学习的逻辑远没有建设成功,更意味着指向学生学习立场的教育变革受到严重阻滞:

1. 将"学习过程"与"教学过程"混为一谈。

2. 将教科书"课程要素"粗暴替代实践操作的"教学要素"。

3. 将教学元素与教学要素盲目等同,求大、求全导致重点不突出、要害不清晰。

4. 将隐形的认知过程与实践上的操作过程混为一谈。

只有立足本土的实践和实验,才有真正的属于教学过程的理论,也才会有真正理想的课改实践体系乃至理论系统,才会有不断成就的教育愿景和不断生长的教育文化。

中国的当代教育,受苏联凯洛夫等人的教育思想影响至深。凯洛夫是典型的"三中心"——教师为中心、课堂为中心、知识为中心的"教学强势主义者"。在这样的历史渊源和行为惯性之下,如果没有系统的、具有操作性、能有效规避各路风险的"范式","学生学习逻辑"会像其他所有概念和说法一样,要么是空中楼阁,要么昙花一现。中国的当下不缺少口号和理念,缺少的是真正可以付诸实践的真实的样本和策略。

二、学生学习逻辑区别于教师教学逻辑的主要特征

教学宏观上是一种选择。你选择教这个,而不是教那个,是你觉得教这个更有价值;你选择这样教,而不是那样教,是因为你权衡之后觉得这样教更加科学。一个教学者对教学内容、教学流程、教学方法的权衡的工作做得越充分、越扎实、越理性,他的教学内容和方式方法的选择就越合理、越能实现教育价值。当一个教师不能居高临下、不做权衡和选择,一味依赖"经验"或某参考资料的时候,他其实进入"靠天收"的状态。

对于教学而言,最上位的选择还不是内容和方法,而是对教育模型的选择:是基于学的教,还是基于教的学。

教师在教,还是学生在学?

学生在搬运,还是在理解、发现、创造?

教师在照本宣科、拾人牙慧,还是心有所得、情有所动?

(一) 教师教学逻辑

1. 逻辑模式。

教师教什么——教师以怎样的程序教完——学生如何接受和巩固。

2. 逻辑特点。

关注教学任务的完成而不是教学目标的达成,注重教师经验和权力而不是学生学习的方法与内外在条件。

3. 成因。

教学中知识本位、考分至上;教师权力越位、经验至上;深层智能上忽略系统、线性思维。

初中有篇文章叫《卖柑者言》。这是一篇文言文。拿到这篇课文,教什么? 这是老师们第一关心的问题。

本来,"教什么"取决于学生的实际的可能、成长的需要。但是,基于教学本位逻辑的教学从这里开始偏轨,老师并不研究学生的学习条件与未来需求,而是依据"经验"和习惯,把"教什么"确定为:(1)文言词语和句式。(2)文章的主旨。(3)文章的写作手法。(4)文学文化常识。

以这些东西为教学内容有没有道理？有道理。因为事实上，即便不调查研究，教师依据经验，对学生的学习基础也有个大致的了解。而且在教学过程中，"学习基础"会成为教学潜在的"杠杆"——一个完全忽略学生基础自说自话的教学，是会被实践否决的，是没有办法一厢情愿地推进下去的。何况，学生学古文，基础很重要，文言字词和句式必须掌握；阅读一篇文章，了解文章中心也是基本任务；这篇文章的艺术特点，当然也是学习的常规内容。

但是，这里的学习逻辑是"附属"的，是一种自发而不是自觉的存在，所以发挥的功能十分有限。何况，教师所依据的"经验"，往往是"以往"的体验。比如初中教师，三到四年一个教学轮回，他的经验毫无疑问至少是三到四年之前的认知。现在每三年就一个代际落差，以以往不变的经验对应变化的学情乃至学生的未来需要，确实类似于刻舟求剑。教师教学的出发点不是"学生"，而是"课本"和"教学任务"。

至于"怎样教"——

教师们一般是：

展示作者生平和写作背景——读生词——解释词语——翻译句子——概括思想内容——总结写作手法。

在多媒体技术的支持下，老师们一般以 PPT 呈现相关内容，学生负责阅读（好一点的老师也朗读）、抄写、记忆。

如：

> 杭有卖果者，善藏柑，涉寒暑不溃，
> 　　　　　善于　　经历
>
> 出之烨然，玉质而金色。置于市，
> 光彩鲜明的样子　质地　介词，在
>
> 贾十倍，人之鬻之。
> 同"价"，价格　卖
>
> 译文：杭州有个卖水果的人，擅长贮藏柑橘，经历一整年也不溃烂，拿出它们的时候还是光彩鲜明的样子，玉石一样的质地，金灿灿的颜色。放到市场上，卖（比别人的高出）十倍。人们争着购买它们。

整体梳理内容理清思路	概括本文内容	本文由买卖坏了的柑橘的小事引起议论,假托卖柑者的一席话,揭露了元末腐败的统治者机构,金玉其外败絮其中的社会现象,抒发了作者愤世嫉俗之情。
	梳理文章议论思路	1. "我"做生意多年,并未因此受到任何非议,欺骗有理。 2. 世间欺世盗名的人太多了,岂止"我"一人。 3. 当今文臣武将哪一个不是表里不一、金玉其外败絮其中之人?

这种模式下,教学变成"传递"外部学科知识的过程。知识变成"传输物"、教师变成"搬运工"、学生变成"吸纳箱"。学生成为被灌输的对象,不仅知识不能有效内化、技术得不到切实锻炼,情意性、主动性和学生能力更得不到有效发展。

体现在课程实施上,基于教学立场的教学一般采取"课时主义"或"文本主义"。只对这节课、这篇课文(这节内容)负责任,没有系统设计、系统操作的观念。

上海市教委 2009 年颁布《课程标准》,要求高中三年学生的课外阅读总量不少于 300 万字;但是四年前笔者在上海某区的全样本调查表明,高中三年达到 300 万字阅读量的不足 3%,87%的学生在整个高中期间涉猎的名著"少于 2 本"。因为教师没有系统规划,所以虽然教师普遍认为学生阅读对语文学习意义重大,但是还是没有进行具体的教学安排。

客观上是由于教学不够注重学生、不够关注学生是否需要、是否理解,不从学生的"学"与"学成"角度思考和选择教学内容和方式,以至于从教材编写到教师教学在较深的层次中实施不良循环。

(二)学生学习逻辑

1. 学生学习逻辑模式。

学生需要学什么——学生可以以怎样的流程学——学生学习的过程中可能有哪些障碍或困难、教师该提供哪些帮助——教师观察学生学习成效——教师思考以什么方式鼓励学生追加学习效力。

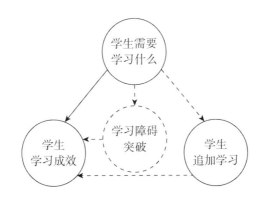

2. 学生学习逻辑特点。

以学生的发展为目标,注重达成学习的有效性与趋向性的方式和条件。

3. 学生学习要求。

(1) 在学生成长框架中理解教学的必要性。

人本主义认为,在教学过程中,应以"学生为中心",让学习成为学生"自我实现"的过程。如何实现学生的自我实现? 当然是学生成为学习的真正主体。至于如何实现学生的真正主体位置,建构主义解释说,教师必须关心学习的实质,以及学习者学习什么、如何学习和学习效率如何等问题,必须明白要求学习者获得什么学习效果。

中学课本里有一篇经典课文《廉颇蔺相如列传》。这篇课文里有一个经典段落是"渑池之会"。说的是赵国智勇双全的蔺相如陪同赵王与秦王会盟,秦王对赵王各种羞辱,赵王忍气吞声,蔺相如奋力抗争,最终迫使秦王屈服,挽回了赵国尊严的故事。

这是一个爱"国"的故事。

但是如果仅仅空洞地强调爱国,高中生会觉得老生常谈,教育效力难以如人所愿。

◇ 案例:"将《鸿门宴》当作一个关于'机制'的故事"

在外交宴会上,作为东道主的秦王喝得醉意滔滔。醉了也就算了,竟然对堂堂的另外一国之君说:我听说您喜欢音乐,为我们奏瑟吧。在那个时代,从事这种娱乐活动的叫优伶,属于底层角色。秦王是多么的狂妄无礼啊。

赵王竟然毫无反抗地上去演奏了。

秦国的史官马上就上前记录道,某年月日,秦王与赵王会饮,令赵王鼓瑟。注意,用的是"令"字。

蔺相如上前抗争了:听说秦王您挺擅长秦国的音乐,请您为我们击缶吧。

缶就是秦国音乐的代表?让堂堂的秦王在殿堂之上击缶?

果然秦王生气地拒绝——他跟赵王还真不一样,他知道什么事情有失体面,他懂得并敢于断然拒绝。

蔺相如并不罢休,号称五步之内,血洒殿堂。

秦王的侍卫立马要上前挥刀。

相如大声呵斥,左右退下。秦王勉强击缶。相如立马回头请自己国家的史官记录。

秦之群臣一起喊道,请以赵十五城为秦王寿;蔺相如回击说,请以秦之咸阳为赵王祝寿。

最后,据说,赵国得以太平无事。

这里的人物形象塑造得真不错。赵王懦弱无能;蔺相如智勇兼备;秦王粗暴、狂妄,但是关键时候,他知道什么叫大局。

这里的文字也简练传神;场面描写极为成功。

但是,对应学生未来成长最有价值的"点"是什么?

——它昭示了一个真理:真正的强大是"机制"而不是"人"的强大。必有强大的机制,才会有强大的国家。

秦王可以粗俗,但是他的"团队"始终有效运转。该"史官"史官,该"群臣"群臣,该"左右"左右。可以想象:即便秦王到哪里花天酒地去了,即便有人把秦王杀了,没有关系,机制在运转。

赵国呢?一个懦弱的君王+一个强悍的大臣。灭了这个大臣就灭了赵国的能量。个人的力量永远对抗不了机制。秦国必胜,赵国必亡。

从学生立场出发,斟酌学习对学生的自我成就发生什么效用——这是一个基础问题,也是一个基本问题。

（2）关注学生的心智特点：参照脑科学、心理学特点设计教学内容和实施策略。

如何更有效、合理地培养学生，自教育产生之始一直是人们关心的问题。

◇ **案例：《小猫钓鱼》未必适合"小猫"**

某地一年级语文教材里曾有一篇课文《小猫钓鱼》，里面有这样一段话：

一天早上，猫妈妈带着小猫到小河边钓鱼。一只蜻蜓飞来了。小猫看了喜欢，放下鱼竿就去捉蜻蜓。蜻蜓飞走了，小猫空着手回到河边。一看，猫妈妈钓了一条大鱼。一只蝴蝶飞来了。小猫看了喜欢，放下鱼竿，就去捉蝴蝶。蝴蝶飞走了。小猫空着手回到河边一看，猫妈妈又钓了一条大鱼。

小猫说："真气人！我怎么一条小鱼也钓不着！"

猫妈妈看了看小猫："钓鱼就钓鱼，不要一会儿捉蜻蜓，一会儿捉蝴蝶。三心二意，怎么能钓到鱼呢？"

笔者曾经拿这段文字问很多老师：你对这篇文章有什么想法？如果你来教，你打算教学生什么？

老师几乎千篇一律说：教育学生做事要一心一意，不要三心二意。

笔者：为什么要教育学生一心一意呢？

老师：每个人都应该专心。专心是一个人最好的品质。

笔者：对一年级小孩子讲道理有用吗？

老师：应该有吧？

笔者：你知道做事应该一心一意，不应该三心二意吗？

老师：知道。

笔者：那你有没有一边听课一边玩手机的时候？

老师：有。

笔者：那你为什么还讲道理呢？

其实，这篇文章是值得商榷的。

第一，从儿童的心智特点看，一年级孩子是不理解概念、道理的。跟七

72

岁儿童讲道理,要么无效,要么危险。

心理学家皮亚杰说,2—7岁的时候,是非逻辑思维阶段。非逻辑,就是还不懂得因果关系,更不会进行逻辑推理。没有逻辑,不会推理,就会产生碎花瓶效应:一个小宝宝,一大早醒来了,妈妈跟他说,宝宝今天早上你学着自己穿衣服好不好?如果小宝宝是有逻辑的,他就会问,为什么呢?实际上一般宝宝不理会妈妈的要求,也不围绕妈妈的问题加以讨论,他说,妈妈我要吃冷饮。如果妈妈执迷不悟,继续要试图以"理"服人——一大早买不到冷饮呀,吃冷饮肚子疼呀。孩子会不会善罢甘休?当然不,结果不仅是妈妈替他穿衣服,妈妈还会搭上冷饮。这就是非逻辑交往过程中,你用逻辑的方式,跟孩子并不能形成交互——完全不在一个平台上对话。这是孩子的心理特点。逻辑思维什么时候才能开始,根据皮亚杰的理论,11岁开始。你问一个7岁孩子,1+9等于多少?他能算出来,因为他有10个手指;你再问10+1等于多少?他就算不出来,因为他没有11个手指。如果你允许他用脚趾,他也可以算出来的,但是20+1他算不出来,因为他没有21个手指加脚趾。他只会"形式演算",有"形式"他就能演算。所以小学三年级之前是不应该有数学课的,只能有数学游戏课。据笔者观察实验,小学前三年的数学学习,在三年级那个年龄上,小朋友只要学一个月就可以全部领会。花三年学习数学,事实上既学不到多少知识,又极有可能伤害学生的智能,这正是忽略孩子心智发展特点所导致的。

所以,对一年级孩子讲道理,只表明不了解儿童的心智特点。事实上,急于让儿童发现逻辑,会限制儿童的想象力和儿童世界的广度与丰富性。有时候逻辑是妨害想象力和丰富性的。

第二,"钓鱼"只是"游戏",并不算是儿童的工作。

7岁儿童是什么心理阶段?万物有灵阶段。什么叫万物有灵?通俗地说:认为一切皆有性灵。笔者曾经给某著名的民办初中招生命题:"半夜两点钟,桌子对椅子说",12岁的小学毕业生竟然写得热闹非凡。所以,即便丢一只小老鼠给小猫,小猫只要不是很饿,一般情况下,会把它当玩伴而不是当食物;更不会把老鼠收藏起来,留到冬天再慢慢去吃。甚至会觉得"我们"两个很可爱,可以一起做游戏。在小猫的眼里,100块钱肯定没有一个木头小鱼玩具来得让它快乐。小猫钓鱼本来就是一种趣味而不是一种责任。钓不到鱼根本不值得教导。一旦小猫把鱼儿当作财富,那只小猫太可怕了。就像一个妈妈对儿童说"你不要摘花儿,它的妈妈会难受的",而这个儿童不屑地对妈妈说,妈妈你错了,花是没有妈妈的,它只有种子——这恐怕并不是一件值得欣喜的事情。

第三,小猫正处于"自我中心"的年龄阶段,当下不饿,不会为"明天"集聚"财富"。

某家女儿上幼儿园小班的时候,点心省着带回来跟父母分享。上幼儿园中班了,反而什么也不带了。母亲问,为什么好久都不带东西给我们吃啊?女儿淡淡地回答一句,我自己吃都不够。这不是儿童开始自私,而是进入了自我阶段。父母和教师一定要维护他这个自我阶段的特质。自我阶段不自我,叛逆阶段不叛逆,这个人是长不好的。所以,勉强小猫自我克制坚持"钓鱼",或许反而会对孩子形成伤害。

第四,违反儿童积极心理正向强化原理,结果适得其反。

斯金纳用条件的作用来解释学习的原理和成效。他认为加强发生的概率能够加强接受的强度。笔者研究发现,增加刺激的强度,也能增加接受的强度。但是这种"接受",有的在"轨道"上——在教师的期待之中;有的则在"轨道"之外——与教师的初衷恰恰相反。

这篇《小猫钓鱼》就是这样——文中的猫妈妈"看了看"小猫,"看了看"是怎么看法?要么就是很生气,要不就是不以为然,反正基本属于"懒得看你"。在中国古代认真去看别人叫垂青、叫关注、叫目不转睛,"看了看"显然属于"看不上"。妈妈还说,钓鱼"要"怎么样,"不要"怎么样。这是什么口吻?教训。"一会儿这样""一会儿那样",这是什么语气?责备。一个对小猫不以为然,又是教训又是责备的妈妈,会给小猫一个什么印象?严厉凶悍的印象,多么强烈的轰炸啊。所以,如果小猫智商正常,情商正常,在妈妈教育之后,小猫一定会惭愧地低下了头——小猫回家的路上,肯定郁闷寡欢,晚上吃饭肯定不香,夜半醒来,可能觉得有一点烦恼;17岁青春苦闷期,或许会觉得生命从小开始错误;70岁如果老年痴呆,偶尔灵光一现,会觉得也许生命本身就是个错误。

可是我们的课程标准要求我们实现什么目标?培养孩子成为一个快乐的、幸福的人。1934年苏维埃的教育方针明确地说,教育要培养孩子成为能够享受文明的幸福的人,这样的"人"不仅能接共产主义事业的班,还能快乐幸福。首先你要幸福,没有个体之幸福,无以成全民族与国家之幸福。没有今天之幸福,无以成就未来之成功。每天都过得灰溜溜的,80 岁才成功,这样的成功有多大意义?何况如果没活到 80 岁,天天都是绝对的失败。

但是个体的幸福也有不一样的,有的人伤害社会或别人有一种快感,有的人把别人家的财富据为已有因此得意。所以幸福还要有品质,是一种有"文明"意味的幸福。推倒别人不觉得幸福,帮助别人反而感到幸福,这叫文明的幸福人。能够享受文明的幸福人,不仅幸福,而且有格局地幸福。

如果文章改一改:猫妈妈"看着"小猫,笑眯眯地说,你今天虽然没有钓到鱼,但是你看到蓝天那么开阔,红花小草那么好看,蝴蝶蜻蜓那么活泼有趣,你过了比妈妈还要了不起的一天——小猫骄傲地抬起了头,回家途中一路欢歌,晚饭多吃了好几口,夜半醒来觉得甜蜜;17 岁知道即便生命有苦难,也会觉得阳光的另一面是阴影,阴影的另一面必有阳光;70 岁即便老年痴呆,他会觉得值了。你说我们要什么样的小猫,要什么样的人生?

第五,成人价值观的盲目强加——忽略了对于儿童而言"三心二意"的重要价值。一心一意,对于成年人而言,是一种非常重要的品质。重要而已,并非唯一重要。美国有一个科学家研究结论:人的注意力有两种,一种叫深度注意,一种叫过度注意。深度注意就是专心致志,什么叫过度注意?你一边教书一边研究摄影,一边看手机一边听课,看手机的时候一会儿看看体育,一会儿想想特朗普。这就是过度注意。很明显,两种注意力都有价值。

当一个人在深山老林的时候,如果你专心做数学题,那你肯定小命难保;如果一个小孩走在十字路口,而他在专心致志思考问题,也会有生命危险。所以,在特定场景和特定的生命阶段,过度注意比深度注意更有价值。有一种人坐地铁很少不过站,就是一旦"专心",过度注意力就不能发挥作用。对于 7 岁的孩子,恰恰是"过度注意"强化时期——让世界和思维打开再打开的黄金阶段。为什么急着要他们修炼什么"一心一意"呢?

一心一意要不要?要。儿童时期虽然说是打开世界、与人、与自然、与书本尝试建立更多维更丰富的联系的阶段,但是,"专心致志"是一个人的未来品质。智力的一个很重要的维度就是专注力。

培养孩子专注力的最佳时期,一般认为有三个,一是孩子五六个月的

"有模仿意识时期",二是一岁左右的听说尝试时期,三是两岁左右"手脑并用玩玩具时期"。很显然,即便要培养孩子的专注力,也是在潜意识领域,借助"游戏",通过潜移默化的方式进行的。

我们的课本和我们的老师总是不管年龄、不分内容,千篇一律地说教,结果呢?学生在当下似懂非懂,不能入脑入心——培养学生"一心一意",其实是一种"养成"。等到孩子长大了,你再跟他强调要"一心一意",他会说,不要老讲,我早就知道。可是他做不到,因为知道与做到之间有很长的距离。填充这个距离的不是"道理"是"习惯"。

为什么我们的教科书和老师总是喜欢选择"说教"的方式进行教育教学?根本原因在于忽略了孩子的心智特点、忽略心智发展的生理性与心理性规律。

《国家中长期教育改革和发展规划纲要(2010—2020年)》提出:"促进每个学生主动地、生动活泼地发展;尊重教育规律和学生身心发展规律,为每个学生提供适合的教育,培养造就数以亿计的高素质劳动者、数以千万计的专门人才和一大批拔尖创新人才。"——教育规律和学生身心发展规律是教育发展的新的增长点和突破点,是学生主动生动活泼地发展的前提。

(3) 关注学生学习逻辑的现实情境:承认自主探究只是有限策略。[①]

学习是一个过程。对人来说,学习是一个很复杂的过程。由于它的复杂性,人们试从多方面进行分析。学习是如何发生的,如何进行的,它的结构是什么,历来人们从不同的观点和角度对它进行分析。

但是,理论层面的设想是一回事,现实操作是另一件事。

学生学习逻辑最大的特点就是学生自主探究自主体验。认识到这一点,当今的教育界,有谁怀疑或拒绝"探究式学习",恐怕不仅要被批评,甚至要被鄙视。一场教学是否被认为具有创新性,一个教师是否被视为具有先进理念,全看是否实施"探究式学习"。

探究式学习方式——包括所谓的体验式、发现式、任务式、项目式,在教育的当下,俨然已变成"先进"学习方式的代名词。与此相应,传统的讲授式教学,几乎等同于"落后""保守"。

———————————

① 参见笔者《关于探究式学习的思考》,《现代教学》2021年第7期。

可是,在实践领域,"探究式学习"依然凤毛麟角——只有在展示或者选修课程教学中,才能窥见"探究式"学习之一斑。真正全过程的探究式学习实在少之又少。讲授式教学依然是绝对主流。

为什么探究式学习的口号喊了十几年,基层教师迟迟不付诸实践?对探究式操作不够了解不知道如何操作?教师观念落后思想懒惰只想延续熟悉的程式不愿意为了学生自我革命?

其实,原因很多。无论是"不能"还是"不必",都是不可回避的现实。

我们经常习惯于否定之否定。在学生被"放羊"的时代,有识之士为"教"的弱势而焦虑,希望老师们守住讲台;当学生坐在座位上被老师"讲了又讲"的时候,探究式学习的理念则风行天下。探究式学习值不值得推崇?当然值得。在知识变成传输物、教师变成搬运工、学生变成知识的容器的时代,探究式学习不仅是对学习方式的改变,更是对"人"的经历的关注、对认知规律的一种尊崇。

但是正像没有一款药可以包治百病一样,应该也没有一种学法可以至高无上。所以,如果一款药要想在社会上被广泛接受,必须说明药理、说明它所针对的病症、还必须说明它的副作用;那么,探究式学习的范畴、局限、弊端也必须细加讨论。探究式学习本质内涵是什么? 在什么情形下更为有效? 会有哪些前提和负面的可能性? 马克思说,不透彻的理论不足以解决实际问题。只要探究式学习的内涵、效益及有限性没有被说明,探究式学习就不可能真实地、准确地被实施。

① 探究式学习是一种低效的学习方式。

探究式学习,顾名思义,主要依据学生的自主探索实现对某些知识的掌握。可是,很多"知识"不是轻易简单就能"探索"到手的——无论是先哲的思想,还是数学原理,抑或是信息程序,都是无数智慧的研究者花费巨大的努力获得的。镭的发现花费了居里夫人一千多个日夜、背后是 8 吨小山一样的矿渣;费马大定律 1637 年左右被提出,经过 300 多年的接力证明、悬赏求证,直到 20 世纪 90 年代才完成证明。大科学家大天才们的探索尚且如此漫长而艰难,普通中小学生在很多奥秘面前花费再多的功夫大约最终也只是无功而返。人文领域的很多"知识",比如语法、概念,具有相当的话语体系和人为规定的色彩,这更不是"探索"就能"获得"的东西,学生自主探讨极可能完全缺少语境和轨道,而通过教师的讲授,学生马上可以便捷地接受和理解。1935 年,德米阿什维克奇提出"要素主义"——教育就是要将人类世世代代积累下来的包括学术、道德、技术、习俗作为宝贵的财产传承下去。人类的"宝贵财产"浩若烟海。我们的学生终其一生也难以"发现"或"提炼"其中的微乎其微。按照要素主义的观点推理,探究式学习的结果不仅会耽误学生有效接收和传承,而且会影响人类文明发展的进程。

事实上,学生学习是不是主动,学习的主题是不是适切,学习的范围是不是合理,学习的方法是不是科学,都可能影响学生抵达预设目标。而讲授—记忆—考查—追加教授—追加记忆,指向更直接,学生获得更快速。一节地理课,40 分钟老师可以讲完 10 个知识点;一节语文课,40 分钟学生可以学会 50 个文言字词。探究式学习则不然,它会把大多数时间花费在"探索""发现""确认""运用"的过程中。显性的、直接的收获反而很少。Pisa 测试的成绩说明很多问题。我们国家留学少年的考试成绩也证明这一规律。

对探究型学习持反对意见的学者普遍认为,对于初学者和中等水平的学者,指导性学习更加有效;对于"现成"的知识、复杂的概念、专业的讲解更容易形成心理图式的,指导性学习"性价比"更高;对于时间有限,急于对某个领域的知识图谱和权威理论系统把握的,教师的讲解比自主学习效率更高。

② 探究式学习的学理基础很大程度上只是诸多理论假设中的一种。

为什么提出探究式学习? 这主要缘于皮亚杰和布鲁纳的建构主义。皮亚杰认为,儿童自身认知结构得到发展,是在与周围环境相互作用的过程中逐步建构;人的学习与成长的方式主要有两种:当外部环境中的信息可以被接纳到自己的认知结构时,认知数量就得到丰富;当外部信息无法纳入原有结构时,认知则从结构上发生改变。斯腾伯格和卡茨对这一理论加以发展。

建构主义认为,"知识不是通过教师传授得到,而是学习者在一定的情境即社会文化背景下,借助其他人(包括教师和学习伙伴)的帮助,利用必要的学习资料,通过意义建构的方式而获得"。"情境""协作""会话"和"意义建构"是学习环境中的四大属性。

但是,任何理论都有对立面。大卫·库伯在总结约翰·杜威、库尔特·勒温和皮亚杰经验学习模式的基础之上,提出"经验学习模式"亦即经验学习圈理论。该理论认为,学习过程有两个基本结构维度,第一个是领悟维度,包括两个对立的掌握经验的模式:直接领悟具体经验和通过间接理解符号代表的经验。第二个是改造维度,包括通过内在的反思和通过外在的行动。他强调在学习过程中两者缺一不可。

在这里,"间接理解符号代表的经验"与"内在的反思",就并不需要情境、写作、会话,可见,在不同于建构主义的理论基础之上,探究式学习至多是学习方式的一种选择。

③ 探究式学习所忽略的"记忆"在智能形成过程中的作用。

曾几何时,"记忆"被解释为"死记硬背",是一个如假包换的贬义词。既然死记硬背是坏东西,一切与之相反的策略包括"探究式学习",就摇身变成"高大上"的代名词。但是,这是将记忆与智能之间的关系严重忽略的结果。

记忆,包括所谓的"死记""机械记忆",学界称之为"工作记忆"或"短时记忆"。皮特森的研究表明:工作记忆存储的信息如果 30 秒内没有复诵就会丧失。米勒则认为,工作记忆的存储容量很有限,一次至多加工 7 个要素。

但是这并不影响它的价值。因为它的价值更侧重于它与长时记忆的关系——工作记忆对新信息加以容纳,为长时记忆提供元素,长时记忆又为工作记忆提供情境与"平台"。长时记忆因为工作记忆而丰富,工作记忆因为长时记忆而高效。从这个角度说,"机械记忆"是一个不够客观的概念,即便这个概念成立,也并不是一个值得否定的贬义词。在实际生活中,"有经验"或"有见识"的人比新手更能产生更有意义的判断,很明显,"记忆"或许带有迅速分析当下"情境"的要素,并且将曾经的情境进行要素分析,并且与当下情境有效重组的功能。其中包括零散信息、分析综合的全部程序。

信息从某个情境中提取出来,被学生的大脑摄取,与其他信息组合成丰富的信息组。即便暂时"搁置"在大脑中。只要被记忆的信息不丢失,它将作为"素材"库存。信息作为智能的核心元素,往往在"学习"的情境中被学习者吸纳,又在新的情境中被调度出来加以组装并发挥作用。这就是智能。某个学生背诵过"七八个星天外",在郊游夜行中看到与诗句类似的情景,脱口背出这句诗,这是智能;一个在城里生活的人,在某城市公园里记住了某种野菜的样子,得知这种野菜可以清热解毒,抗菌消炎。在一次野外旅行中,该先生感冒喉咙痛,他找到这种野菜并治好了自己的咽喉炎。这也是智能。

简洁地说,当零散的信息从一个不确定的情境中抽离出来被"记住",在另一个情境中融入该信息并且发挥作用,就是智能。智能不仅使人们更智慧,而且可以保障学生不断更快更优地学习,获取更多更高的智能。

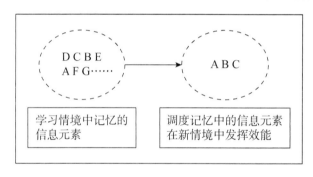

记忆转化为智能

探索式、项目式、体验式学习,往往更关注学习的过程,而对"记忆"往往采取反对甚至敌对的态度。所有围绕"问题"或"任务"所采用的对信息的检索与处理,既耽误"记忆"的时间,也削弱"记忆"的强度,某种意义上很容易造成对教育目标的南辕北辙。

④ 一味强调探究式学习,缘于忽略了目前教育体系中的操作困境。

在实践操作中,教学方式看起来是独立的存在。但是在教改体系中,教学方式受制于整个的体系。千百年来"师者传道受业解惑",教师讲授几乎成为定律。定律本身就是一种思想惯性。实施探究式学习,首先要对抗这种惯性;其次,中国封建几千年集权文化因子深入人心。这种因子在家长心中发挥作用,"探究式学习"被视为教师不肯不愿作为的表现;这种"因子"发力于教师的大脑中,探究式学习就被理解为自己不愿意尽心尽力消极等

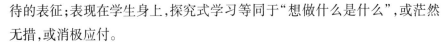

待的表征;表现在学生身上,探究式学习等同于"想做什么是什么",或茫然无措,或消极应付。

更严重的是教育本身庞大的体制带来"对抗"与"牵掣"。探究式学习要求更广阔的学习视野、更能自由调度的丰富的学习资源、更充足的学习空间、更灵活的测试方式,还有,更具有探究习惯和动力的教师和学生。而目前,很明显,学习空间基本是教师和校园,学习资源基本止于课本和讲义。至于学习时间——丰富的课程已经把课表填得满满当当;测试,还是以"分数"为主要依据。探究式学习,在文化上、理念上、操作策略上,还需要做很长时间的准备。在自主探究的功能、范畴、边界尚没有辨析清楚的情况下,要求把探究式学习推向"田野",实则生态并未形成。

⑤ 探究式学习实践操作上需要借助诸多"支架"。

反对探究式学习的人们认为,探究式学习会因为缺少"样例图示"(《为什么"少教不教"不管用——建构教学、发现教学、问题教学、体验教学与探究教学失败析因》)而增加工作负荷——过多的包括学习空间、学习资源、学习时间、学习合作者的不确定因素,会大大消解学习的效力和学习的热情。这并不是夸大其词,与大多数人的猜测恰恰相反,探究式学习对老师和学生的要求更高、实践操作难度更大。

相比较而言,讲授型学习教师的主要任务是"设计"好自己、知道讲什么、怎么讲就基本可以大功告成。探究式学习则对老师控制局面的能力、追踪学习过程、学习成效、追加教学效力的要求更高。

探究式学习教师必须提供:

① 学习目标和大致的学习范围。

学习的目标、学习的主题、学习的范围,是学生展开"探究"必须实现确定的事情,目标的过粗或过细、主题的过大或过小、范围的过宽或过窄,要么让学生无所适从,要么实现不了探究的目标。因为学习经验的不足和学习主体个性差异变得完全不可控并不是不可能发生的事情。所以,探究式学习不仅要求教师事先与学习约定好学习目标,更要控制"自主""探索"的边界,要对探究主题的大小和学习的范围以及目标做基本约定。

② 必要的学习程序。

讲授型学习学生只要认真听讲及时强化就可以。探究式学习则将学习过程演变成由诸多不确定元素汇聚而成的活动。"学习"主题的大小、范围的大小、目标指向、成果指向,都会因为学习内容和学习主体的不同而变得"形态"各异。所以,约定必要的学习程序才能有效制约学习流程的长短和学习效果的有无。

③ 适度的学习资源与环境。

"有关的资源"和"有效资源"之间的差别,对于学习成效和学习过程的长短而言,往往影响至大。就"学习"与"学习者"本身而言,资源越丰富意味获得的信息和体验越多,但是对于中小学生的学习能力及有限的学习时间而言,资源对应主题和目标的直接性极大影响学生学习的信心和最后目标的达成。很多时候,搜集资源变得耗时耗力且低效,教师不仅要适当供给,而且要及时提供"范板"以对学生发挥指导作用。

④ 学生组织。

在班级制教学体系中,学生的学习基础、学习习惯、学习能力不尽相同,不仅学生数量多,教师很难一一加以具体辅导;而且学生在学习的过程中,需要具体的同侪帮助。所以,探究式学习过程中,教师必须十分注重能量传导的模型的改变。多维的自助系统成为学习过程中的必然。

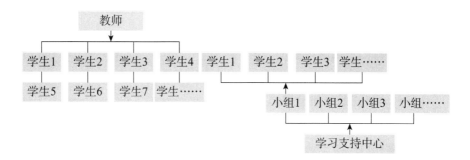

教授式学习与探究式学习组织架构前后对比

⑤ 引导、监控性的评价指标。

由于探究式学习是一种基于特定要求、学生自我导向性活动,所以,教师与学生组成的"学习方式、学习成效评估标准"成为学生自我监管和自我调控的杠杆。与此同时,学习一旦由学生个体主导,学习效果的差异性无疑会大大增强,这不仅不利于达成学习目标、造成部分学生的知识技能的缺陷,而且还会对日后的统一进度造成日益加剧的困难。所以,教师不仅要对应每一项学习任务提供引导性学习指标、对应学习成效供给评价性指标,还要对应部分不够达标的学生,采用恰当的方式追加教学效力,并且提供补充性个性化引导和二期评价指标。

⑥ 探究式学习更多的是一种理念,未必是完整的学习流程。

作为教育体系建构过程中的必然现象,当今的教育领域教学概念频出、丰富且芜杂。实际上,在教学实践中,情境式、任务式、合作学习模式,都只是教与学过程中的特定阶段或元素。如果就完整的教与学过程来观察,学习方式总体上有且至少有三大类:教师传递——学生接受式;学生探究——教师指导式;学生自学——教师辅导督查式。

所有学习过程都是"目标·认知·条件·成效"四元动态交互动态建模的过程。探究式也有特定的形态:

(1)基于学习内容学生即兴自发插入型自主探索。好奇心强、有求知欲的学生,在学习过程中遇到某个有疑惑或"有意思"的"点",立即打开工具书或其他可以找到资源的工具自行研究,属于这类"探究"形式。"岳阳楼记"里有"微斯人,吾谁与归",课本解释"微"为"无"。"微"怎么可能是"无"?于是有学生自行查阅"微积分""忽微"等词语的含义。发现"微"是"微小到几乎可以忽略不计"的意思。这是小规模自发式自主探究。

(2)对应课本上学习内容专题式自主探究。学习是为了运用,运用也是一种学习。秉持这样的理念,很多老师围绕课内的某个关键,要求学生进行自主探究。学习了"厘米",要求学生到超市寻找以"厘米"为单位的货物并记录;学习化学元素"钠",引导学生寻找生活中含"钠"极低的食物并分析其特征;学习昭明太子《陶渊明集序》,要求学生从陶渊明的声名鹊起探讨中国"隐逸文化"的发展过程。往往是以课内以课本为原点开展的探究。

(3)跨学科专题式课程化自主探究。很多学校对应学生的素养培养,在课程建设(活动开展)上系统设计,为学生提供一定情境、专人辅导、成果评估的探究专题,诸如水系考察、社会调查就属于这类探究。这种学习方式是时下人们认定为"范本式""探究式学习"。

可见,探究式学习其实更多的是一种理念。作为概念"探究性学习"比"探究式学习"更为合理,"探究性学习"中的"性"比"探究"更有价值。"运用已经学过的知识和技术,对曾经经历的情境以及情境中的元素加以分析和转移,试图在新的情境中调度曾经的知识技术解决新的问题",可以算是"探究性学习"的过程描述。"探究"不过是"情境""资源""学习主体""调度与融合的过程"四大元素的融合。但是,不需要"情境""资源""学习主体""调度与融合的过程"的学习是不存在的。所以,探究式学习与其他学习方式一样,都不过在努力靠近"学习的有效性",实际上并无专门的"程式"可言。某名校名师的一句话颇为振聋发聩:一讲到底其实也有探究。在上海二期课改将课程分为"基础型课程""拓展型课程""探究型课程"三类的时候,不少教师和专家不以为然:基础课程难道不需要探究?

尽管一般意义上的知识不需要建构,但是知识能否跟个人的感知对接,探究式学习显示出相应优势。以学习方式——有别于传统的讲读说教式的探究式学习方式为杠杆,不仅为学生的学习方式提供结构化的选择,更重要的,可以促进教师与学生"学习观""成长观"的变化,可以引发教育对教育体系中诸元素的反观与重新定义与定位,可以促进教育文化乃至社会文化民主化的进程。自主自导会多走弯路,但是那是一条自然之路。

更何况,矫枉有时候难免需要过正。当我们的教学只选择"我讲你听""我教你学"这一种方式的时候,更多的可能性——包括教学方式、教育文化、学习空间、学习资源、评价标准的更多的可能,就会被系统性剔除。这无论对于学生、教师、教育乃至社会的发展,都是极其不利的。

4. 关注"系统"建构,操作范式必须具有水系特征。

现有教育管理模型还会保持很长一段时间,学校规模在一定时间内不会有很大的变化,家长的教育观念和意识的更新至少需要一代人,学生的学习心理和学习习惯往往十二年才有一个循环。

学生学习逻辑最大的特征就是学生的自主学习和体验。但是自主学习和体验,远比讲一讲练一练需要更多的时间。但是课程多,课时少,学习自主学习时间少,考试压力非常大,如何面对现实"做"理想,并不是一件简单的事。

加上从教师教学中心转向学生学习中心,改变绝不只是学习方式。与学习方式相匹配的几乎与教学有关的全部,包括教学空间、资源配置、评价方式、学生组织形式,都应该相应改变。这是一个从理念到行为再到格局的系统改变。

所以,在当前的背景下,实现学生学习逻辑,操作策略应该具有"水系"特征。

第一,系统性。理解实施学生学习逻辑是一个系统工程,是一个全方位改革教学现状的系统策略。建立学生学习逻辑,要从理念诠释到保障系统进行整体设计,要特别关注实践体系的系统建构。进一步明晰"学生学习逻辑"在教学实践层面的内涵和意义,以"为什么学、怎么学、学得怎么样、如何评价学生学习"为教学设计与实施的主线,以期变革教学文化,优化教学功能。

第二,渗透性。基于实践的改革最大的特点是涉及全局、关乎全员、影响策略层面的全系统。基于校长教师不敢改,家长、学生不会改的现实,教学实施既要设计严密,同时要寻找突破口,逐步渗透。或从教学流程入手,或从学习空间起步。全局着眼,细部发力,突破变革障碍。

第三,辩证性。近代教育几百年,全球视域下有无数的理论和范式,各有利弊。曾经有人想象一个量子力学就可以解释宇宙一样找到解决和解释教育规律和策略的通则,至今"未遂"。可见每个理论和流派都有自己的长处,也有自己的短板。在教学中学生学习逻辑也需要在实践中不断自我检验、自我调整。

第三章 构建:从学院派、学者的课程转向运作的、学生的课程

◇ 案例:"三一课堂"、专题(单元)教学——一项研究 14 年、指向学生学习的课程形态[①]

笔者带领工作室团队,花费 14 年时间,分两阶段研制、升级"三一课堂·专题(单元)教学"课程形态。

第一阶段 以自主学习力为核心的专题(单元)教学、"三一课堂"实践样态

从 2007 年起,本人着手研究"自主学习力"为导向的专题学习。

笔者在上海某著名高中任教。利用担任该校"人文实验班"语文教师的契机,将统编教材校本化、个性化,将单纯的运用教材进行的讲授教学,拓展为"课堂教学"+"课外阅读"+"写作演讲"+"讲座游学"四个板块。

试验结果,学生学业成绩优异,而且只用三个学期的时间就完成了原计划用四个学期实现的演讲、游历、写作、阅读四大方面的培养目标,该班学生高一高二两年间在绍兴、河南、徽州等地游历 16 天,出版集子 5 种,在正规刊物上发表文章 50 余篇。

在各级领导和各方人士的支持下,2013 年,本人建立工作室,着手建设"实践式研究"的基地,以某示范性实验性高中为核心试验学校、其他近十所中小学为辅助基地建成试验圈。

到 2015 年,搜集大样本,聚焦小案例。在各种层次、各类群体中进

---

① 参见笔者总编的《语文专题学习》,上海交通大学出版社 2017 年版。

行调研,对典型案例做深度解剖。在实践中实证,在推广中优化。统整课程资源,变革学习过程,拓宽学习空间,转移教学重心。

完整构建"三一课堂"教学框架,编制专题(单元)教学用书 19 册。建立语文"功能教室"——"三一人文空间"2 间。

1. 形成"教育既要关注学生未来的 3 年,也要关注其人生发展的 30 年"的教育理念:

(1)"自主·探究"的习惯和能力理当成为教育的重要目标。

(2)"专题(单元)学习"是培养"自主·探究"的习惯和能力的诸多策略中最为可行的选择。

(3) 蒙台梭利"合适的环境+集中的主题"教育思想可作为专题(单元)学习的理论依据。

(4)"体系化设计"才是专题(单元)学习真正实施的保障。

2. 确定以下操作思路:

(1) 教与学是一元的。教什么、教多少不是关键,学生学到多少、学到什么,才是教学的根本所在。

(2) 好的课程,不是简单的对教学素材进行罗列,更不是对教学素材的简单集合。它应该是"教本"与"学本"的合一,是利于教师明确路径、学生把握方向和标准的东西。

(3) 教育中"组织"是必需的。"同窗"是一个物理概念。只有彼此之间发生真正的学习上的长期的、有效的、有目标有策略有评估方式的互动,才能算得实际上的"同学"。

3. 要实现这些理念,"理想"的假设模型至少必须具有以下特征:

(1) 能打破课内与课外的边界,能引导学生由"点式"的课文学习,渡入立体的语文学习空间。

(2) 有既不宏大也不狭小的学习专题(单元),适宜学生自主、探究、合作学习。

(3) 能以"目标"为基点,立足"能力",帮助学生从接受性学习转向建构性创造。

(4) 能保障语文学习的时间,同时限制语文学习的时间,将听说、阅读、写作一体化,避免各自为政导致时间的浪费和效益的消解。

（5）教材具有适度的"完整性"。学生一手在册，不需要依赖教师，也不需要在查找资料、搜集资料上耗时太多，即可基本完成相应的专题（单元）研究。

（6）配有简要的、发展性自评、互评工具。能帮助学生理解学习目标、自我检测学习进度。

4. 基于以上理念，设置"三一课堂"教学模型：

"三一课堂"援引的是戏剧概念。在戏剧理论中，"三一律"指的是表演时间、空间和行动的统一。语文的"三一课堂"，希望在博大精深的语文领域确定一个清晰的把控的支点，这个支点是"一"。基于这个支点，一生二，二生三，三生万物。在语文教育领域，"一"就是教学目标，是核心和根本。所衍生出来的所有教学内容和教育方式，反过来则"万物归一"。

（1）传统教室、功能教室、社会空间相辅相成，三者合一。

语文"三一课堂"
① 传统课堂（导学）
② 校内标准化阅读课堂（研学）
③ 社会人文行走课堂（游学）

游学活动以"学"为核心。以课本上的经典的作者行迹或文化专题为指南，选取绍兴、江西、曲阜、河南等地为"游学点"；由学生组成小组进行游学点的文化资料搜集和整理，由学生脱稿"导游"为主要锻炼形式，保障学生深入、"专业"地把课内阅读与课外阅读进行组合、把鉴赏性阅读与任务型阅读进行对接、将吸收性学习与输出型学习进行融合。同时培养学生组织活动能力、自我管理能力。游学归来，每位同学需在班级组织的对班内外、校内外开放的演讲活动中，进行独立的有 PPT 的 3 分钟演讲。演讲结束，每位同学将自己的讲稿整理为 1000 字左右的文章，班级为之结集成册。

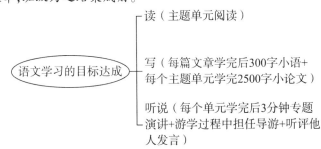

语文学习的目标达成
读（主题单元阅读）

写（每篇文章学完后300字小语+
每个主题单元学完2500字小论文）

听说（每个单元学完后3分钟专题
演讲+游学过程中担任导游+听评他
人发言）

（2）教学目标上:听说、阅读、写作三者合一。

（3）教师作用上:导学、助学、督学三者合一。在学生进入高中之后,首先用一个月的时间"调整学生的被动学习、个体学习"的学习习惯,然后引导和陪伴学生进行单元自主学习;期间进行对学生的学习成效的引导性、发展性评估。

（4）基于"理念落地"中的种种"困难",从细节突破。

① 时间保障:

● 将教材中难度小、价值弱的课文简略处理,腾出时间;

● 贯通"阅读—写作—演讲—实践"四环节,彼此借力,提高效率,节约时间。

② 教学策略保障:

● 建立教学组织,实现"分布式领导"模式。凸显"学生主体",引导"组织"内成员成为"独立有效"个体,培养"组织带头人"成为具有专业能力的组织领袖。

● 倒置"教—学""教—考"顺序,以"学生成果展示(演讲为主要形式)"为抓手,激活学习动力、促进学习进度、提升学习效率。

③ 学习方式保障:

● 借助学习组织,将物理空间上的"同窗"变为学习关系上的"同学",互相借力,互动学习。

● 专题(单元)引领,任务驱动。以"说""写"显性表现为抓手,反省学习方式和内容,反观学习成效。

5. 学习动力和成效保障:

以《演讲录》《论文集》"公众号"为基本载体,给学生以成就感;以小调研和学生学业成绩为参照,观察教与学的成效。

6. "三一课堂"有自己的"学分制"评估工具(如高中版):

将引导性和诊断性结合起来,将听说、阅读、写作统一起来,将个人学习与小组学习结合起来:

板块	个人项目			小组项目	
	目标与要求	评估指标	满分	目标和要求	满分
阅读 (30+10)	围绕主题阅读四个层面的读物	1. 作者的传记或主人公传记	5	搜集资料并推荐阅读书目	10
		2. 作者或其他作者与本主题相似或相反的典型作品(现代文 15 万字;文言文 5000 字)	10		
		3. 作者或其他作家相关的论述(不少于 3 篇)	10		
		4. 相关的文学知识和文化常识	5		
写作 (20+10)	1. 能够及时独立思考并且及时记录自己的感想 2. 能够围绕一个主题搜集、筛选、整理资料,并运用资料加以论述	1. 每天写"读者小语"300 字,并画出其中最精妙的一句话	10	每周一次,将"小语"里"精彩语录"放进班级博客;每月一次,交流单元论文,并将精彩文章放进班级博客	10
		2. 写单元论文 2500 字	10		
说话 (20+10)	能够在 30 人以上的场合做有材料、有见解、有吸引力的演讲	1. 衣着得体 2. 口齿清晰,声音洪亮 3. 站姿挺拔 4. 有与主题一致的表情	入场级 5	以小组为单位进行"阅读心得"交流	10
		1. 有较为丰富的材料 2. 有个人观点 3. 表达较流畅	资格级 10		
		1. 典型的材料 2. 有独到的观点 3. 语言具有感染力(能吸引全体听众)	优秀级 20		

7. 编制根据"三一课堂"的教学理念、"适度自主探究合作"的需要、"基于现实做理想"的专题（单元）教学用书。

专题（单元）教学，是一个既有限制、又有空间的操作。通过专题（单元），将听说读写"链接"起来，使阅读、写作、表达既保持一定的独立性，又在环环相扣中彼此呼应和促进。借助"表达"，引导督促学生展开阅读、形成思想。

专题（单元）教材不是哗众取宠——脱离当时通用教材另起炉灶，而是对通用教材进行统整、补充和优化。比如通用教材中有诸多的著名作家，专题（单元）教材打破相应学段册与册之间的界限，对他们在某一学段中所有的作品进行集中，然后从中提炼一个适当的主题，作为专题（单元）学习的抓手，继而补充相应的语文知识以夯实学生的学科知识、补充作者传记以帮助学生进入作品情意场境、补充相关的评论文章以激活学生研究的兴趣和实际的可能性。

专题（单元）学习特别关注学生心智发展的特点。在"三一课堂"的教学中，小学阶段强调以"趣味"为核心，以"对话"为主要教学方式，引导学生跟大自然、亲人朋友、文学故事建立"关系"、培育其想象能力；高中以"思想"为主题，要求学生在"主题研究"中学会搜集资料、学会分析、强化思辨和表达……

聚焦这个假想，对应国家统编语文教材的主要内容，围绕重点作家作品，对课文进行重组。补充"语文知识""作者传记""相关评论"等板块，编撰专题（单元）教材，构建"语文知识"体系、"文学鉴赏"体系、"文化思想"体系。既保障足够的探索空间，也保证学习内容的结构性。初中语文教材的内容分别是"少年心事""国学初识""唐代诗歌""宋词吟唱"等。出于对现行教学形式和评价要求的迁就，从预备班到初二，初步设计"每学期一个"的六个主题单元。

第一步骤：学习预备【一个月】

　　师生形成学习目标与方式上的共识：确定知识、能力、思维等结构型目标和自主研究的学习方法；传授文献学简单要义；帮助学生试学习；调试学习

第二步骤:专题学习【每学期至少一个专题】
　　【高中】1. 先秦诸子　辩证的思维方法
　　　　　　2. 乐府诗选　中国文学的母题
　　　　　　3. 唐代诗歌　大唐气象的风致
　　　　　　4. 宋代散文　平易自然的风格
　　　　　　5. 现代散文　淡而有味的语言鉴赏
　　　　　　6. 诗经单元　母题的多角度探究
　　　　　　7. 明清小品　人格性灵的品味
　　　　　　8. 明清小说　鲜活独特的"这一个"
　　　　　　9. 现代小说　悲情人物的思想价值
　　　　　　10. 西方哲学　笛卡儿的方法论
　　【初中】1. 当代散文　少年心事
　　　　　　2. 唐诗初读　李杜情怀
　　　　　　3. 诸子初读　先哲形象
　　　　　　4. 宋代诗词　诗词吟唱
　　　　　　5. 外国短篇　小人物社会内涵
　　【小学】1. 童话阅读　美好情怀的感受
　　　　　　2. 散文阅读　表情达意的鉴赏

第三步骤:寒假暑假行走
　　(1)山东曲阜泰山或绍兴。(2)河南安阳洛阳。
　　【备注】原则上每个同学一年需至少参与一次,其间由学生研读相关资料,担任导游,回校后再进行展示。整个活动过程,学生为主体

　　为了保持体例的相对一致性,每个专题(单元)单元均设置五个部分:

　　第一部分:【编者卮言】

　　编者用尽可能通俗感性的语言,对本单元表达自己的阅读感受与思考,借以"诱引"学生进入学习情境。

　　第二部分:【单元导学】

　　从课程标准、学生心智特点、教学操作上的可能性等角度进行学习

方法的介绍,引导学生自主学习本单元。

第三部分:【习者研读】

遵循"典型性""兼容性""趣味型"原则,以课内重点篇目为核心,选择相关文章作为本单元的主题读物。每篇文章的后面附有 300 字左右的空格,供学生写作"读者小语"用。

第四部分:【助读资料】

主要提供三类材料:1.语文知识。2.选文作者传记。3.相关文学评论。部分文言文单元含有译文。带﹡的著作属于建议学生人手一册的"必备书"。由于篇幅限制,推荐的长篇文章"存目"。

第五部分:【思考与实践】

该部分主要有三项内容。1.专题(单元)写作,给出两个思考题,建议学生二中选一完成写作。2.演讲训练。要求学生提供演讲大纲(用三张PPT分别介绍自己的主题、材料和阅读书目);本部分提演讲的自评和互评标准。3.游学活动。建议每位学生至少参加 7 天游和 4 天游各一次。教材提供记录空间。

8. 形成课程教学特征:

转"着眼于教"为"着力于学"。突破理念落地"框架构架困难""相关资料匮乏"的瓶颈。

● 教学目标新定位

整合《课程标准》原有表述,在"教学目标"中,明确提出并强调"学习力",强化"自主探索能力"的重要性。引导语文教与学的内容和方式更清楚明确地指向"学生发展"。

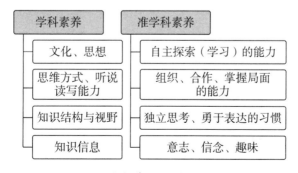

语文教学目标结构图

● 学科素养新解读

破解"上层教改理念基层不能兑现"的困局,建立"语文学科"学习素养模型,在上层教育理念与基层具体实践之间建立纽带。

● 教师角色新定位

对"教师角色"进行创新性定位。(1)"导学""督学"。(2)帮助学生建立与他人、与学问、与社会之间稳定有效的"学际关系"。这是媒体时代线下教育最大的优势和趋势。

● 教学内容新结构

以"一个专题(单元)一个月""一学期俩专题(单元)"的学习,打破小格局的"选文式""课时制"。利于学生有目标、有宽度、有深度、有系统地培养自己自主探索的能力。

● 学习程序新策略

改变语文教学阅读、写作隔离,演讲实践缺位的现状,听说、阅读、写作三者贯通;传统教室、功能教室、社会空间相辅相成;试学、研学、述学互相供力。"以评促学"造就新势能。

总之,在教育领域,"自主学习"是一个可以定质无法定量的概念。"专题(单元)学习"为中学语文教改由理想由愿景变成现实提供一种切实可操作的实践模型。

(相应成果《自主学习力导向的专题教学实践研究》获得上海市第四届基础教育成果一等奖)

第二阶段 建立以学生学习逻辑为目标的课程支持体系重构的"升级版""三一课堂"

从2016年起,项目组扩大队伍规模,拓展研究边界,研究时代趋势,对接课程标准,聚焦教改瓶颈,参与教育部课程标准等调研;领衔统编教材上海市语文学科审读;参与区域基础教育创新试验区建设工作——全面考察教育的各个领域,对应统编教材的实施,研究将教师立场扭转为学生立场的支点。组织工作室加强版团队,系统研究课程标准和教材,研究教材理念、教材内容、学习资源、教学策略、教学流程。把专题教学与任务群、项目式单元教学进行融通,架构学生学习逻辑流程,编制"支持体系"整体框架;建构"三一课堂"与专题教学升级版。升级版集教学目标讲解、学法指导、教学流程、微课群、学习资源、练习、评价于一体,有效融合教学空间、学习组织、信息平台。并且以高中第二册为样本,制作电子课程。

该版本进一步确认"学生学习逻辑"在教改中的"转轨"意义;进一步明晰"学生学习逻辑"在教学实践层面的内涵。

将教师变成"站在讲台边上的人":将教学流程分解为"导学""助学""督学";教师"主导"的范畴缩小为"五讲""四美"。

五讲:讲学习目标、讲学习过程、讲重点疑难、讲"核心技术"、讲学习成效。

四美:造型美—有效成为正向的教育的资源;人格美——能宽和有度严慈相济;修养美——能有效营建情境、结构性提供资源、简洁清晰引导、准确合理评价、适当适度进行教学追加;语言美——能生动或简明演绎。

该系统重构指向"学生学习逻辑"在教学中有效生成的支持体系:将学生学习逻辑的真实实现,与学习空间、学习型组织、学习资源、教师核心策略、教学评价等五大要素建立密切联系。

学生学习目标
支持体系

- 学习目标重述:对应核心素养,要成绩更要成长,制作生命发展结构图及课程标准指标图
- 学习空间重构:传统教室、虚拟教室、创客空间三类型

实现学习功能、资源供给功能、表演功能三合一
- 师生关系重设:师生共商目标、学生主体,各司其职
- 学习组织重建:建立"学生与学术""学生与师生""学生与社会"三重"学际"关系,分事务型、专业型、特色型三层级
- 学习资源重组:编制专题教学用书40册;开发统编教材电子教学程序与资源包
- 学习策略重置:专题教学(任务群)、"三一课堂"(单元教学环节+关键策略)
- 评价方式重设:对应"学习"成效,建立能量立体流动的评价共同体

同时形成人文空间、专题教学、电子教材样本、戏剧教学样本等物质成果:

(1) 重建"三一课堂"人文空间。

(2) 建立信息技术平台,具有教学、资源推送、大数据管理分析的功能。

(3) 完成新两轮专题(单元)教与学用书20册。

以单篇为核心的专题(用书)①:

- 《再别康桥·现代诗的音律之美》　　　　李　锋　编著
- 《红楼梦·曹雪芹之独特诗品》　　　　文秋婵　编著
- 《梦游天姥吟留别·中国传统文人的儒道情怀》　倪　超　编著
- 《琵琶行·中国古代的贬官文化》　　　夏丽丽　编著
- 《师说·以文明道的经典古文》　　　　张　懿　编著
- 《前赤壁赋·贬官苏轼的旷达情怀》　　郭晋考　编著
- 《子路、曾皙、冉有、公西华侍坐·论语的大同思想》庄珠凤　编著
- 《鸿门宴·史记的"文"的特质》　　　欧阳莉　编著
- 《归去来兮辞·魏晋文学之真》　　　　沈红梅　编著
- 《序文·古代"序"的文化意义》　　　李建国　编著

以人物为核心的专题(用书)②:

- 《因自由而放诞的李白》　　　　　　陈　怡　编著
- 《大"落"中大"起"的苏东坡》　　　李莉莉　编著
- 《魏晋风流之最陶渊明》　　　　　　冷海鹰　编著
- 《真诚的言说者杜甫》　　　　　　　郑文倩　编著
- 《运雅入俗的柳永》　　　　　　　　陈　洁　编著
- 《在叛逆中超越的李清照》　　　　　姜鸿青　编著
- 《英雄气概辛弃疾》　　　　　　　　郁蓓媛　编著
- 《从苦难走向深刻的史铁生》　　　　梅华荣　编著
- 《有趣有味的汉字》　　　　　　　　聂　鑫　编著
- 《文风如潮的韩愈》　　　　　　　　费　菲　编著

(4) 开发高中统编教材第二册电子教材。

---

① 上海交通大学出版社,2020年出版。总主编:管文洁。总指导:王白云。
② 上海交通大学出版社,2021年出版。总主编:王白云。

（5）建成近 10 所的教学剧场。

（6）制作检验学生学习逻辑效益的评价指标。

一、学者立场的"课程"与学生立场"课程"的不同内涵

（一）"课程"本来指"学程"

"课程"一词，在中国最早出现在宋代朱熹的《朱子全书·论学》中。如"宽着期限，紧着课程""小立课程，大作工夫"等。朱熹所谓的"课程"，已经指向学生学习的进程。

在外国教育史上，"课程"两个字主要也是指学生的"学程"。直到近代，基于班级授课制的施行与赫尔巴特学派"五段教学法"的引入，人们开始关注教学的程序及设计，于是课程的含义从"学程"变成了"教程"。

20 世纪 70 年代，古德莱德对"课程"进行系统整理并清晰分层。在《课程探究：对课程实践的研究》一书中，他根据课程产生的机制与使用的实际范围，将课程分为五大层级：

（1）理想的课程：科学家和教育专家们基于"理想"认为有价值的和有用的课程。

（2）书面的课程：详细说明学习目标、相关领域内容、测验要求以及必须要达到的成绩标准文档。包括国家课程标准、教材、学生练习等一切教与学文本。

（3）领悟的课程：教师对书面课程文档的解释的文本。主要指教案、教学设计等。

（4）实施的课程：由教师建构内容、提供信息和描述学生应该解决的问题的方式所构成。

（5）评价的课程：表征着通过考试、正式测验和态度调查表而得到的学生成绩。

"实施的课程"虽然与理想的课程、书面的课程、解释的课程、评价的课程有密切联系，但是相对是一种独立体系。更指向运用与操作的层面。基于学生学习逻辑，围绕课程实施，我们可以将课程类型简化为：

国家课程	融合理想的课程、呈现为书面的课程材料与教材
学者的课程	建设理想的课程,解释国家的课程、阐释指导实践的课程
实践的课程	理解、"降""解"国家课标,实施课程,包括课程评价

三类课程明显有各自不同的内涵和目标指向。

(二)"学院"派的课程亟需转化为"实作"体系

在中国,当代教育视野中的"课程"内涵主要来自学者经验与外国理论的结合。经过长时间的融合与提炼。20 世纪 80 年代以前,"课程"在中国一般被解释为:

1. 学生学习的全部学科。

2. 为实现学校教育目标而选择的教育内容的总和。

3. 课堂教学、课外学习以及自学活动的内容纲要和目标体系,是教学和学生各种学习活动的总体规划及其过程。

4. 由一定育人目标、基本文化成果及学习活动方式组成的用以指导学校育人规划和引导学生认识世界、了解自己、提高自己的媒体。

这些解读,有的指向学生,有的指向理论体系;有的指向国家设计,有的指向教学实施;有的指向内涵,有的指向功效。但每种说法都站在各自的立场上,没有对"课程"在不同领域的不同内涵和功效做系统罗列,更没有基于"学程"做具体分析和建构。

近三十年,在师范院校学者的主导下,"课程"在中国的话语体系中进一步学术化,将"课程"理解为课程标准、教学内容、教学过程、教学反馈、教学评价五要素的总和。"学程"的意味,则基本在学者的话语体系中消失。

正如房龙所言,学问一旦穿上专家的拖鞋,躲进了它的所谓华屋,且将它鞋上泥土之肥料抖去之时,它便预先宣布了自己的死亡。当"课程"从"田野"走进殿堂,脱离"学程"含义变成纯粹的理论,实践意味就越来越淡。对于基层教学,一旦"理论"只是对以往的经验加以体系和抽象,缺少基于现实指向未来的建设性发挥,那么理论不仅不能指导和优化实践,反而会产生约束和干扰。

二、运作的课程需要建构不一样的支持体系

在中国的当下，关于"课程"的"理论"亟需从教科书话语体系转向运作的话语体系。

（一）国家课程、学者课程、运作课程各在其位、纵向贯通的指向体系

从以科学逻辑组织的课程体系（理想的课程），到社会意志的综合判断和决策（国家课程、教科书），再到教师操作中取舍（运作的课程），中间必然有大量的信息添加和流失。如何保障三者在最大程度上的一致性，特别是国家课程到运作课程的一致性，防止从文本功能到课程意义途中的中断与落空，提供发挥稳定作用的"支架"——既包括对"课程标准"的描述和建构，同样包括教材运用的具体流程，至关重要。

这个"支架"首先强调"建构"和"具体"。所谓建构，是基于学生学习逻辑、基于教师操作的单独的系统建设，而不是单纯的对国家课程或理想的课程的衍生性"描述"。

在《普通高中语文课程标准》2020年修订稿中，语言建构与运用被列为语文核心素养的第一项。什么是语言的建构和运用？参与课程标准设计的专家之一、某大学教授为此专门写作了《谈谈语言建构与运用》①，不仅指出语言的建构和运用是"带动其他三项的第一项"，而且对语言建构的内涵与策略加以说明：

语言建构有两方面的含义：一方面是指出于表达思想的目的，按照语言内部系统来建构话语——用词汇组构句子，用句子组构段落和篇章……另一方面，是指在个人言语经验的基础上，逐步建构起自己的言语体系，包括属于个人的言语心理词典、句典和表达风格。

这段话包含两个要点。其一，语言建构是"出于表达思想的目的，按照语言内部系统来建构话语——用词汇组构句子，用句子组构段落和篇章"；其二，语言建构是"个人言语经验的基础上，逐步建构起自己的言语体系，包

①　参见《语文学习》2018年第1期。

括属于个人的言语心理词典、句典和表达风格"——前一句话翻译成口语，就是"无论书面语还是口语都是由不同的人说的"，后一句话翻译成大白话，就是"口语和书面语都有自己的个性特点"。说实话，专家学者的这种表述，往往只是将已经发生过的事实加以概括，并且加以书面化表述，对基层教师的课程运作不构成具体的指导意义，没有完成基于学生逻辑与教师操作系统的有效建构。

所谓"具体"，强调的不是中观层面的解释，而是对具体教学实践的指导。比如，苏联专家巴班斯基提出教学过程最优化理论，听起来是对应教师的教学与学生的学习建立的理论，实际上，他把教学过程最优化的方法体系概括为：(1)综合教学任务，注意全面发展。(2)了解研究学生，具体落实任务。(3)选择教学内容，使教学内容具体化。(4)根据具体情况，选择合理方法。(5)采用合理形式，实行区别教学。(6)确定最优速度，节省师生的时间。(7)优化教学条件，提供教学保证。(8)控制学生的学习过程，调整教学过程。(9)分析教学效果，研究和改善教学——这还是一种中观层面的陈述，对如何进行某一单元、某一课时的具体操作，依然语焉不详。

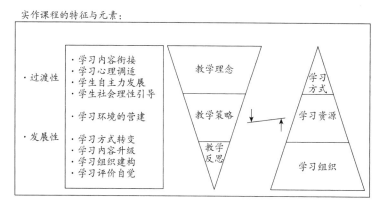

实作课程的特征与元素：

国家课程、学者的课程、运作的课程，它们各自的任务与定位如下：

课程级别	主要内容和功能	体系类型
国家课程	提供课程标准(或含教材)	目标体系(宏观)
学者课程	对课程标准、教材提供解析、建议和实施工具	资源体系(中观)
运作课程	设计和实施操作流程、实现课程目标	操作体系(中、微观)

三者关系如下：

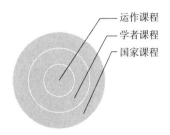

运作课程
学者课程
国家课程

（二）基于教改目标、教改理念、教改策略，三维一体的教学支持体系

　　教育的初衷是为了成就学生。只有实现学生的学，才能成就教师的教，而不是恰恰相反。教育改革经过多年推进，教育上层从大政方针到课程标准，从教材编写到课程框架，都为教改准备好基本条件。最后一公里的困难是：策略层面，教师不知道如何操作。如何建立运作课程的操作体系？

　　首先我们应该意识到：教师不必全功能，教师只该做教师该做的事儿。[1]

　　教师的主要任务不是进行诸如语文、数学、美术、体育等领域的学术研究，老师不可能成为多媒体运用、逻辑学、教育学、哲学等全部领域的百科全书。教师的主要任务是对应学生的需求、依照国家课程标准进行资源的配置、学习的扶持、有效的监管、心理素质道德品质的培养。至于教材的开发、教学目标与教学资源的匹配，比如，高中统编语文教材中有一篇《阿房宫赋》，作家杜牧是什么人，他是在什么情况下写的这篇文章；阿房宫在历史上由谁建造、建造成什么样子、结局如何；"赋"是怎样的文体、从古到今都是怎样流变的；这篇"赋"与其他的赋比较起来有些什么选材上、构思上、语言上的特点；这篇文章的主旨是什么、学术界都有哪些争议；这篇文章有哪些有价值的教学点、如何对应单元主题和学生素养……应该交由高等院校和研究机构完成。现实是教材还只是素材，教材的内涵、教学价值、教学重点等的分析取舍也都交给了基层教师。基层教师，既要研究课表，又要研究学生，当然更要研究教学策略，要么学力不济，要么精力不足，疲于奔命，效果自然大打折扣。教师是园丁，是在田野种植和养护的人，不能把寻找土壤、研究化肥、锻造工具等所有保障工作都交给基层教师。现在的教师大多不

---

[1]　参见本著第 27 页有关内容。

能适应课改需要,事实上主要原因是对老师要求过全和过高。"研究型教师"是一种追求,这种追求的指向是教师对教学目标、教材和教学的更高层级的理解和内化,是一种理想,不能作为普及性要求。教师做研究,应该指导他们侧重研究"学生学习逻辑",而不是学术理论。

其次,应该转变教改思路:变寄望个体为依靠"机制"。

长期以来,教师被认为是教育变革成败的关键。事实上,教师是关键的实施人员,却并不是教育变革的关键力量。环境大于人。现代教育最大的特征是机制运作而不是个人力量。从"课程支持体系"着手,让体系控制变革的宏观局面、形成"势"与"力"。

第三,描绘出课程模块新图谱:把教科书的课程体系转化为实践性范本。

将教科书中的课程体系转化为实践操作中的课程体系。将"教育的目标、教学内容、教学活动方式的规划和设计、教学计划、教学大纲等诸多方面实施过程的总和"演绎为实际操作过程中必有的要素。将学理演绎为实践逻辑。

第四,构建课堂教学新样态:建构"特种"课堂。

教无定法,但是基本规范是必需的。规范却是很容易钳制"自由"的东西。所以,基于学生立场建构基本流程和教学范式,方能保障老师有"据"可依;只有大力拓展教学资源、学习组织、教学平台、评价指标的边界,学生才有自主发育的生态和空间。

总之,我们要系统重构指向"学生学习逻辑"、在教学中有效生成的支持体系。

从教学空间、教学资源、教学组织等五个要素着眼,以教学空间为情境要件,以学习资源为信息要件,以学习型组织为能量创导要件,以教师核心智能为课程领导力要件,以教学评价为追加教学效力的基础。

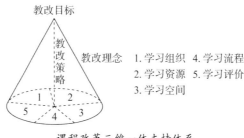

课程改革三维一体支持体系

第一节　学习目标:由"教师立场"转向 "学生立场"的重新描述

◈ 案例:以《阿房宫赋》为例——基于不同立场的不同目标

【教学目标】

1. 知识目标

（1）认识封建统治者荒淫奢侈、鱼肉百姓的罪恶,理解秦王朝自取灭亡的道理。

（2）了解作者杜牧和"赋"的文章体裁特点,体会本文的语言风格。

（3）掌握本文涉及的文言知识,包括文中词语活用的现象、文言句式以及虚词的意义与用法。

（4）在理解课文的基础上背诵课文。

2. 能力目标

学习文章的语言风格,并运用于今后的写作之中,增加习作的文采。

3. 情感目标

正确对待人生中的成功与进步,绝不骄傲自满,而应始终保持谦虚的态度,具有一定的忧患意识。

【学习目标】

1. 摘录文中重要的实词、通假字、古今异义词,并熟练掌握它们在文中的含义。

2. 模仿录音,熟读生字词;朗读课文并表现出应有的气势。背诵全文。

3. 读懂下面这段话,概述"赋"的三个主要特点。

元·祝尧《古赋辨体》云:"《阿房宫赋》,赋也。前半篇造句犹是赋,后半篇议论俊发,醒人心目,自是一段好文字。赋文本体,恐不如此。以至宋朝诸人之赋,大抵皆用此格……杜牧之《阿房宫赋》,古今脍炙;但太半是论体,不复可专目为赋矣。毋亦恶俳律之过而特尚理以矫之乎?"请理解这段话中的概念与含义,明确观点,能够就课文举例证明。

4. 有人认为本单元《过秦论》《阿房宫赋》中所运用的论据都不太符合"历史的真实",所以作者的观点值得商榷;也有人认为"艺术的真实高于生活的真实"。请根据《史记·秦始皇本纪》,并另外搜集材料,写作一篇观点鲜明、论据可靠的小论文(800字左右),在班级交流。

5. 阅读《旧唐书·杜牧传》,说说自己对于文章中所谈到的"历史教训"的三点感想。

"教学逻辑"与"学习逻辑"表面上是一词之别,实际上本质迥异。

在教师的教学设计中,前者侧重于研制"教学目标"、后者注重于设计"学习目标"。

"教学目标"与"学习目标"看似大同小异——教学目标最终也要落实于学生,学习目标终究也是通过教师的教学达成,但是二者的重心各有偏置。

(1) 出发点不同。前者着眼于教师"工作",实为教师而设计;后者着眼于学生的成长,是为学生学习而制作。

(2) 思考的顺序不同。前者教师先关注自己的"任务",再关注教学的实施;后者先关注学生的需要,再关注教师的作为。

(3) 功能不同。前者主要指导教师教学,后者主要指导学生学习。前者为教师提供大致的方向,后者为学生提供具体的指向。

基于学生立场的教师最为注重的是学生的进步。他们以学生的需要为中心,将课程标准与本学科的特点结合起来,将学科内容跟学生特点结合起来,确定学生学习的目标,对自己所在学段的所有内容做一个"系统化"处理,然后在系统之下设计教学内容和教学方法、合理分配教学时间、制作教学方案。他会思考、判断课程、教材的得失,他用教材教而不是教教材。

　　按照几十年传统，"教案"一般呈现的是教师的"教学目标"而不是"学习目标"，后续对应的往往是"教学过程"而不是"学习过程"。

　　比如《前赤壁赋》设计"教学目标"为：

　　1. 理解苏轼月夜泛舟赤壁而触发的情思，把握作者情感变化的过程，体会苏轼在主客问答的理性思辨中所表现的乐观旷达的情怀。

　　2. 熟读成诵，感受文辞优美的语言特色。

　　3. 积累文言词语。

　　又比如某《两位数的加减法》教案中设计"教学目标"为：

　　1. 让学生经历探索两位数加、减两位数（不进位、不退位）笔算方法的过程，能用竖式正确地进行计算。

　　2. 让学生在解决简单的实际问题的过程中，进一步体验数学与生活的联系，增强数学意识，培养思维能力和合作学习的态度。

　　又比如小学英语《反意疑问句》中教学目标被设计为：

　　1. 学会反意疑问句的基本结构及其基本用法。

　　2. 能用反意疑问句表达生活中的常用问题。

　　这些教案中的"教学目标"看起来都条理清晰、表述明确。但是一则是给教师自己看的，学生并不清楚自己的学习目标是什么，作为学习的主体却没有被赋予"教学"目标的知情权和参与讨论的权利；二则教学目标是给教师用的，至于学生如何学习，怎样才是完成了自己的学习，学生并没有获得明确的指导，在后续的学习过程中除了对教师的教学亦步亦趋别无选择，无法充分发挥其主观能动性。第三，这些教学目标都非常笼统，只怕教师自己都无法衡量自己的教学目标是否达成。至于学生的学习目标是否达成，当然只有更加含混。

　　《前赤壁赋》教案中将"理解苏轼月夜泛舟赤壁而触发的情思，把握作者情感变化的过程，体会苏轼在主客问答的理性思辨中所表现的乐观旷达的情怀"作为教学目标。但是站在学生的立场上替学生设想："理解"是什么程度？是记住中心并且弄懂其含义，还是必须从文章中自行体会得出结论并且自行更正以趋向于标准答案？所谓"体会苏轼在主客问答的理性思辨中所表现的乐观旷达的情怀"，"体会"是"得出结论"的意思、还是心理内化的意思？"积累文言语词"，积累的性质、数量和程度，又是什么？

《两位数的加减法》教案中教学目标的第一条还算具体。至于"增强数学意识""培养思维能力和合作学习的态度",作为学生,应该完全不清楚具体的维度和标准;《反意疑问句》教案中教学目标看起来比较容易操作,但"学会""能用"都有含混其词之嫌。

这些司空见惯的"教学目标",能否指导教师教学姑且不论,能否出示给学生,让学生有个大致的方向也暂且不说。单说即便学生看到这些文字表述,他们也根本不能确定学习目标的上限与下限。一场场只参与过程而不清晰方向与标准的"学习"也因此日复一日地上演。2017年,笔者就"教学目标""学习目标"在教学设计中的状态进行了一次覆盖上海某区高中、初中、小学的抽样调查,发现97.8%的教师的教学设计(教案)中只写到教学目标而没有写到学习目标;教学目标表述含混的占96%。

表面看,这只是"教学目标"不够具体明确所致。实际上,是学生立场在教师心目中不够清晰。学生到底要学会什么?怎样才算是这节课的学习任务彻底完成?教师们常常只管自己完成"教学任务"。"教学任务"本来是由"学习任务"转化过来的,但是在这里,却几乎完全与学生学习脱了节,教学任务也因此变成了一个模糊的大概。本节开头的案例可以看到教学目标与学习目标的差别。前者主要是教学指向,包含"教学内容""大致方向"两大元素;后者侧重学生学习标准,包含"学习内容""学习过程""学习活动""学成标准"。

所以,不管国家课程对课程标准如何表述、专家学者对课程目标如何解读,教学实践中是否有基于"学生立场"的"目标"表述,不仅影响教师的教,更从根本上影响学生的学。

学生学习中心,往往从教师关于"学习目标"的撰写开始。

一、学习目标特征:与课程标准、教学目标的区别

目标,本来指射击的靶子。没有靶子就无所谓射击。没有目标就无所谓活动。某种意义上,是不是有目标,或者是不是有合适的目标,决定了整场活动的有效性与价值。

同样,对于学生的学习活动而言,有没有明确的学习目标,对其学习成效的影响至关重要。

在教育领域，"目标"主要有三个范畴。

一是法制概念。即国家课程标准与课程目标，属于规定某一学科课程性质、课程目标、内容目标、实施建议的教学指导性文件，是国家对教学结果与学生学习结果的期望和要求，是基于公民素养的国家预设和教育目标。

二是学术概念。比如布卢姆等人在1956年把认知领域的教育目标共分为知识、领会、运用、分析、综合、评价六个层次。同时将情感领域教育目标依据价值内化的程度分为接受、反应、价值化、组织、价值体系个性化形成五级。美国的另一学者加涅则把学习目标区分为不同层次，提出了五种学习结果："态度""运动技能""言语信息""智慧技能"和"认知策略"。这些是基于学生的认识规律和信息建构的不同结果进行分类。

三是行为标准。即课程教学的过程中制订的教学目标或学生学习的目标，包括考试标准。"学习目标"是基于学生立场对学生学习所制订的标准。

学习目标有宏观、中观、微观之分。

宏观的"学习目标"其实是"成长目标"——学生对应自己的未来所做的规划。

中观的"学习目标"是学生在一定的学段中学习成绩乃至方方面面所要达到的标准。

微观的"学习目标"，是指在某一单元或某一课时所应该达到的标准。所以，也可以称之为"学习指标"。

学习目标的要素是学习主题、学习内容、达标指数。既可以是教师预设的学习任务，也可以是学生在教师预设任务基础之下进行个性化加强或降低。

1. 与课程标准的区别。

课程标准是某一课程的国家标准。相当于教学的"上位法"，是基于"学段"概念的教学要求。

（1）确定的主体不同。课程标准由国家制定，主体高位且唯一。学习目标由师生制订，有"民间"色彩。

（2）权威性不同。课程标准具有"法"的意味。学习目标具有个性化随机性，相当于行动指南。

（3）覆盖范围不同。课程标准覆盖全国。学习目标基本的覆盖单位是"班级"——理想的是对应不同类别的学生，达到"类别化"，极偶尔对应学生个体，做到"个性化"。

（4）概括性不同。课程标准一般是方向性的，是一种本质的提炼，是有待基层教师转述和分解实施的。学习目标更具体、更接近"指标"的特征和性质。

2. 与教学目标的区别。

（1）确定的主体不同、功能不同。教学目标是由教师单方面制订、用以指导个人教学的。学习目标是在教师指导之下师生讨论制订的，用以指导学习、测量学习结果。

（2）理念不同。教学目标是基于教师立场、教的立场的产物；学习目标主要是基于学生学习立场的结果。

（3）表述的细化程度不同。教学目标只是教师对自己的"提示"，是一个指向性的东西，比较概括和简略。学习目标则是学生需要达到的更为具体的细则和指标。

（4）后期功效不同。教学目标在教学过程中和教学完成之后，教师可以做自我反思以改进教学；学习目标在学习过程完成之后，学生用以自我评估，以确定追加学习的内容，也可用以改进自己的学习方式和节奏。

（5）覆盖的范围不同。教学目标一般对应的是整个班级的学习，学习目标更具有学生个体指向。

◇ **案例**：一个关于语文教学中"课程标准""教学目标"
"学习目标"的比较

《普通高中语文课程标准》（2017 年版 2020 年修订）对"课程目标"进行了这样的描述：

学生通过阅读与鉴赏、表达与交流、梳理与探究等语文学习活动，在语言建构与运用、思维发展与提升、审美鉴赏与创造、文化传承与理解几个方面都获得进一步的发展；坚定文化自信，自觉弘扬社会主义核心价值观，树立积极向上的人生理想，为全面发展和终身发展奠定基础。

1. 语言积累与建构。积累较为丰富的语言材料和言语活动经验,形成良好的语感;在已经积累的语言材料间建立起有机的联系,在探究中理解、掌握祖国语言文字运用的基本规律。

2. 语言表达与交流。能凭借语感和对语言运用规律的把握,根据具体的语言情境和不同的对象,运用口头和书面语言文明得体地进行表达与交流;能将具体的语言文字作品置于特定的交际情境和历史文化情境中理解、分析和评价。

3. 语言梳理与整合。通过梳理和整合,将积累的语言材料和学习的语文知识结构化,将言语活动经验逐渐转化为具体的学习方法和策略,并能在语言实践中自觉地运用。

4. 增强形象思维能力。获得对语言和文学形象的直觉体验;在阅读与鉴赏、表达与交流、梳理与探究活动中运用联想和想象,丰富自己对现实生活和文学形象的感受与理解,丰富自己的经验与语言表达。

5. 发展逻辑思维。能够辨识、分析、比较、归纳和概括基本的语言现象和文学现象,并能有根有据地表达自己的观点和阐述自己的发现;运用基本的语言规律和逻辑规则,判别语言运用的正误,准确、生动、有逻辑地表达自己的认识;运用批判性思维审视语言文字作品,探究和发现语言现象和文学现象,形成自己对语言和文学的认识。

6. 提升思维品质。自觉分析和反思自己的语文实践活动经验,提高语言运用的能力,增强思维的深刻性、敏捷性、灵活性、批判性和独创性。

7. 增进对祖国语言文字的美感体验。感受祖国语言文字独特的美,增强热爱祖国语言文字的感情。

8. 鉴赏文学作品。感受和体验文学作品的语言、形象和情感之美,能欣赏、鉴别和评价不同时代、不同风格的作品,具有正确的价值观、高尚的审美情趣和审美品位。

9. 美的表达与创造。能运用祖国语言文字表达自己的审美体验,表达自己的情感、态度和观念,表现和创造自己心中的美好形象;讲究语言文字表达的效果及美感,具有创新意识。

10. 传承中华文化。通过学习运用祖国语言文字,体会中华文化的博大精深、源远流长,体会中华文化的核心思想理念和人文精神,增加文化自信,理解、认同、热爱中华文化,继承、弘扬中华优秀传统文化和革命文化。

11. 理解多样文化。通过学习语言文字作品,懂得尊重和包容,初步理解和借鉴不同民族、不同区域、不同国家的优秀文化,吸收人类文化的精华。

12. 关注、参与当代文化。关注并积极参与当代文化传播与交流,在运用祖国语言文字的过程中,坚持文化自信,提高社会责任感,增强为中华民族伟大复兴而奋斗的使命感。

就《前赤壁赋》而言,教师们常常就"教学目标"做这样表述:

1. 引导学生理解文章的感情线索、思想内涵和艺术手法。

2. 强化学生自主学习的意识和能力。

3. 增强学生对传统文化的理解和感情。

而《前赤壁赋》的学习目标可以明确为:

1. 关于字词的数量——学生对文言字词掌握的数量增加 15—20 个。

2. 对作者的认识——对苏东坡的认识,从模糊概念,到系统了解其生平和个性。

3. 对文化的认识——对中国文化的认识有补充或升级。

4. 对文章特点的认识——对文章的情感线索有个人理解;对文章的句式特点理解并领会其作用;对文章的句式特点有个人理解;理解苏东坡豪迈文风及构成要素。

5. 关于阅读量的提高——学生相关阅读达 5000 字以上。

6. 关于写作兴趣和能力——学生对景物描写或巧妙安排文章结构的写作兴趣有提高,写作上具有新策略或策略上的新发现。

7. 关于"说"的能力——学生"说"的兴趣有提高;对慷慨或优美地去"说"有新策略或新发现。

8. 关于对古文的兴趣——学生学完这篇文章,对古文或苏东坡的文章兴趣有提高。

9. 关于对老师的感受——学生对老师的印象更为深刻,或感觉更加良好。

10. 关于"研究"的兴趣和方法——通过本文的学习,有查阅资料的经历、有"发现问题"的经历、"研究问题""形成小报告"的经历。

不难看出,"课程目标"的特点是全面而概括;"教学目标"相对于课程目标更具有文本和素养的针对性,相对于学习目标则简洁而笼统;"学习目标"具有以下特征:

1. 挑战性。

学习目标首先要体现"学习"的特征。学习是学生向未知未能的领域"攻城略地"的过程。学习目标必须标示学生进步成长的预期进程。挑战性是学习目标的本质属性。

当然,挑战性的强弱取决于学生在单位时间内学习方式与成效的最大化标准。过小的挑战性限制学生发展进步,过大的挑战性会影响学生学习的信心。

2. 可检测性。

学习目标必须表述具体清晰,便于学习者进行自我对照,越具体越便于学生自我指导和评估。可检测性是学习目标有别于课程目标和教学目标的主要特征。

3. 多样性。

学习目标的适用主体是学生。制订学习目标的目的是引导和帮助学生学习。但是学生的基础与学力是因人而异的,所以"到位"的学习目标是对应不同的学生的个性化指标。

4. 进阶性。

学习目标既有学段目标,也有单元目标,还有课时目标。所以,完备的学习目标是系统性阶梯形的。就学生素养发育而言,有些素养的发育和培养需要较长的学程,所以,诸如情感、思维之类长线目标的培养,在课时表述上要体现进阶性。

5. 系统性。

学习目标的系统性有两个意思,一是所有的学习目标的总和要等于国家课程标准,二是要尽可能让前一阶段的学习目标成为后一阶段学力的来

111

源和基础,后一阶段的学习目标是前一阶段学习过程的升级或调整。

二、学习目标设计:"三维"坐标之下的两向度三层级

◇ **案例**:你依据什么给学生的作业打分?

笔者在教师培训的讲座上,多次就这样一幅画对老师进行调研:如果这幅画的作者是你的学生,你打算给她(他)打几分?

有老师打 0 分,有老师打 60 分,也有老师打 100 分。

我再问:如果这是一名三年级学生美术课的作业,你打算为它打几分?

老师们依然有人打 0 分,有人打 60 分,有人打 100 分。

"打分"是一种评价行为。评价行为的依据是学习目标。当我们认为一名学生的学习目标完全实现,我们就可以打 100 分;如果觉得完全没有达成目标,可以打 0 分。

可是以上的案例表明,很多教师在教育教学活动中,并没有鲜明的"学习目标"意识。近代教育之父赫尔巴特在他的《普通教育学》中提到,教育无非两件事,一是科学的教育,二是教的艺术。也就是说教育无非两件事:教得对、教得巧妙。

"科学地教"就包含为学生设计或者引导学生自行设计合适的学习目标。

我们的学习目标从哪里来? 什么是合适的学习目标?

（一）三维坐标之下的定位

1.《课程标准》是制订学习目标的原点。

《九年义务教育小学美术课程标准》(1~2 年级)有这样的列举：

● 学习领域

初步认识形、色与肌理等美术语言，学习使用各种工具，体验不同媒材的效果，通过看看、画画、做做等方法表现所见所闻、所感所想的事物，激发丰富的想象力与创造愿望。

● 评价建议

是否对美术课感兴趣。

能否通过绘画或拓印等形式，大胆、自由地表现自己的感受。

能否动脑筋用可塑性材料，制作简单的物体或动物形象。

是否认识常用颜色。

由这份《课程标准》可以明确三年级学生的美术课程学习目标：

(1) 对美术课有兴趣(愿意花费较长的时间认真细致地画画)。

(2) 能够勇敢地把自己的想法不加掩饰地表现出来。

(3) 能够制作出简单但完整的物体或动物。

(4) 能够运用四种以上的颜色。

对应这个标准，如果上面那幅作品是小学三年级学生的美术作业，他就应该得满分。

遵守国家课程标准，是每个教师履行教师职责的出发点和底线，这是制订学生学习目标的原点。

2. 教材特质是制订学习目标的基础。

教材是学习的主要资源。学生的学习目标，很大程度上取决教材本身的特质。高中语文课本里有一首著名的诗——徐志摩的《再别康桥》。依据传统，很多老师将这首诗的学习目标确定为：理解这首诗的建筑美、音乐美、意象美。我们暂且不讨论这首诗是不是有这三美，关键是，这三美是不是这首诗的主要特点？茅盾在《徐志摩论》里评价说："(徐志摩的诗)圆熟的外形，配着淡到几乎没有的内容，而且这淡极了的内容也不外乎伤感的情绪——轻烟似的微哀,神秘的象征的依恋感喟追求……"梁实秋说,他(徐志摩)的诗……是有情感的热烘烘的曼妙的音乐。徐志摩自己也说:"诗的真妙处不在它的字义里,却在它的不可捉摸的音节里。"(徐志摩《译菩特莱尔诗〈死尸〉的序》)可见徐志摩的诗最大的价值不在于他塑造出来的意象,而在于其独特的音乐性。

所以拿徐志摩的诗分析意象应该有南辕北辙之嫌,而高中学生又恰恰欠缺关于诗歌音乐性的理解,课程标准要求学生能够"探究和发现语言现象和文学现象,形成自己对语言和文学的认识",这首诗歌开口呼与合口呼相搭配,一泻千里的流畅与音韵的转折相结合,整体上又形成回环的旋律(见下图)等,它在音节、旋律上的特点,恰恰能有效帮助学生学习"现代诗的音乐美"。

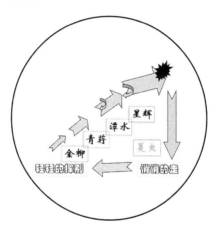

所以这首诗的学习目标,应该明确为:理解现代诗音韵美的3—4个主要特征;理解诗歌音韵与情感表达上的一致性。

3. 设置学习目标的第三个维度是学生的特点。

学习目标是为学生学习而设置。学生学习能否实现目标,是由学生的学习态度、学习基础和学习能力决定的。学习目标是要关注学生的学习态度、学习基础和学习能力,又要对它们具有激励和铺垫的作用。

除此之外,还要研究学生心智发展的特点。比如,蒙台梭利曾经提出"敏感期"的概念。举个例子来说,蚂蚁有兵蚁、工蚁、繁殖蚁,繁殖蚁不止一个,工蚁会努力供给它们粮食,但是有些繁殖蚁已经错过了扩大胃口和身体快速生长的敏感期，它就长不大，成不了蚁后。很多人智力不错，但是学了"一辈子"英语，英语水平仍然不如一个美国的三岁儿童。不是智力原因，与学习者的心智发育的阶段性有直接关系。

　　所以，制订学习目标要密切关注学生心智发展的水平。同样是思维训练，小学生侧重于要求他们学习想象和联想，初中则倾向于提炼和排序，高中则注重思辨。

　　不仅学习阶段不同，会导致学习目标不同；学习主体不同，学习目标也可能因人而异。一个班级，同样学习《前赤壁赋》，有的学生需要掌握的字词是 20 个，有的则是 15 个。有的学生学习目标包括阅读全本的林语堂的《苏东坡传》，有的则只要求完成阅读该传记的序言。这是由学生的学习基础和学习能力决定的。

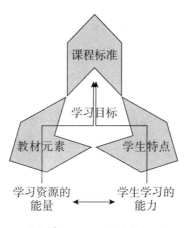

确定学习目标的三维支架图

（二）学习目标设计的关键环节：转述

　　管理学家们总是提醒我们：最重要的不是我们设定什么目标，而是我们如何去设定目标。

　　课程标准具有综合性和融合性。比如《普通高中语文课程标准》（2017年版2020年修订），将语文核心素养分解为七大类别，其中整本书阅读与研讨、当代文化参与、跨媒介阅读与交流，明确表示"穿插在其他学习任务群"；那么，是每学期、每单元、每课时的学习目标都将七大任务群全部列上呢，还

是按照素养培养的几大阶段再分别对应进每个学期、单元和课时？如果按照前者,每学期的学习目标将被列举为:

学期	学习目标1	学习目标2	学习目标3	学习目标4	学习目标5	学习目标6	学习目标7
第一学期 第一单元… 第 n 单元 第一课时… 第 n 课时	整本书阅读与研讨	跨媒介阅读与交流	语言积累、梳理与探究	汉字汉语专题研讨	文学阅读与写作	思辨性阅读与表达	实用性阅读与交流
第二学期 第一单元… 第 n 单元 第一课时… 第 n 课时	整本书阅读与研讨	跨媒介阅读与交流	语言积累、梳理与探究	汉字汉语专题研讨	文学阅读与写作	思辨性阅读与表达	实用性阅读与交流
第三学期	……	……	……	……	……	……	……
第四学期							
第五学期							
第六学期							

——毫无疑问,这既没有意义,也难以操作。

那么如果按照后一种方式呢？

那素养培养阶段的划分就变成了至关重要的事情。按什么阶段划分? 课程标准给予什么提示? 专家学者提供什么帮助? 教师经验发挥什么作用?

我们不妨以"语言积累、梳理与探究"为例。《普通高中语文课程标准》(2017 年版 2020 年修订)将"语言积累、梳理与探究"列入高中语文核心素养。继而给出"学习目标与内容"。

对此加以简化,则可以大略列举为:

(1) 有关汉字、汉语的现象和理性认识与感情。

（2）关于词汇、语义的理解和鉴赏。

（3）关于文言文词义句式与理解、鉴赏。

（4）关于语法和语言的灵活性。

（5）关于口语和书面语表达的差别和风格。

（6）反思和总结自己写作时遣词造句的经验，建构初步的逻辑和修辞知识，提高语用能力，增强表达的个性化。

至于怎样进行语言建构与运用？课程标准第 17 页强调"本任务群在必修和选择性必修阶段，应贯串其他所有的学习任务群，与各个学习任务群中阅读与鉴赏、表达与交流、梳理与探究的语文活动有机结合在一起。每一个学习任务群，都要为'语言积累、梳理与探究'学习任务群提出问题，提供资料，准备必要的条件；有些学习任务群也可以与本任务群共同完成。"

它们强调在学习过程中要持之以恒、在教学方式上要以任务群的方式为学生"准备必要的条件"。但是是先有建构还是应该先有运用？应该先学文字词语还是先修语法？是不是应该小学阶段注意词句积累，而高中阶段注重"语理"？客观来说，表述并不清晰。查遍专家学者的论文和报告，也没有相应的具体划分和指导。

而学生学习行为是以时间为线索的，一旦核心素养的落实无法与"时间"对应，难免有错位、重复和遗漏。

单是"语言积累、梳理与探究"就如此复杂，几大素养混在一起，学习目标就更加不知道如何在学期里分解和描述了。基层老师一旦"找不到头绪"，自然回到"素养撇在一边""我自依然故我地进行文本教学"的老路上。

所以，制订学习目标首先要采取循序渐进的策略。先学习基础再探究学理、先着眼元素再关注综合，先理解再运用。比如"文言文阅读素养"板块，先侧重学习字词、感受语体，再探索语言特点和写作风格。字词学习也是从少到多、从易到难；语言特点也是从常规到特色。

但这也只是一种笼统的设想。实施过程中仍有很多困难。比如语文，最大的困难来源于语文教学经常是"因文施教"，课文的排列很难准确呈现知识技能由易到难的序列。其次是素养形成的过程具有元素的复杂性和过程的反复性。所以，很多学科，特别是人文类学科，"序列"只是一种大致模糊的方向。如何使课程标准给出的大致模糊的方向在学生"学习"层面可控？实践经验告诉我们，最佳策略就是言语的转化——教师对课程标准深切领会,再根据自己的教学经验对课程标准中的学习目标进行个性化表述,形成完全体现师生个人理解的话语体系。

比如,本章总论的案例中,笔者将国家课程标准中的学习目标转述为:

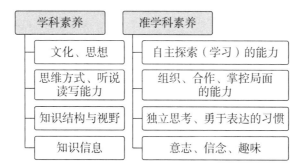

(三)学习目标生成的两个向度

学习目标在操作层面的生成,有两个基本向度。一是顺向,一是逆向。

1. 顺向。

如上所述,学习目标主要是依据课程标准、依据教材、对应学生的个性特点,进行"自上而下"顺向"降""解"的结果。

具体而言,就是对课程标准进行细化,然后对应到教材的各个章节和单元中去,使章节、单元学习目标的总和等于课程标准。

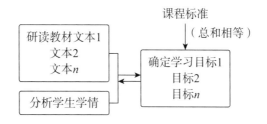

学习目标应该组成学生成长的支撑体系,这个支持体系是否合乎国家标准,是否完备,是否尽少消耗没必要的时间和精力,关键在于系统性、进阶性。

当然,"教材"的序列未必与学习目标的序列严格匹配,难免有错位、重复甚至缺失的情形。教师要依据学习目标的序列对教材加以重组。依循学习过程的进阶性,学习目标有时候是"整合"和"调整顺序"的结果。

比如，《普通高中语文课程标准》（2017 年版 2020 年修订）里没有要求学习西方哲学，但是要求"初步理解和借鉴不同民族、不同区域、不同国家的优秀文化，吸收人类文化的精华""提升思维品质……增强思维的深刻性、敏捷性、灵活性、批判性和独创性"。高中语文教材里有苏格拉底、柏拉图等人哲学意味和思辨意味很强的作品，仅仅就这一单元的几篇文章落实有关的教学目标，显然资源不够充分，要把课程目标的相应"条款"分解到这一单元，也显然远远不能够完成学习目标，这几篇作品乃至这一单元的学习目标如何设置？显然，要把这一个单元的学习目标与其他单元——比如"形式逻辑""庖丁解牛"单元组合起来进行目标设计。在学习资源仍然不足的情况下，还要适当补充其他的内容。

2. 逆向。

原则上，学习目标理当局限于课程标准和教材的下位——先有课程标准和教材，再有学习目标。但是实际操作的过程中不能一概而论，这与教材的特点有关。

教材是教学之材，是学生学习的主要资源，不是唯一资源，所以它天生就是拿来"用"的。正常情况是它们适用好用，但是它们也有不适用不好用的时候，但是课程标准和学生成长的逻辑链条不变，这就需要对教材进行灵活处理。

（1） 当教材具有一定局限性的时候，制订学习目标要敢于"越位链接"。

教材的背后一定隐含着课程标准，体现了编者对课程标准的理解。但是教材未必一定符合课程标准和对学情的合理判断。所以，对应某一单元或具体章节的学习目标，还包含着借助课程标准对教材进行匡正的过程。这个过程，从局部看，就是超越教材，实现与课程标准的直接链接。

某小学课本中有一篇"梅花鹿"的故事。梅花鹿嫌弃它两条细长的腿，欣赏那美丽的角，突然来了狮子追咬，梅花鹿因为长腿救了自己，而美丽的角差一点送了自己的命——按照编者的意思，学习目标应该确定为：做一个道德"高尚"的梅花鹿，理解"不要在乎外表美，'有用'才有价值"。

这种教材带有明显的实用主义和思维绝对化的倾向。有用是有价值的,但是美不也很有价值吗? 在价值多元的今天,我们应该让学生了解:美跟有用一样有价值,有时候更有价值,当人脱离了实际追求温饱的阶段,形态美,精神美,气质美,是人类文明的另一范畴甚至另一高度。在制订这篇文章的学习目标之时,就要超越教材编写者的思想局限,与课程标准做直接"链接"。

(2) 当教材某些内容缺失的时候,学习目标的制订要善于"补充嫁接"。

智者千虑必有一失,世界上没有完美的教材。对应课程标准和学生成长的需要,教材还有资源不足的情形。

2018 年 9 月 10 日,习近平总书记在全国教育大会上的讲话指出:

要把立德树人融入思想道德教育、文化知识教育、社会实践教育各环节……学科体系、教学体系、教材体系、管理体系要围绕这个目标来设计,教师要围绕这个目标来教,学生要围绕这个目标来学。凡是不利于实现这个目标的做法都要坚决改过来。

2018 年 5 月 2 日,他在北京大学师生座谈会上的讲话指出:

要把立德树人的成效作为检验学校一切工作的根本标准,真正做到以文化人、以德育人,不断提高学生思想水平、政治觉悟、道德品质、文化素养,做到明大德、守公德、严私德。

中国文化思想之一是讲求中庸。儒家讲求哀而不伤、乐而不淫、"温良恭俭让",道家强调"不为人先"。但是,生命的存在是有多种形态的,一种是肉体的形态,第二种是精神理智、思想的形态。第三是激情飞扬的层面。第三层面也是我们中华民族不可缺少的东西,但我们的家长和社会比较忽视甚至视之为洪水猛兽。日积月累,带来的负面效应就是中国国民"德性"中"血性"不足。所以,中国历史上很少有改革家,现代青年人也非常在意为"理想"付出的成本,以至于公民的"国家意识"不足,最优秀的学生往往亦甘愿只做"田舍郎"。我们大多数人喜欢看动物世界,但是,没有几个中国人愿意到非洲去、到高原去,十几年如一日,忍受在热带树林里蚊虫叮咬,或是面对"翻山越岭一去难返"的艰难和风险。北大的学生攀越珠穆朗玛峰不幸遇难,国人就发起一场"值不值得"的讨论,几十年前的大学生张华为救掏粪工不幸淹死,社会舆论几乎一致认为"没有价值"。

120

中小学教材关于"血性"与"慷慨义气"的教学资源严重缺乏。直到近年，统编教材才隐隐约约补上"青春激情"这一课。梁启超先生有一次在一个大学演讲，把一首诗朗诵到潸然泪下。这是一首简单的乐府诗，通篇只有16个字：

公无渡河，公竟渡河，渡河而死，其奈公何。

意思很"简单"：老头子你不要去渡黄河了，黄河波涛汹涌你一定会葬身鱼腹的。那老头偏要渡黄河，果然被水浪卷走，老妇一个人站在岸边无奈叹息。

可是这首"简单"的诗背后有非常深刻的意味。一个老翁，明知不可为而为之，一心向前，拼死不顾。这是对通常意义上的"理性""理智"的一种补充甚至反叛。梁启超作为一个失败的改革家，对王安石等人饱含深切的同情。1908 年，戊戌变法失败正好十年，他在《王安石传·叙论》中慷慨激昂地写道：

夫中国人民，以保守为天性，遵无动为大之教，其于荆公之赫然设施，相率惊骇而沮之，良不足为怪。顾政见自政见，而人格自人格也。独奈何以政见之不合，党同伐异，莫能相胜，乃架虚辞以蔑人私德，此村妪相诼之穷技，而不意其出于贤士大夫也，遂养成千年来不黑不白不痛不痒之世界，使光明俊伟之人，无以自存于社会，而举世以学乡愿相劝勉。

渡河必死，这是出于生存本能的考虑。可是世界上有比生存更重要的东西，这时候就不能在庸常的语境中谈得失。有时候只要生命大放烟火，就是生命的价值所在。《公无渡河》触到了梁启超内心的痛处。他有感于自己，有感于伟人，有感于中国文明，哀其不幸，怒其不争，完全无奈乃至于绝望，所以才会潸然泪下。

理解"生命"文化的另一维度，生发"豪情意气"，可以作为学生的学习内容，补充进教学之中去。

（四）学习目标制订的三个层级

彼得·德鲁克在《管理的实践》中提出"单一目标的谬论"。这位管理学大师指出：企业管理就是要设法平衡各种需求和目标。

教学也一样。学习目标制订过程中，最大的困难就是"设法平衡各种需求和目标"。

所谓需求,指的是"阶段性"。阶段性包括学段、学期、单元、课时。我们这里所谈的学习目标侧重指学期学习目标、单元学习目标、课时学习目标。

1. 第一层级的学习目标是学年或学期学习目标,由课程标准分解而成。

学期目标的设计遵循:按类实施、依"序"制订的原则。

有些类别的素养,可以以"专题"方式进行培养。比如高中语文的"综合媒介素养""文言文阅读素养",可以设置在某学期安排一个月或更长时间的学程,以便于制订学习目标。

2. 第二层级的学习目标为单元学习目标,由学年或学期学习目标分解而成。

单元学习目标在学期学习目标与课时目标调控中设置。

3. 第三层级的学习目标是课时目标,由单元学习目标分配对应而成。

这是基层实施教学的最重要的目标层级。学期目标与单元目标能不能实现,完全依赖课时目标的达成。在单元教学背景下,立足于单元讨论单元目标是很容易坐而论道的,单元目标既要关照学期目标的达成,又要考虑每课时所拥有的学习资源和学习条件。单元学习目标相对比较客观和统一,课时学习目标则更充分分析教材内容和学生特点、融有更多的学生感情色彩和个性元素,更具有鼓励的意味,更关照指标之间的生成性。

三层级目标之间的关系可以示意为:

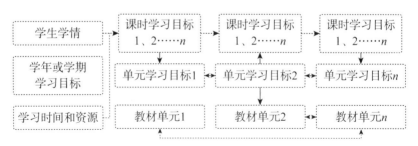

学期学习目标和单元学习目标是由许多知识点和小技术、情感上的小积淀、思维上的小进步构成,由点形成线,由线形成构成体。课时目标完成的是局部的工作,单元目标和学习目标实现的是中观建构。设置合理的课时目标,就要求教师从宏观中把握微观,明确知识点的难易程度,应该掌握的层次要求,即识记、理解、应用、分析、综合、评价等不同层次,同时关注学习的注意力与学习动机,以便于学生自我测验、自我矫正、自我提升。

当然,目标导向也有一定的负面意义。含混的目标很难起到导向的作用,强势的导向会过于聚焦、疏忽个体成长的复杂性与多样性。所以,学习目标的设置也有一定的冗余和"含混",更要关注来自学生反馈的调控。

此外,基于创造力要素理论,张勇、王明旋、龙立荣考察了学习目标导向和绩效目标导向与两种创造力的关系,以及知识搜寻和认知风格的调节效应。他们发现:(1)外部搜寻行为越频繁,学习目标导向对突破性创造力的正向影响越强。(2)内部搜寻越频繁,绩效目标导向对渐进性创造力的正向效应越强。[①] 所以,制订学习目标不仅要关注课内资源与讲授式教学的学习方式,还要进一步关注课外资源与学生自主探究的学习方式。

第二节 学习空间:从"物理概念"到"资源意义"的重新设计

古人有言:"久入芝兰之室不闻其香,久入鲍鱼之肆不闻其臭。"环境决定状态,状态决定性质。一粒米未来的滋味,取决于它所进入的容器的气味。一个学生长成的样子,大环境看社会、家庭,小环境看学校和教室。

一、空间的意义:一种条件与能量

◇ 案例:空间的力量大于"人"的力量

几年前,笔者到一个学校去给他们学生上"高阶思维课"。两周一次。每周一下午 3:15 开始,5:15 结束。

有一个礼拜我匆匆赶过去,教室里的情形让我大吃一惊:里面没有桌子椅子,更没有电脑投影——除了学生、黑板和几支粉笔,什么也没

---

① 参见张勇、王明旋、龙立荣《目标导向如何影响员工创造力——基于创造力要素理论视角的分类研究》(《南开管理评论》,2021 年第 4 期)。

有。同学们解释说由于某班级的学生生水痘,把这个教室里的桌椅板凳搬去了。

PPT是用不成了,学生听课也没有记笔记做练习的地方。一群高高大大的高中生,教师站在他们中间仿佛置身丛林。单是让兴奋的同学"安安静静"就不容易,怎么上课?

本人只好快速把学生分成小组,分发讲义,抄写研讨主题,学生分小组"认领"主题,全体跑步进入楼上的图书馆分小组查找资料,形成汇报提纲。半小时后回到教室、分组汇报。

汇报分三阶段进行。第一阶段演讲准备,学生互相观察各自演讲的"样子",互相调试站姿、衣着、表情、动作和声音的节奏。

第二阶段推荐代表进行演讲尝试。从站姿得体、声音洪亮、言语有序、有独立见解四个维度互相评议。

第三阶段正式"表演",每个同学三分钟演讲,教师点评。

课后学生把学习体会写成微型报告,并且集结成一本册子。

这节课成为本人教学生涯中印象深刻甚至颇为得意的一节课,也让本人重新思考"教室"的功能——它是一个遮风避雨的安身之所,还是一个鼓励和支持学生学习的空间?一旦按部就班一讲到底的程序无法操作,"课堂纪律"变得"软弱无力"——除了"学习"本身,你几乎没有任何"威力"或"魅力",你如何让你的课堂生动有效?

400年前,捷克教育家夸美纽斯为班级制教学设置了特定的教室形态,400年过去,"一只讲台对峙一片桌椅"的格局依然固守。这种格局使走进教室的教师,无论是一流的学者还是最不敬业的教书匠,都会自然而然地开口就讲,而且往往一讲到底。充其量"提"几个学生站起来问问答答,或是进行所谓的"小组讨论"。学习场境"一只讲台对峙一片桌椅"的形态,使"自主"与"体验"走进困局。什么样的学习场景是理想的场境?理想的学习场景有哪些类型?

(一) 空间:塑造文化和心理的元素

空间大于人,空间塑造人。

空间,《现代汉语大词典》(第五版)解释为:"物质存在的一种形式,由长度、高度、宽度表现出来。"

在政治文化视域中,"空间"的影响力几乎覆盖从经济基础到上层建筑的方方面面。西南大学童敏博士在其 2020 年的博士论文《空间嬗变与秩序重建》里写道:

上海是中国最早设立租界的城市,也是最先西化、最国际化的城市。伴随着租界的设立,西人开始实施针对上海的城市空间改造计划。兴修街道、完善街道网,是城市空间改造的首要任务。随着现代街道在上海的成型,街道网络格局日益成熟,上海城市空间的传统状态逐渐消失……现代街道的修建触发了上海大规模的空间变动。

他认为,上海街道改变所引起的空间变化,带来了外国人建设街道的经验,"改变了上海原有的水乡秩序,都市日常生活的节奏由慢走向快,由静走向动""给予人们以独特的城市美学体验,即异域情调""改变了传统的性别秩序格局。女性以街道这一公共空间实践着自我的性别诉求和政治诉求",影响"常秩序"甚至"文学创作",当然也留下了不可磨灭的"殖民记忆"。

童博士意欲传达他的研究结论:"空间不是简单的物质组合,而是凝聚了深厚文化记忆的场所。"

"环境大于人"。"人"自古以来就是空间中的一个元素,很难避免受环境的影响,甚至被环境"控制"。坐在图书馆,一般会自觉埋头苦读或奋笔疾书。走进小花园,自然而然东看西看。进入舞厅就很难一本正经端庄肃穆。置身会场自然严肃,在家里当然放松。在整洁神圣的地方会不由自主整顿仪容,遇到垃圾遍地难免也会随波逐流。

成年人在客厅和厨房的自然表现是不一样的,学生在图书馆、游戏厅、教室、操场的"条件反射"也大相同。要求一个学生在操场上做作业,即便摆好桌子板凳,也是对学生定力的一大考验。学习空间的内饰布置也是一样的。没有布置的教室给学生的印象是"将就"和"随便";墙上挂满励志标语和榜样照片的教室,正面的效应是鼓励学生们积极向上,负面的作用就是"生硬",有时候会激发逆反情绪。

鲁宾森认为,成年人的学习动机是周边环境对他形成的期待与他个体感知力双向交互的结果。环境心理学家伍尔威尔(1974)环境适应水平理论强调,每个人都有一个最佳的刺激水平,刺激要素一个是过去的经验,另一个就是特定的环境。物理环境的亲和力会给学生以放松感,物理环境的美的元素会有效阻止"破窗效应",物理环境的情意水平会对学生的互动性和团队的凝聚力产生潜移默化的作用;学习空间的个性特征会有效促成"集体性格"的形成。

2020年一场疫情,有整整两个月时间,学生学习的空间不是常规的教室,而是学生的家里。教育主管部门安排了"空中课堂",任课教师严格按课表上课,学习内容不变,教师不变,学习者的身份和任务不变,学习时长有增无减,但是学习成效之低远远超出大家想象。

本人就个中原因进行调研,学生表示"家里不像上课的地方"占91%;"没有老师和学习同伴感觉没劲"占89%。①

可见,其中最大的因素是"空间不适合"。"家"是一个怎样的学习空间? 第一,没有"教室"的样子,坐的不是"让人肃敬"的硬板凳,可能是垫着小软垫的沙发椅;看的不是宽宽大大的黑板投影,而是一只小小的电脑屏;身边不是严肃认真的小伙伴,而是电视机图画书手机甚至游戏机和小零食。客厅里的爸爸妈妈正在追剧或者谈笑风生。所有的一切都在直接间接地提示:这不是一个学习的地方。

中小学语文教学长期处于"课内阅读一枝突进、课外阅读基本偏废、听说训练基本缺位"的状态。

2012年9月14日,《环球时报》谈到"中国人的演讲力为何稍逊一筹"时说道:"中国的学校教育仍然以应试为重点,学生集中锻炼考试解题的能力,而演讲力无关考试成绩,自然得不到训练。耐人寻味的是,许多中国学生外语演讲能力好于汉语演讲能力,这是因为外语有口语考试,需要训练与演讲力有很大关系的口语表述能力,而汉语反倒没有这方面的考试。"口头表达能力是现代复合型人才的基本素质,世界上一流的政治家、经济学家,大多是卓越的演说家。口语能力,特别是汉语口头表达的能力,很明显成为中国学生未来能力的一大欠缺。

信息控制论表示:一个人要想有效掌握信息,除了关注信息、吸收信息,还有对信息进行重组,在这个基础上进行输出。这以后才能真正有效掌握信息。"输出信息"的方式是什么? 除了书面表达,更简便有效的方式就是

---

① 参见本著P13。

口语。所以，从教学本身的效率看，口语也是不可或缺的教学环节。

美国学者、著名的学习专家爱德加·戴尔 1946 年发现并提出学习金字塔：因为学习方式不同，学习成效会大有不同，两周之后，信息的留存量也大有不同：

阅读之后只能记得 10%。

听过的只能记得 20%。

看过图片只能记得 30%。

如观看示范说明；看展览示范；看电影等会记得 50%。

如做正式的演讲；参与讨论会记得 70%。

如和人激烈辩论或者教授他人或是做些总结那会记得 90%。

——可见，传统的彬彬有礼鸦雀无声的"教室"，不仅异化了师生关系、损害了学生主动发展的机遇，而且大大降低了教学的效率。

正因为没有适合口语训练的学习空间，加上高考指挥棒没有设置这个指向，所以，很多教师象征性地在课堂上让一些学生进行一点口语小练习，一人练全班听，且不成体系，效益极低。特别是综合性实践性学习项目，因为缺少相应的空间，不管上级如何强调"综合课程"、语文课程标准如何强调"实践性"，在实践层面都难以落实。

对于学习者而言，"学什么"关乎学习的目的和内容，"在哪里学"不仅是学习的地点，还是影响学习的策略和成效的特定空间。

（二）学习空间：学习的条件和能量

学习空间，指学生学习的物理所在。但是，空间绝不仅仅是物理性的，它还具有非物理性。学习空间包括建筑（比如教室或园林）、空间的大小、空间的结构、所具有的工具条件、要件布局、内部装饰。

学习空间的大小对学习有相当的影响。心理学家卡茨（1937）提出个人空间概念；人类学家霍尔（1966）将个人空间看作是一种非语言交流形式。人际交往距离决定着信息交流的量和质。他将人际距离分为四种不同的个人空间区，分别是：亲密距离（0~0.45 米）、个人距离（0.45 米~1.2 米）、社交距离（1.2 米~3.6 米）和公众距离（3.6 米以上）。斯基恩（1976）在研究中发现，学生在个人距离内会比在亲密距离内表现更好；格拉斯和史密斯（1979）研究认为，比较合适的社会密度是：每组学生 6~12 人，整个班级有

3~5 组学生,小组之间间隔 1.2 米~2.1 米,而小组成员之间间隔为 0.6 米~1.2 米,既能保持一定距离,又可进行有效合作。

空间结构也不仅仅与"视力"有关。结构主要指学习空间的物理造型。笔者经过反复观察和比较,发现在传统的教室里,学习空间的教学黄金区由三条射线决定:

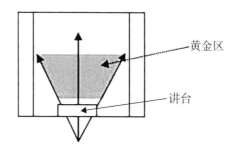

射线的原点是讲台上的教师。教师双臂展开 90 度,双臂的指向即左右两根射线;中间一根射线相当于左右两根射线与墙壁的交点连接线上的中位线。中位线的长短与讲台上讲话人的身高的长短和声音的高低以及其讲话者的感染力成正比。当讲话者身高、音高和个人魅力超过一般水准的时候,这根中位线会加长,黄金区的范围将扩大;反之缩小。

黄金区以外,越远离黄金区的地区学习效果越差。讲台的左右两侧与"底线"之外则是"阴影区"——是位置处于劣势的地区。由此可以看出:传统教室只是一种建筑空间最大化的设计方式,却不是教学效益最大化的布局方式。从方便"教学"的角度考虑,"扇形教室"是黄金区域最大化的教室形态。

换句话说,如果教室的形状不变,传统的"一只讲台+一批桌椅"的内在布局,则使这种学习空间的弊端最大化。传统的桌椅陈列的方式,一边将学生"镶嵌"在桌椅之间,给他们一种"各自为营""好好听、认真练、偶然回答问题就足够""不要轻举妄动交头接耳"的心理暗示,客观上也不便于教师辅导、同学合作、学生活动。

网上有个段子:有个人昏迷了 30 年,好不容易醒来,发现世界完全变了样。但是走进教室,发现还是跟原来一模一样。其实现在的教室跟原来并不是一模一样的,至少现在教学器具除了黑板还有电脑和投影屏。关于投影屏的安放,主要有两种情况,一是悬挂在黑板中央,"非此即彼"的架势,老师播放 PPT 或影片,就基本不能板书;一是放在黑板一侧,可以和黑板同时使用,但是大部分学生不便观看。但不管哪种情况,明明只是教学辅助工具的投影屏,一般占据的都是核心位置。本质上与传统的教室没有区别。

近些年,人们发现了传统教室在教学上的弊端,因为无力改变教室形状,就在学生座位上下功夫——把学生桌椅摆放成所谓"小组合作"的样式:

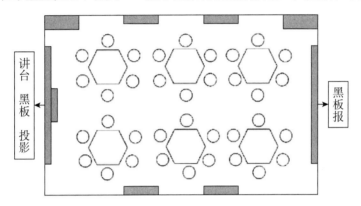

这种样式貌似解决了"小组交流不方便"的问题。但是也很明显,教师在教室里的地位变得尴尬。教师与学生的对话变得极为困难——不仅教师的声音难以传达,而且大部分的学生必须要扭头以"听"。对于日复一日地上课读书的学生而言,这显然不是长久之计。调查表明,大部分教师和学生认为这种"圆桌式摆放""不方便学生听讲和观看板书、投影""导致空间很挤""不适合教学习惯、感觉奇怪""不适宜于讲授型课堂"。

二、学习空间的要素和结构

◇ 案例:为"人文课程"打造的"三一空间"

2013 年、2021 年,笔者所主持的项目组分别在两所名校建设了"人文学习三一空间"。该空间定位为"人文学习功能教室","教学""资料存放""展演"三大功能合一:按 40 个学生的标准,空间分别为 120、150 平方。

整体风格活泼、生动、舒服、美好,具有人文气息。

(1) 在教室里设置书架,根据"学习资源"清单,学生人手一套图书。保障学生基本学习资料。

（2）教室里靠墙摆放 11 台电脑,提供网络,保障小组学习和个体学习的信息查阅或学习资源、学习成果小组分享。

（3）选用六边形可组装可单用书桌。方便学生组织学习和个体学习转型时候的灵活调度。

（4）教室里摆放绿植、懒人沙发、国画作品。使学习空间里洋溢与语文学习匹配的"优雅""自由"的文学气息。

（5）教室中间有活动性墙壁将其分割为两部分,后半部分设置"小剧场",相当于时下人们所说的"创客空间"。学生可以在此练习演讲、开展辩论、排演或表演课本剧。

（6）教室里设置自动录音录像系统,需要的时候可以为学生提供回看回听的资料。

（7）安装 1 个小型白板,供学生讨论板书使用。

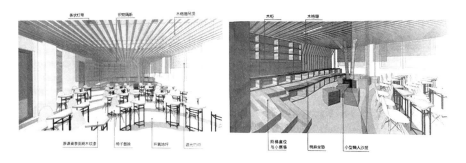

学习空间有泛在空间和特定空间。现代学习观认为一切地方皆可学

习。但我们这里讨论的学习空间，特指中小学生学习学校课程所在空间。

特定对应课程学习的学习空间并不排斥以互联网为主体的泛在空间。"教室"毫无疑问是最常规的学习空间，但是校内图书馆和校内各种园地、校外场馆、城乡湿地——一切可以开发出学习资源并且纳入课程框架的封闭或开放的场所，都是学生的学习空间。

在中外教育史上，学习空间的"创设"或运用大抵有四种情形：

1. "随心所欲"、因地制宜、无限开放型学习"点"。

在教育的最早时期，出现一些类似于"教室"的学习场所。考古学家们在两河流域的马里城发现某座约公元前3500年建造的宫殿遗址。宫殿里有两个大厅，其中一个有长凳六排，每排可坐4到6人，应该是古代教室的雏形。但是更多的教学，比如孔子，是在柳树下、周游列国的途中，也包括在某屋宇下进行教学。古希腊苏格拉底使用"助产术"的方式进行教学，也经常是随机在某个地方开展对话。

2. 学园、书院、基地等半开放型学习场所。

随着教育的发展，柏拉图开办的学园、中国早期的私塾、宋朝初期开始兴起的一大批书院，一方面有相对稳定的教学场所，但同时对学生没有严格的约束。它们还不是严格意义上的学校或教室。

3. 成熟的班级制教室。

二次工业革命之后，接受教育变成了大众权利。以夸美纽斯的班级制为典型代表和标志，真正意义上的——有黑板、学生课桌椅的教室应运而生，成为此后四百多年间"教室"的稳定样式。

4. 信息化、多元化学习空间。

随着社会的发展，人们开始不满足于接受最基本的教育，除了课本知识，人们还需要各种才艺和体验，课程的内容日渐丰富，学习空间随之日渐多元。学习不仅在教室、学校发生，在所有可以成为教育资源的所在，包括社会场馆、异国他乡，都成为学生学习的空间。人类进入信息时代之后，一方面网络成为学生的学习平台，另一方面，网络也将很多远程空间集结到学生身边来。

学习空间的逐步延展和多元，是教育发展的必然趋势。但是，真正在中小学课程密集、时间限定、空间有限的前提下进行学生学习空间的改造，并不是轻而易举的事情。无论广义的学习空间多么宏阔、具有怎样无限的可能性,我们的学生依然基本在 60 平米的教室里占据一套桌椅听说读写。通俗地说,我们真正要研究的问题是:如何基于学生学习的立场,把我们学生正在使用的"教室"作为基本的学习空间加以重新塑造。

这里需要讨论学生学习的外部条件。

学生学习需要怎样的外部条件?

其一,与空间的大小有关。

其二,与学习的知识类型有关。情境学习理论把知识类分为四类,即"知道是什么"的知识——以数据、事实为基础,"知道为什么"的知识——以原理、规律为基础;"知道怎样做"的知识——以经验、能力为基础;"知道是谁"的知识——以特定的社会关系为基础。前两类知识易于文字记载、进行编码,属认识类知识,有人又称其为"显性知识",学习者可以通过查询数据、阅读材料而获得;后两类知识则难以进行量化以及进行文字记载、信息编码,属经验类知识,有人又称其为"默会知识",学习者需要通过亲力亲为的实践或人际互动来获得。

对应这些知识类型,遵循学生学习的逻辑,学习空间必须具有以下功能:

1. 方便听取教师讲解和记录。

2. 方便同学讨论交流与思想分享,并且分享人数最大化。

3. 便于学习快速直接地查阅有效资料并提取资料。

4. 便于学生演示或展示复杂的学习成果。

5. 适宜专项技能训练。

6. 舒适有情境感。

据此,学生的学习空间必须具备以下物理要素:

1. 安全且适度开阔的空间。

2. 合理的座位摆放。

3. 电子查阅的工具、图书资料、打印器材。

4. 适宜的环境布置。

5. 展示或表演特区及配件。

6. 其他专项技能训练空间和器材。

（一）学习空间重塑的现实困难

鉴于目前的学习空间理念上没有体现学生的学习中心，条件上不能满足学生的学习需求，对学习空间进行扩大和重塑势在必行。学习空间的扩大主要依赖教室与教室之外相应空间的链接，学习空间的重塑主要着力于"教室"。但是，改变教室的形制和文化并不是轻而易举的事情。

1. 关于"安全而适度开阔的空间"。

这是对学习空间的基本要求。霍金在《时间简史》里谈到：亚里士多德相信一个优越的静止状态，没有任何外力和冲击的物都采用这种状态。牛顿指出，即便物体 A 静止，只要物体 B 运动，A 也会进行相应运动。

牛顿万有引力定律同时告诉我们：物体离开得越远，引力越小。

物体之间的距离对物体本身和彼此之间的互动关系的形成影响很大。按照人类学家霍尔（1966）的研究结果，既能保证学生的心理独立与自在，又能保证学生之间友好交往与互动的距离，大约 0.45 米～1.2 米之间。目前我国教室的面积低于下限。2002 年我国城市中小学教室建设标准规定小学 61 平方米和中学 67 平方米，学生平均 40 人左右，人均 1.5 平方米，而美国人均面积最小的纽约学校人均 2.65 平方米、35 人的教室面积至少达到 93 平方米。人口高峰的到来让这种局面雪上加霜。教师和校长往往都无力改观。

2. 关于"合理的座位摆放"。

所谓"合理"，一是指适应教学的需要、保障集体效益最大化，二是指尽可能保障不同学生学习条件的公平。讲授式学习适宜传统的电影院式，讨论式学习适宜圆桌式，手动探究式学习适宜物品分类摆放或人员分区活动。不同的学习形式在桌椅摆放方面的要求是不一样的。目前的最大困难不是对照学习方式对桌椅摆放的方式进行设计，而是在目前的课时制度下，很多课型讲授探究等多种学习形式交替进行，在不可能 40 分钟之内随意将桌椅板凳搬来搬去的情况下，制造一种适宜性格局。"展示或表演特区及配件"面对的也是类似的问题。

3. 关于"适宜的环境布置"。

这项要求看起来可以由科任老师和学生做主。事实并不尽然。当前的教学制度是各门课程交替实施,一天之内有多门学科同时进行。体育、劳动、信息等课程有自己的专用空间,物理、化学等也会有自己的专用教室,语文、数学、英语、地理等学科往往集中在一间教室,客观情况不允许科任教师和学生们对应自己的学科进行环境布置。所以,进行"适宜的环境布置"只有两种思路,一是实施"学科教室制"——把所有的教室都变成特定学科专用教室,学生走班;二是"布置通用化"——按照行政班把教室布置成特定的风格。

4. 关于对应"专项技能"的训练(学习)空间。

目前在经济条件比较好的地区,体育、物理、化学等学科已经有较为成熟的条件。体育专项化之后,舞蹈、篮球、排球、信息技术,都有各自相应的学习空间;物理、化学也有了相应的实验室。但是对于更多的基础课而言,对应专项技能学习的空间发展还在起点阶级,很多专项训练就学习空间而言更多的只是"将就"。特别是语文学科——英语开始有了自己的语音室,个别学校也开始有地理、生物实验室,但是有些学科,比如语文无论是阅读,还是写作、口语表达,抑或是综合探究,永远在一个空间里进行。本来,阅读需要大量材料、写作需要参考文献、探究更需要多媒体资源,口语最好有专用的表演或表达的空间,为了使教学顺利开展,语文老师只好擅自"取消"某些"专项"。

(二) 重塑学习空间的思路

学习空间有三个层级:

最低层级:安全的学生学习的居所或场地。

中间层级:满足学生学习条件包括学习资源的地方。

最高层级:有特定文化指向的情境。

近些年,学习的学习空间不断改善,窗明几净不说,空调等设施几乎一应俱全。但是,这些努力在学习空间的层级上并没有本质上的突破。

在满足学生的学习条件方面,一些专项教室的设置使学生的学习空间从"生存空间""晋级"为真正的学习空间。但是基于现有规模和条件,专用教室存在三个问题,一是数量上仍然不足,二是学科结构不够合理。三是实践类、综合类课程"学习空间"意识不强,缺少系统设计和逐步固化与优化。

为了解决这些问题和矛盾,基于便捷性、可操作性,对学生的学习空间设计和设置的重要策略至少有两个。

1. 结构化设计。

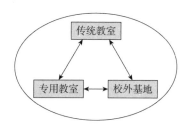

传统教室解决日常教学中的基本问题；专用功能教室，比如语文学科的图书阅览室、语音室、小剧场，对应学科核心素养中"技能"、综合、实践等板块的落实。专用教室可以单独设计。考虑到学生学习的便捷，可以进行融合型设计。本节开头案例中笔者所设计的三一教室就是这种模型。

校外基地指围绕校内课程、在学校之外开发的具有相应学习资源、利于开展活动、可以加以固化甚至不断优化的学习空间。作为学生校内学习空间的自然延伸，它们可以发挥体验、实践的独有功能，成为某些技能最优的训练场所；作为综合实践场域成为校内学习最后一个环节的载体。满足在社会中学习，在学习中理解社会的需求。

2. 情境性指向。

学习的本质是个体在学术情境中获得信息、技术和感知力，继而在社会情境中调度自己的知识储备、发挥自己的智能的过程。学术情境可以寄寓于社会环境之中，社会环境也可以转化为学术情境。在莱夫和温格看来，学习不能被简单地视为把抽象的、去情境化的知识从一个人传递给另外一个人；学习是一个社会性的过程，知识在这个过程中是由大家共同建构的；这样的学习总是处于一个特定的情境中，渗透在特定的社会和自然环境中。

情境由两大元素组成，一是环境，二是氛围。对应学习空间，具体表现为物理环境、学术环境、心理环境。

物理环境由建筑或场地的材料、大小、光线、整体风格、器具布局有关。其开阔性、私密性、便捷性、风格、与学生心理习惯的落差，都能成为学习空间中看不见的影响力，对学生的学习心理、学习动机产生影响。同时，由于教师的教学方式和教学心理受到环境影响，学生的学习方式和学习心理因之产生次生反应。应该说，物理环境本身就是"情境"。

135

　　同样的物理环境,专业性的强弱和教学的有效性的高低,取决于"专业环境"。专业环境的第一要素是师生的"学术意识"。师生们喜欢运用生活语言还是专业语言、运用专业工具还是生活工具、进入学术区域还是停留在生活区域、调度的是权威资料还是拾人牙慧,都是学术情境关注的要件。一般认为,课堂语言有交际语言、学术语言、教学性语言三种。师生之间打招呼问好,就是一种社会交际,属于交际性语言;学生提问教师解惑之类,属于教学语言;对专业的问题进行专业的分析和概括,是学术语言。笔者调查观察发现,交际语言有利于降低学生的畏惧心理、拉近师生关系、构建融洽的学习气氛,但是过多的交际语言会浪费专业学习的时间,还会降低学习空间中学术氛围的层级;教学语言是学习空间中对话的主导,学习空间中的所有活动,宏观上基本由教学语言建构和掌控。关于问题的设计、教师的导引、总结和评价,学生的答问、同伴之间的对话,大多属于教学语言。教学语言的情绪面貌和师生的权重,是学习空间中氛围营建的决定性因素。在学生拥有较少话语权的学习空间里,"学生主体"的性质和民主的意味值得怀疑。如果说交际语言和教学语言还只是"学术环境"的外围指标,那么"学术语言"就是专业环境的核心元素。数学课上学生不习惯运用公式图像和逻辑来表述,音乐课上不讨论音节节奏和旋律,诗词教学不着眼情与景之间的关系,毫无疑问减弱学习空间的学术氛围;不善于把学生引进专业领域——用道听途说的资料或照本宣科,而不是在专业的学术领域、用探究原理的方式来进行教和学,只有热闹,没有门道,也一样会导致学习空间的专业元素稀薄。

　　◇ **案例:"为什么把教室布置成这个样子?"**

　　开学一个月的时候,班会课时间笔者走进教室问:教室布置是哪位同学负责?

　　宣传委员站起来回答:是我。

　　我说,你能否走上讲台来,向我们解释以下三个问题。第一,你这是要把教室布置成什么样子?希望它发挥什么作用?第二,你依据什么说,教室布置成这个样子就可以达到你的预期目标?第三,如果没有达到你的预期目标,你打算怎么补救?

　　宣传委员张口结舌。

　　张口结舌首先是因为学生不够关注学习空间对人的成长的影响——如果他们意识到"环境对人是有影响力的"，他们就会认真思考、研究，致力于把"布置教室"当作一项重要的工作。其次是因为学生忽略"用专业的手法解决事务"的意识，忽略"进入学术情境"对于一个人成长的意义，不习惯于在社会学、心理学、建筑设计方面找到专业的资料让自己的素养得到提升。这也从侧面证明，基础教育对"学术情境"、对"用专业信息更新和丰富大脑"的做法，一向不够重视。很多老师不研究课程标准和教材，拿起他人的教案就去上课；语文老师不参照专业资料，依靠感觉就去解说文字；理科老师不研究原理，就让学生亦步亦趋地刷题，都是学术意识不强、学习空间专业空气稀薄的表现。

　　"新课标、新教材"背景下，"真实情境"被专家们反复提及和再三强调。其实"学术环境"也是真实情境的一种。"情境"是否真实，不取决于是否真实发生，也不取决于是"生活型"还是"文字符号型"。"真实情境"的本质是反映了生活本质、学术本质、艺术本质的真实。《红楼梦》作为虚构的小说，依然可以作为真实情境在教学中出现；而如果把某快递机构的送餐模式作为"情境"代入课堂进行教学，说不准会遭到"替商家代言"的误会。

　　唐诗学习的课堂中老师设计了这么一个"情境题"：

　　"某出版社编辑打算编辑一本《唐诗选》，如果要给某一首唐诗加上一个题目，你认为应该是哪几个字"？

　　——表面看起来这是真实情境，但是由于违反艺术的真实——唐诗的题目并不由后人添加，所以这道题反倒是虚假的情境。一旦学生信以为真，以为唐诗的题目都是编辑加上的，教学就变成了一场误导。

　　笔者认为，"真实情境"是两个含义，一是把话题放进其"原生"学术背景中——把学术环境代入学习空间，在学术空间中审视学习主题、研究其内在原理；二是把学习的原理和个人发现带进社会环境中进行检验和运用。事实上是"学术环境"和"社会环境"在学习空间上的融汇。

　　"心理环境"是教学空间中最容易被忽略、最不容易建设，却最为重要的元素。某著名高中的一位教师一直在班级实行小组制度，效果良好。另一位年轻老师打算学习这一做法。可是到班级刚一宣布，就有学生洋洋洒洒近千言"控诉"老师此举的"五宗罪"：教师不愿认真负责、涉嫌违反教育法规云云。开展小组学习而已，这位同学何至于这么愤激？只因为"心理"上对小组学习或自主学习颇为排斥。如此愤激之情在学习空间里弥漫，班级的小组学习自然难有成效。心理环境建设不容小觑。

心理环境包括进入学习状态之前的意识观念。有的学生认为学习英语没什么用,在学习过程中做出漫不经心的姿态甚至发布消极言论,自然给学习空间带来负面影响。

心理环境与教学氛围产生直接联系——调动了学生学习积极性的教学给学生直接带来积极心理。心理环境也与学生在学习空间中的行为表现多维挂钩。某次上课,班级里一向活跃的 D 同学情绪低落,结果一节课教室里就缺少"热度"。某高三教室里因为有三个活泼开朗的学生,一整年这个学习环境里都充满了欢乐的气氛。

作为教师,应该自觉成为空间心理环境建设主导者。建设心理环境一般要分三步走。

第一步,"晓之以理"。引导学习共同体中的师生们做一次专题讨论——关于个人情绪与个人学习成效、班级氛围与个人心理养成之间的关系。唤醒所有人对学习空间中情绪元素的关注,激发所有人成为积极情绪的贡献者和建设者。让"每个人都是能量""冷漠是一种有毒的表情""保持热咖啡一样的温度"成为共同心理。

第二步,"施之以策"。树立"形象代言"、优先培养"火种",系统激活潜力。每个集体中都至少有一两个永远笑容灿烂的孩子。老师可以立即对他(她)的"阳光"所带来的温暖和信心表示极大的感谢和赞赏,把他(她)确定为班级的"火种"。同时私下约谈几个具有"火种"特质的学生,跟他们交流,对他们加以鼓励,把"燃烧全体"的重任郑重其事地托付给他们,帮助他们设计他们的"燃烧计划",经常性地帮他们优化下一步的策略。

第三步,"动之以情"。针对重点——重点问题和重点学生,强化心理沟通,化解情绪障碍,深层次实现心理环境建设上的突破。

——笔者称此为"营造春天的向日葵计划"。

物理学认为,宇宙原本混沌,能量不知所起,空间有多大不得而知,而物质创生是由于能量之间的碰撞,相互运动而产生场,场维护着足够的能量并使这些能量在一种或多种场的规律和限制下生成物质。物质不是能量的载体,而是能量在一定"场"的影响下承载了物质。天体逃不了场的规律和限制。

所有的物质都是如此,教育中的人也是如此。学生的发展也是由"场"所维持的能量承载,只是这种"场"更为复杂。

环境越是丰富,越有聪明的大脑。学习空间不仅是承载学生与教师的容器,更是促进学生学习与教师教学的空间。学习空间与学生学习、教师教学、学校课程设置三者相互影响、相辅相成。学习空间不仅是学生进行课程学习的空间,也是学生生命成长的空间。

第三节　教学关系:从"集权式"到"分布式"的重新定位

◇ **案例**:老师,您推荐的林语堂的《苏东坡传》,是中文版的
　　　　还是英文版的?

十年前,我跟学生无意间讨论到极权问题。一场不到十分钟的自由谈而已。放学的时候,一名学生送了我一本《一九八四》。当时我非常吃惊。一向自认为读书不少,但是学生递给我的这本书我的确没有看过。后来发现它的内容很深厚,其实是非常有名的一本书。

五年前学习《前赤壁赋》。我让学生去阅读林语堂写的《苏东坡传》。学生问我:老师,你让我们阅读中文版还是看英文原版?这个问题我也没想过。

后来教一篇课文《世间最美的坟墓》,它是奥地利作家茨威格写的。学生跑来跟我讨论说这篇文章的英文版、德文版和俄语版都不一样,而且关键词也不完全相同。我一个除了英语有点基础,其他语言一窍不通的人,只有傻乎乎地看着他们。

一、背景:教、学关系是个复杂的命题

(一) 教师的传统优势不存在了

3.0 以前的教育时代,教师的专业优势非常明显。一是师道尊严传统,教师排列在天地君亲师的队伍里;二是教师掌握着资源垄断的权利,比如教学参考书,教师拥有资源优势,具有优先权和垄断权。信息时代和价值多元

时代,这种优势已经逐渐失去。而且今天最优秀的教师都有可能在信息技术等方面比坐在教室里的学生落后。

(二) 新教材不让老师"教"了

2020 年 9 月,高中语文统编教材在上海高一年级全面推开。以前选文单篇至多加一点语文知识等点缀的组合,现在长篇小说、信息知识、综合活动——包括《红楼梦》这样的"鸿篇巨制"形成复杂组合。

语文与数学不同,博大精深是它与生俱来的特性。统编教材聚焦语言、思维、审美、文化四个方面,关注"整本书阅读与研讨""语言积累、梳理与探究""文学阅读与写作"等七个学习任务群,设计阅读与鉴赏、表达与交流、梳理与探究三大语文实践活动。

统编教材的容量不小。即便不开展实践活动,单是将课文一篇篇讲过去,也是有限课时内不可能完成的任务。想像过去一样把每一篇课文都讲深讲透,是不可能实现的目标。单是一部《红楼梦》,七十多万字,近百首诗,就算是把所有的课时都拿来,怕也只能"讲"一个零头。是的,谁说语文学习、高中的语文学习的主要方式是靠老师讲解? 词语的问题,请学生找字典词典去,否则小时候学习拼音和偏旁部首做什么用;艺术手法看不出来? 相应的资料铺天盖地,如何取舍? 教师最重要的任务是什么? 就是引导学生设计"任务"。"任务"能否体现单元的重点、能否引导真实的探讨、能否实现课程标准赋予的目标,这是对老师教学水平的深切考量。

教学的模型从此变了! 除了"学习目标""症结问题"等寥寥几处需要老师摇唇鼓舌——更多的教学表现为课堂之外学生自主学习、老师有时变成近乎隐性的存在。

(三) "民主"未必是教学关系的本质

民主一词源于希腊字"demos",意为人民。原指在一定的阶级范围内,按照平等和少数服从多数原则来共同管理国家事务的国家制度。在课程教学情境中,一般意义的民主往往指学生与教师在教与学关系中的平等地位,针对的是传统教学中教师的绝对的中心与话语霸权。

中国的教与学之间的关系一向缺少民主。一提到教与学关系的转型，"民主"总是被当作解决问题的密钥。

但是，科罗拉多州立大学教授 Erin Marie Furtak 和法兰克福大学教授 Mareike Kunter 在研究中发现：在较低自主学习环境下的学生能获得更多的知识积累，在后测中也表现得更加优秀。[①]

上海市某区在研究课堂教学的过程中，曾经就"影响学习的要素"进行部分样本调研：

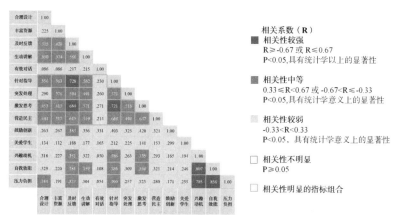

结论：课堂是否"民主"，与教学成效的相关性为"不明显"。

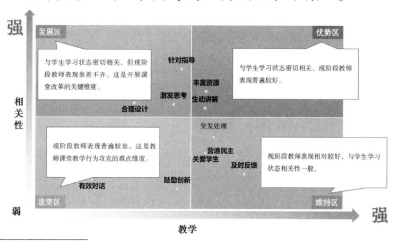

　　① Erin Marie Furtak, Mareike Kunter. Effects of Autonomy-Supportive Teaching on Student Learning and Motivation[J]. Journal of Experimental Education, 2012, 80(3):284-316.

结论:"课堂民主""关爱学生"方面教师们已经做得较好。教师讲解和课堂资源在当今教学中也具有优势。只"有效对话"与"鼓励创新"明显不如人意。

学校	营造民主		自我效能		兴趣动机		压力负担	
	得分	名次	得分	名次	得分	名次	得分	名次
某公办初中	4.21	3	3.54	27	3.86	19	3.53	29
某双语学校	4.01	23	3.79	7	4.06	1	3.98	1
某民办初中	2.99	28	3.87	2	3.96	3	3.87	4

结论:"营造民主",在实际教学中被认为在当前并不是影响教学成效的主要问题。而"民主"气氛较好的学校,成绩名次却位列最后。

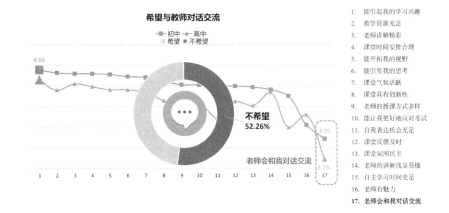

结论:在诸多课堂要素之间,和教师产生对话和交流最不被学生关注;大部分学生并不希望在课堂中与教师交流互动。①

明明凭"目测"就可以断定绝大多数课堂学生处于被动地位,为什么从师生心态和成绩的相关性上,并没有看出"民主"或加强"民主"的必要性?

首先当然与"民主意识"有关。中国的传统文化和教育文化影响了人们心态。

最关键的,是对"教学民主"的理解。一味强调师生平等,而不强调各自

---

① 以上调研数据由上海市杨浦区创智课堂项目组提供。

的"权力"，谁都放弃权力，与之相应的结果是谁都放弃责任，最后演绎为群体不作为或少作为，当然不会有好的成效。

以学生学习为中心的教学，正是要将"民主"理解为：（1）确定共同的目标。（2）相应分工和实施。（3）教师专业主导学生学习主体。（4）追求效益最大化。

（四）"管理"有了新的诠释

在教育改革的话语体系中，"管理"似乎意味着对学生的强制和强势。其实不然。新的管理观对教学管理提供重要启示。

1. 管理是一种有组织的放弃。美国著名的管理学大师德鲁克有一个著名的理念：管理就是有组织的放弃。组织不是不要管理，而是实施巧妙的、多维效益的管理。管理的难处更多的在于"不管"，或者说，用"非管"的方式"管"。德鲁克还有一个重要提醒：管理最重要的就是发现人的潜力，体现为对"人"的禀赋、"人"的权利的尊重。一个组织之内，难免出现一心要跟"领导者""分庭抗礼"的人，或是抱着"偷懒享福"的想法准备混时间的人，甚至有热情却容易把活动搞砸的人。尊重他们，了解他们，分析他们，因"材"施用，动之以情，晓之以理，允许分歧，允许等待，允许小的错失，在"和而不同"、求同存异、相伴成长的积极过程中结成同伴。这样才有可能实现管理的宏观目标。

2. 管理要借助热情和巧智。"管理"之难，还难在"管理"很容易变成双刃剑。当管理失之于松的时候，"管理"往往达不到预期的成效和目标；一旦"管理"变得严肃严格，管理又很容易变成"干涉"甚至"管制"。团队中的某些人，特别是少数希望有所作为而且极具创造性的人，往往具有"抗拒""管理"的"本能"和"天性"。所以，在观念上，管理要强调"激发人的潜能"——让每个学生在合"理"的区间内，发挥其自主性。所以在教学管理中，"成绩"是重要的目标，成长是更主要的目标。但是运作的焦点既不能是"成绩"甚至不能是"成长"，而是学生的热情和巧智。

3. 管理要关注终极的目标。管理绝不是管理者和每个被管理者单独对话，它的目标是把所有人融合成一体的东西。管理学上的"刺猬理论"和"责任分散理论"，都表示团队成员不能靠得太近、关联不要太过密切，但是，在杠杆的另一端，无论"内部"如何"分工清晰""各司其职"，就像大自然，山有山的形状和性格,水有水的姿态和价值,但是花草树木,山岳河川,加起来是一个和谐美好的"天地"。有时候,地震与海啸会打破现有的和谐,但是,大自然会努力平复创伤,以另一种面貌恢复和谐。所以,有时候,在教学管理的过程中,和谐是重要的,局部改变以打破和谐、以另一种力量恢复新的和谐——以此推动团队不断发现新动力、形成新局面,更不能看成是坏事。所谓"改善现状的发展战略",实则是把"人群"看成一体,让他们作为一个"单元"整体发展。无论是内部运作还是宏观理念,教学管理更需要调度学生的热情和巧智,也更考验教师的修养和智慧。

二、教与学关系发展渊源与现状

教与学之间,特别师生之间到底应该是一种怎样的关系?

19 世纪末,美国实用主义教育家杜威认为,师生关系要从儿童自发的兴趣和需要出发、以儿童为中心。他在《民主主义与教育》一书中指出,这种立场"是和哥白尼把天文学的中心,从地球转到太阳一样的那种革命。在这里,儿童变成了太阳,而教育的措施则围绕着他转动,儿童是中心,教育的措施便围绕他而组织起来"。

到了 20 世纪 30 年代,要素主义教育派强调教师的权威和教师在教育过程中的主导作用。它主张教育过程的主动性在于教师而不在于学生,教师是"整个教育体系的中心"。70 年代及以后,既有人主张恢复"儿童中心",也有人主张强调教师权威、恢复体罚学生。

30 年代起,各种主张此消彼长且互相融合。苏联为了纠正"儿童中心论"的"错误",特别强调教师的主导作用,对学生在教育过程中的地位和作用加以忽视。

在中国,受到儒家文化的影响,"天地君亲师",几千年的古代教育中,教师是类似于权威甚至"神圣"的存在。明朝的方孝孺被灭十族,就是出于把老师并入血缘或门派宗师的逻辑。但是在主流价值观的背后,也一直有一些不"纯正"的声音,子路就时不时对着孔子吵吵闹闹甚至骂骂咧咧,《红楼梦》中贾家的子孙时常把他们的老师贾代儒气得跳脚。

是学生为主体还是教师为主导,是教导为中心还是学习为中心? 世界各国各路英豪一直反反复复争论不休。出于对传统文化的反叛和对国外教育理念的影响,我国提出了一大批口号来对教学关系中的教师进行各种定位。比如:要求学生做到的老师必须首先做到;授之以鱼不如授之以渔;教师就是要服务学生。

事实上,这些都是缺乏逻辑基础的说法。比如,要求学生做到的教师一定要做到——骨子里,还是把老师放在神坛之上。老师只不过普通的"人",学生群体中却不排除有未来的袁隆平、乔布斯、爱因斯坦。大到学科门类,中到各种才艺,小到各种细节,"教师"作为个体,不可能囊括或超过作为集合名词的学生的优势。即便专门针对遵章守纪,也未必是一种合理的要求。教师作为社会人和职业中人,主要遵守社会法规和教育场境中针对教师的合理规定而不是对应学生的种种规章。如果说这是对教师的道德约束,事实上教师不可能也不必个个都是道德楷模。即便专业技能上——美国著名游泳教练谢曼·查伏尔,就是一个不会游泳的人。

再比如,"授之以鱼不如授之以渔"。什么是"鱼"? 知识。"渔"是什么? 技术。事实上,知识与技术都很重要,专业技能和获得专业技能的技能同样有价值。所以"授之以鱼"与"授之以渔"在重要性上很难衡量,谈不上什么"不如"什么。如果"传授"是"老师直接给予"的意思,那么,"授之以鱼"与"授之以渔"都强调的是学生被动接受,与"要想给学生一杯水、教师必须有一桶水"大同小异,都与"学生中心的立场"背道而驰。

至于"教育就是要服务学生",简直让人啼笑皆非。教师的专业功能变成"服务",看起来是"一切为了学生",其实忽略了老师的主导地位。没有教师主导地位的教育和教学会给学生的成长提供怎样的指导和营养? 颇值得怀疑。还有人提出"做学生的朋友",这种口号确实缺少真诚——如果"朋友"是一个泛泛的概念,普天之下皆朋友,那么做不做朋友没什么差别,"做学生的朋友"是一个虚假的说辞。如果"朋友"是"声气相投""两肋插刀"的代名词,那么"做学生朋友"的老师显然混淆了自己的身份。很多年轻老师入职之初与学生勾肩搭背,结果毫无威信,就是受了这种话的误导。

可见,很多听起来很时尚的说法,不仅缺乏理性,而且折射出我们教育立场的游移与教育理念的混乱。廓清教学关系的原则和立场,是中国教育教学形成真正本土系统的基础。

三、教与学关系确定的原则

◇ 案例：一场特殊的约定

高二期中成绩出来，笔者所教的班级的成绩中不溜秋，关键是默写部分比最好的班级低了3分。

小梅是这学期才插班进来的学生。她一向语文成绩优秀，这次考了个中等偏上的成绩。得知分数的当天，她哭哭啼啼找来：老师，我的默写比年级第一名少2分！

我说，是啊。下次这个板块你要用点力。

小梅说，老师您能不能在考试前帮我抓一抓？

"怎么抓？"

"每天抽查我。"

我递给她一张表格。这张表格是高一开学第一个月里我与学生们反复讨论达成的"协议"。关于"词语查阅和记忆、诗文背诵、美文朗读"的"负责人"写着：个人。

我指给她看。

	学习任务	负责人与过程	监督人
学习准备	学习目标制订	教师主导，学生参与	课代表
	词语查阅和记忆、诗文背诵、美文朗读	**个人**	组长
	预习等学习准备、课外阅读	个人完成；小组交流	组长、课代表
学习过程	学习过程与方式选择	教师提出，学生商议后确定	课代表、组长
	学习笔记及整理	个人完成	组长
	探究主题的设计与学习资源、条件	教师主导、学生参与	组长
	进行探究、提出问题、探究交流	个人完成，小组交流	组长或教师
	关键问题的解释和解决	教师主导	学生
	成效总结、课内学习达标情况评估	学生主导，教师参与	教师

146

（续表）

	学习任务	负责人与过程	监督人
追加学习	作业的设计	教师主导,个体完成	教师
	作业的完成	个体完成	小组或教师
学习活动	活动的设计组织和开展		
	活动的评价		
其他	协商		

她说,我看过这张表格。但是您看我们班级默写有部分同学没考好。

我说,会好的。默写板块第一学期你们与第一名的班级相差约4分。

我笑着站起来补充道,该你做的我坚决不碰,该我做的我精益求精。

（一）不孤立地讨论谁是"主角"

◈ 案例:我的课没法听

作为一个教龄长达三十多年的教师,经常"遭遇"领导专家同行要求听课。笔者非常苦恼,苦恼的是不知道拿什么课给人家听,因为我感觉自己的课人家没法听。笔者的课往往一个月一个专题,当我跟学生商量学习目标的时候,可能教室里一片"混乱";当我组织同学们专题探究的时候,教师在一边基本等同于一闲人;当我对着学生大谈特谈我个人的感受的时候,旁人看来完全是"满堂灌"——不是"看不见老师",就是"看不见学生"。不论是"关注上课老师讲课是不是超过15分钟"的专家,还是"想看看老师设计的问题是否具有启发性"的同行,都只会疑惑或郁闷。

在完整的教学过程中。毫无疑问教师和学生都是核心要素。教育是为了成就学生,但教育是通过教师成就学生。所以,在两个要素都要发挥各自的功能,一个都不能少,一个都不能弱。

147

至于谁才是那个唯一的"主角",其实很难说。因为工作的内容和目标本来就不是同一维度上的东西。如果讨论在教学过程中谁才是那个"说得最多、做得最多的"一个,只能说,在过程的背后,老师要默默独自做出长时间的努力,但是在实施过程中,当然应该让学生成为最"辛苦"的那一个。所以,在不同的场境,有不同的"中心人物"。

是不是谁是主角的问题根本无解?

关键是"主角"的含义比较含混。

任何时候,以学生学习为中心,绝对正确。但是,如果"中心"是"主角"的意思,学生就未必时时刻刻是"主角"。

这张表格所做出的假设大概可以说明这个问题:

	任务和内容	"主角"	不让学生"做主角"的主要理由
目标、内容与策略	课前准备、课后观察反思	教师	学生掌控全局的能力有限
	具体实施	学生	
教学活动	学术性主导	教师	学生在"学术"领域还处于基础阶段,教师具有更深的专业素养
	活动性体验	学生	
学习评价	细节性与过程性	学生	
	总结性提炼和评价	教师	1. 学生全面总结和判断的经验有限 2. 评价不仅要对学生起作用,有些具有社会性。社会性评价不属于学生学习范畴

没有足够的学生活动时间的长度和活动力度,学生学习不会有效;没有教师的"深思远虑"和"学术高度",学习也只会没有足够"营养"。教师更多的是思想、是杠杆、是陪伴、是示范。无论如何,让学生学习真实发生、实现学生学习的综合效益最大化,是最基本也最根本的原则。

他们的关系模式既不是集权式,也不是旁观式,而是分布式:

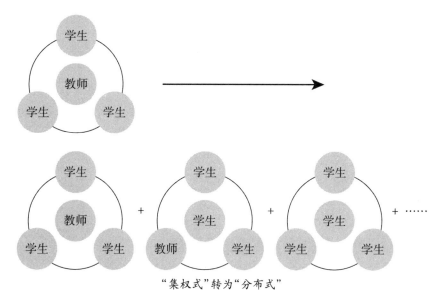

"集权式"转为"分布式"

这样的框架结构,更强调边界的开放性和能量的流动性。

在原来的关系体系之中,教师直接对应学校学生,"上"呼"下"应,上下衔接,形成的是相对封闭的系统。在分布式关系之中,任何一个学生都可以发起学习圈并成为活动领袖。学习圈与"领袖"根据学习活动的性质和需要动态生成而不是一成不变。其能量传导模式,也由原来的"上下运动",变成"交互式活动"。

（二）坚定性与渐进性的结合

教学是教育从理念到实施漫长道路上的最后一公里。不管上层设计多么周密,如果教学实施不能实现能量的有效渗透,教育理念也只是嘴上纸上的东西。所以,教师与学生操作、合作理念的方式与水平,决定了教育的"产品"的质量。所以,把教改的中心放在教与学的关系上,是教育改革走到今天的必须与必然。

基础教育十二年一个循环,每一轮都影响的是几代人而不是几个人。再加上培养一位基础教育的教师还需要花费4—7年,这些教师身上有很深的传统的基础教育烙印——影响一个人的思想观念与心理惯性最重要的不是生在什么时代,而是受什么时代的教育——基础教育的一轮更新几乎要花费将近30年。为什么教学改革,特别是高中教改难之又难,很大程度上是因为高中作为基础教育的最后一环,多维度的沉淀与惯性积重难返。

在这样的情势下,在教师职能定位、学生任务分配上,要秉持循序渐进的原则。越是高一层级的学段,学生的"自主性"越是要运用耐心和毅力逐步引导和释放。否则,不仅师生疲于奔命,而且可能因为学生学业成绩的滑坡导致改革信念被动摇、改革的合理性被怀疑。"基于现实做理想",在实有与应有之间做平衡、保障成绩与成长的齐头并进,既在"人"的角度分析学生学习的方向和策略、把教学当成人的活动而不是知识的交接,也关注学生学习的最终成效。

四、"学"为中心的教学关系三大特质

◇ **案例**:"我这么老的教师都没人想着照顾,还怎么给你们上课?"

有一学期笔者教的是理科班。全班只有 4 个女生,其他几乎全是传说中的"理科男":聪明、优秀,生机勃勃,就是"情商"有点低,有点像"智能机器人"。

有一天下课时间刚到,我因为咽喉发炎一阵猛烈咳嗽。于是"即兴发挥"佯装生气地对学生们说:"我都这么老了,你们一群大男生都没有人想要照顾一个老妇女,不想给你们上课了。"

第二天上课的时候讲台上有了一杯凉水。

这杯水照样"引发"了我的"不满":看不出我是虚寒体质吗?给我这样冰凉的水!

第三天,桌子上有了热水。

我"受宠若惊"地表示"感谢"。继而话锋一转:其实我咽喉炎发作的时候还是只能喝凉水。

后来讲台上就既有了热水又有了凉水。

我又开始暗示:"喝水的杯子"对一个人心情有很大的影响;要是讲坛上有点绿植或小金鱼……

讲台上开始"气象万千"。

到了期末,我开始"点题":"无论作为一个老师还是作为一个老妇

女，其实都没有权利让年轻的你们花费如此多的时间和心力来照顾。我之所以要这样做，是想告诉你们：输出能量的空间有多大，回收能量的空间才会相应地大。你们一定要眼中有'人'。永远都要相信，所有重要的关系最终都是人与人的关系。"

师生关系也是一种社会关系，一种特殊的生产关系——关系本身既是"产品"，也可以生产产品。这些产品的特点和质量不由生产资料和生产线决定，而是由"生产关系"决定。所以，教师与学生、教与学，是内涵维度极为丰富的一种关系。

（一）情意性

与一般的生产关系不同，教师与学生——教与学的关系最大的附着不是剩余价值，而是情感。不仅教师和学生是天然带有情感的人，也不仅仅因为教师和学生在"合作"的过程中会自发地产生感情，最根本的在于，在"生产"过程中，情感也是生产力，有时候是第一生产力。"生产关系"所生产的价值的大小，往往首先取决于"情感"。特别既作为关系本身也作为"产品"的学生，一旦他（她）对某位老师产生反感，即便这位老师才高八斗，学生也会拒绝"合作"。笔者所进行的调查表明：钦佩、喜欢等感情是学生接近老师、听从教师指令、自觉奔赴老师所期待的目标的关键力量。反过来，如果这个班级的学生因为某件事情伤害了老师，不仅影响教师在这个班级发挥，更有甚者会影响教师的职业道路——笔者对 30 位离开教师岗位的人士离岗的原因进行调查，表示直接或间接"受学生情绪影响"而离职的教师高达 63%。

另一方面，教师对学生是否喜爱，学生在学生集体中是否受到尊重和悦纳，对学生心理发展和性格养成影响极为深远。如果基因是孩子性情的第一因素、家庭环境是学生性情养成的第二因素，那么师生关系就是学生性情养成的第三因素，甚至更为重要的因素。很多孩子的敏感、内向、自私、冷酷，都有师生关系或生生关系的原因。

所以，教师与学生之间的关系特征首先是"情意性"。以学生学习为中心的师生关系，因为更为关注学生的综合成长，情意性成为其第一特性而不是第二第三特性。

（二）学术性

以学生学习为中心的师生关系的第二特征是学术性。无论是接受主义、建构主义还是要素主义,丰富的有"学术含量"的信息和技术——包括学习的技术,都是学生学习的主要构成。一个为人亲切平和关爱学生但没有学科素养和育人策略的教师是不能把学生带进理想的殿堂的。"无功即有过"——人的成长是有敏感期的,在孩子学习的过程中错过孩子学习的敏感期,往往会贻害学生的终身。

（三）社会性

以学生为本的师生关系一定具有一定的社会性。在传统认知中,学校属于远离世俗的象牙塔。以学生为中心的教育教学过程,第一关注实践和创造,第二注重情境学习,第三关注学生的未来特征。所以,从教与学的关系的价值诉求,到价值实现的过程方法,都与当下的社会和未来的社会有密切联系,也更从社会的视野中培养学生和检测学生的学习成果。

五、教师与学生各自的定位与任务

教与学的关系主要是教师与学生的关系,教师与学生作为教学关系中的核心元素,各自的定位与任务恰当与否,是教学关系是否合理、优质的关键。

（一）学生:规划者、建设者、生长者

◇ 案例:老师,您不应该把这段删了

在《刘邦与项羽》专题即将学习结束的时候,笔者所教的班级开展了一场活动,主题是讨论"这样专题学习的好处与坏处、有哪些好的学习方式和策略"。在小组交流快要结束的时候,WQ 同学突然举手站起来发言:"老师,我觉得《汉高祖本纪》原文中的第十五段不应该删去,因为它有情节上的作用,而且有几个词语应该学习一下……"

我大吃一惊。《汉高祖本纪》可是一篇不短的古文,里面涉及的内

容纷繁复杂。为了方便学生学习，我在发放学习资料的时候，把很多比较晦涩难懂或者与文学手法人物性格关系不大的内容删掉了，特别是关于战争的描述。

WQ同学是我校的特招生。他的特长是小号演奏。也许是初中阶段在吹奏训练上花费了太多的时间，进校时的摸底考试中，满分70分的"阅读"，班级均分52，而他才得到39分。

我对他的"培养计划"是第一学期他能够亦步亦趋地跟着听课做作业、只要不厌学不拒交作业就可以了。

没想到第三个月他就发现老师的"问题"，而且是老师处理教材、关乎学习目标上的"问题"。

这不是单纯的"兴趣"上成长，而是一个学生由被动学习者到主动学习者身份的转变。

1. 角色定位：规划者、建设者、美好的生长者。

作为独立个体，每个人都有双重身份：社会中的元素、独立存在的人。身为学生，每个人也都有双重角色：完整的个体、集体中的一员。只是人们常常忽略：作为教育体系中的个体，学生的成长目标是成为未来社会的建设者，也应该是健康幸福的人；学生既是能量的回收者，也是能量的输出者。

学理上对学生进行身份定位是一回事儿，实际教学中对学生提出要求是另一回事儿。在行政体系中，"品德优秀"最容易被贴上"好少年"的标签，仿佛"学业"和其他方面都是无关紧要的东西；在教师眼里，"得力的小助手"和"学习尖子"是手心里的宝，其他的东西仿佛都无关紧要；在大多数家长心目中，成绩好则一好百好。

很少有人能做到全面客观地、把学生当作一个健康幸福的普通人进行定义。

基于学生立场的学生观，首先是把学生当作一个完整的人，是一个立足当下、指向未来的"学习者"——学习成为更聪明、身心更强健、更能感知幸福和输出情意、更具有社会担当的幸福的人，是他们学习的出发点，也是终极目标。

2. 核心任务:学习成长、在学习中成长。

学习,因为其内涵和外延可以自主定义,所以,"深度学习""建构式学习""讲授式学习""终身学习"之类的概念层出不穷。"学习"两个字本身的含义倒常常被忽略。《论语》提到"学而时习之",学习是接受与练习的意思。《学记》开篇"君子如欲化民成俗,其必由学乎",学习只要对应教养和德行就行。所以,从"学习"的原始"基因"到西方现代各路教育理论,"学习"天然既关乎社会文明又关乎个人生存、既涉及各种知识技能也关乎根本的素养。当然,"学习幸福"一直被普遍忽略——除了1934年苏维埃政府教育方针中明确提出的培养学生成为"享受文明幸福的人"。

基于学生立场的"学习",学生的核心工作是"在学习中成长"同时"学习成长"。

(1) 把自己塑造成"课程"需要的样子。

基础教育阶段的学生的成长不同于其他。"课程"是基本载体,"自主"是基本思想,教师扶持是基本条件。

① 作为一个规划者:学习目标指向未来。

◇ **案例**:你理想的四十岁是什么样子? 请画出生命成长结构图。

开学不久,笔者让学生制作"人生成长规划图"。作业交上来,我发现近三分之一的学生没有"娱乐",理由是"事业很重要、娱乐是可有可无的东西"。

我对他们明确的目标和强烈的自律表示钦佩。但是我说,一个人怎么可以没有娱乐呢? 树木没有叶片只有主干那可是冬天哪。何况,你怎么知道你的未来什么是事业、什么是娱乐呢?

学生问,老师您是想我们打游戏吗?

啊哈,娱乐就是打游戏! 何况打游戏也未必都是坏事情。

因为我教的是数学班,不少人假想他们将来要从事数学或者与数学有关的工作。我就讲了一个与数学有关的故事。

在17世纪的法国,有一个富二代+官二代,名字叫博蒙·德·费马。

他小时候学习不错,文科理科都不错。估计数学更好一些。

但是当时法律工作是男人们最为体面的工作，他听从父亲的安排，读了法律专业。

毕业做了律师。64 岁结束了他平安也近乎平庸的人生。

但是他有个业余爱好，就是数学。

1637 年，36 岁的费马在阅读丢翻图（Diophantus）《算数》的拉丁文译本时，在 11 卷第 8 题旁随手写下了一个定理：当 $n>2$ 时，方程式……没有正整数解。他还做了个旁注：我确信我已经做了非常好的证明，只是书的边页的空白处太窄，写不下去。

拉开此后三百年数学史上艰苦卓绝的探索的序幕。

直到 20 世纪 90 年代，英国数学家怀尔斯才解决这一问题。

在我这里，费马定理并不是一个励志故事，我要强调的恰恰是，兴趣，包括业余爱好，往往包含更持久更坚韧的力量，有时候是推进科学和整个社会文明进步的力量。

每个学生在开始某一阶段的学习之前，都应该对应课程，做好关于"目标"的设计。

"学习是为了成长、为了未来"应该成为学生对"学习"的基本理解。部分学生直到完成学业，也不清楚自己为什么学习。就像疫情期间网上教学阶段对学生的调查：自认为 100% 了解"学习目标"的，对"成长目标"也没有概念——在大部分学生的意识中，成长是自然而然不需要自己思考的事情，至于"为什么学习"，除了"考上好学校"，大多数学生没有进一步的思考。

当然，基础教育不同于职业教育，学生的"未来"主要不是职业的未来，而是成长方向上的未来。学生设想"未来"的重点在建立未来与当下的关系，理解目前的课程学习与其他方面之间的联系。立足当下，理解"课程"作为基本载体、"学习课程"是一个学生成长的基本路径。成绩和成长都很重要，学业成绩也并不因为人的全面成长和未来目标而可以掉以轻心。

所以，在有了初步的未来模型之后，学生要进行三级追问。

● 我将如何处理学业与其他方面的关系？比如时间上的安排。

● 我的优势和劣势是什么？特别是薄弱板块要"外"增什么保障？比

如,自律性不强、数学学科比较薄弱、不太喜欢跟别人沟通。

• 我的对策和实现成效的保障是什么？包括自我评估成长成效的方式和节奏。

对应不同的学习阶段,理性的学生也会做这样的设想和设计:

• 我的学期目标是什么？重点和难点是什么？保障成效的策略有哪些?

• 我的学期内阶段目标是什么？需要做哪些调整？

• 我的单元目标是什么？学习策略有哪些选择？

② 学习观念:从奴隶到将军。

◇ **案例**:老师,"初唐骈文"这个板块我们自己来,你帮我们加一个"哲学"可以吗？

在高二下学期期中考试之后,原计划是学习"初唐骈文"。这个板块的核心读物是王勃的《滕王阁序》和骆宾王的《讨武曌檄》。它们虽然属于课文之外的补充读物,但是一则有一定的价值,二则有一定的难度,三则在期末考试中占较大比例。

但是,介绍学习计划的当天下午,课代表带着班长、学习委员和两位组长找到我说,"初唐骈文"这个板块我们自己来,老师您给我们加一个"哲学"专题。

原因有三。第一,"初唐骈文"这个板块参考书上注释详细、译文完整,而且几个名篇网上和图书馆里学习资料非常多,我们可以自学。

第二,我们在写作、演讲、分析问题的过程中,老师您经常提醒我们"思维方式"有待优化。我们认为我们可以把哲学和写作结合在一起,进行一次专题的"优化"。

第三,您说过"哲学"是人类"幼儿"阶段具有的东西,是每一个高中生都应该涉猎的板块,与文化、思维都有关系。正好课本里有"逻辑"单元,我们希望能对亚里士多德有一次专题的学习。

本来,"三年学习规划"是高一第二个月就做好的。里面没有设计"西方哲学"这个专题,当然也就没有关于"西方哲学"的准备。

我跟同学们商量说,哲学可不是我这个中学老师可以随便驾驭的,

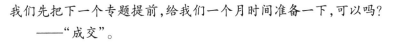

我们先把下一个专题提前，给我们一个月时间准备一下，可以吗？

——"成交"。

在国内，从大都市名校到偏远的山村小学，据笔者所知，开展真正"自主式"教学的学校并不存在。理念上都知道学生才应该是"学习的主人"，现实操作却只有个例。基于种种现实原因，大部分教师认为"让学生成为学习的主人"是一个永远也不可能实现的愿景——三分之一以上的老师抱怨说："'盯关跟'之下能学一点就谢天谢地了。"这种思想和情绪影响到学生，很多学生自我要求是"老师让做什么就做什么已经很不错了"。

正像被教练推着拽着不可能跑出世界冠军一样，被教师牵着鼻子、在教师的指令下亦步亦趋的学生不可能充分发挥自己的潜能。即便在高中名校也可以发现，学生的学业水平与作业态度之间的关系有三种情形：一是完全对老师作业置若罔闻自己也不主动学习的学生，他们一般考取四流以下的学校；二是认真完成老师作业的，有可能考上三流大学；对老师的作业认真思考、举一反三的，一般能考上二流大学；视教师布置的作业为作业的'基本面'，课后自己进行深入探究的，只要不太偏科，一般都是超级学霸。

在学习惯性和教学惯性的影响下，并不是每个学生一开始就可以自行规划学习内容、设计学习方式、开展自主学习，所以开展自主学习要循序渐进。但是即便循序渐进也要有个起点。每个人在每个时期，对应自己的学习环境和个人条件，都要不停突破自己过去的被动圈，既做大规划，也有小目标。

先是实现学习目标和内容的最大化主导。从系统性地被领航到局部自我导航。

再在细节上争取主动，从学习资料完全靠教师提供、逐步自主发现和老师矫正相结合，再到基本自主。学习评价从由教师操作到师生合作再到独立完成。

认识到学习是自我丰富、自我更新、自我建设而不是陪同教师完成教师的任务，将自己从接受命令的工具人转变为自我建构的未来人，在自己的学习领地把自己变成志存高远思考冷静的"将军"，即便学业上依旧平平，对局面的领悟、掌控的能力、自我管理自我实现的能力，都将是人生更宝贵的收获。

③ 学习技巧：养成"反对"的习惯。

香港某著名诺贝尔奖获得者有一句名言：学会反对才像个学生。这句话似乎很不合情理。学生之所以是学生，天然以"学"为使命，总惦记着"反对"，还怎么当学生？

其实，"反对"并不是简单的"抵触""拒绝"。恰恰相反，"反对"囊括从接受到建构的整个过程。

第一步，了解和理解。

任何一个有一定理性的人在"反对"之前必须自觉了解、进而理解别人的见解和立场。亚里士多德作为柏拉图的弟子说出"吾爱吾师，吾更爱真理"这样"大不敬"的句子，却并没有遭到后世人的鄙夷，是因为人们相信他了解并深切理解了柏拉图的学术思想及其体系。霍金在《时间简史》中谈到"强人择"原理被人们怀疑和发展，也经过了类似的了解——理解——质疑——补充或建设的历程。

学生学习也同样。过去某地区的高中语文教材中有一篇文章《跨越百年的美丽》。梁衡先生在这篇文章里把居里夫人描述为"美丽、聪慧、忘我、坚韧，不仅淡泊名利，而且漠视爱情"的伟大的科学家：居里夫人确实这样的伟大？你必须首先"入乎其内"——深切理解这篇文章的内容和逻辑。而这个过程，恰恰完成了对这篇文章的初步"学习"——事实上，对很多学生而言，对这篇文章的全部"学习"也仅限于"初步学习"，甚至不及于此。

第二步，质疑。

每个人直觉上都知道，世界上有很多伟大的人，但很少有完美的人。居里夫人这样"完美"，确实值得我们"怀疑"。一篇文章可以从哪些角度去怀疑？笛卡尔说，这个世界上只有一样东西可以肯定，那就是怀疑本身。即便这篇文章的作者声名卓著、居里夫人享誉中外，我们依然有权利对这篇文章表示怀疑。怀疑不仅能为深度学习打开一扇窗，而且能让一个人的兴味得到强化。后者是每个优秀学生必有特质。

贾谊的《过秦论》几乎是毫无争议的千古名篇。但是：

"贾生此文，犯了'词肥意瘠'之病。"（钱锺书《管锥编》）

"时人以（杜牧）材同杜甫，号为小杜。后仕至中书舍人，感怀迟暮，不获大用，竟抑郁而终。其实是才不胜德，非必才胜大任。"（《唐史演义》）

"非才之难，所以自用者实难。惜乎……夫君子之所取者远，则必有所待；所就者大，则必有所忍。古之贤人，皆负可致之才，而卒不能行其万一者，未必皆其时君之罪，或者其自取也。……呜呼！贾生志大而量小，才有余而识不足也。"（苏轼《贾谊论》）

质疑与"博见"之间，会形成直接的相互利导关系。

第三步，求证。

胡适先生鼓励我们大胆假设，但是更加强调小心求证。小心求证包含着提出假设、搜集资料、审慎辨析。如果说对某篇文章某个观点表示怀疑是每个学生的权利，接下来认真推进每个"求证"环节则是学生的义务。一篇议论文可以从哪几个角度去"怀疑"——立场、观点、证据、逻辑。怎样去搜索求证的材料——聚焦一个关键点，读《居里夫人传》、查物理学史、在专业引擎中输入相关的关键词。

这个过程，是学生进入信息空间、丰富自己的知识、扩大自己的视野、增强自己的阅读能力的过程，是学生培养自己的媒体素养、在海量的信息中辨识有价值的信息的能力的过程，是学生强化自己自主学习的意识、趣味和能力的过程。

第四步，建构。

也许学生在查阅资料的过程中发现，居里夫人并不算"美貌"，她在居里先生过世之后与自己助手的一段婚外情也曾经让她一度声名狼藉。但是，她对科学的贡献，她在战场上的刚毅和勇敢，远比课本中描述得要真切、生动、感人。她是一个如此坚定而智慧的人、兼女性的仁慈与科学家的坚毅于一身——学生在自己的心灵世界里塑造了一个属于自己的不完全等同课文塑造的居里夫人。

这个过程同时让学生发现，看一个人是不是一个伟人，不在于她是否有世俗意义上所谓的"瑕疵"，更不在乎她是否"美貌"、是否在感情上从一而终，而看他（她）对于人类的贡献，以及德行——所谓思辨性思维，就是这样逐步形成的。

（2）把自己"进化"为集体中有价值的元素。

◇　案例："老师，他们不听我的"

开学的第二个月，我根据第一个月的观察和了解，在班级里正式把同学分成小组。我先跟同学们分析了"分组"的意义,说明分组的规则,然后指定组长,组员与组长则双向选择,在班级成立了十个小组。

晚自习前我召开组长会,把组长的责任、组长可能遇到的困难跟组长们做了近一个小时的交流。并且提出,我们每周一下午召开组长例会,组长们交流各自的经验与困难,集思广益。

当然,我也跟他们说,为了让全体同学都有机会得到锻炼,组长一学期一轮换。"希望你们抓住这个锻炼的机会,也给后面的组长做好榜样。这学期乃至今后我们班的语文水平拜托你们几位了。"

他们摩拳擦掌"走马上任"。

没过一星期,一位组长哭丧着脸找我说:"老师,太难了,他们根本不听我的。"

我哈哈大笑。开玩笑地对他说:"他们为什么要'听'你的呢? 组长又不是官,又不能给他们什么好处。论武力吧,我看你还打不过他们。"

我接着说:"靠权力和靠武力都没什么了不起。这正是'组长'锻炼人的所在。你想想能用什么办法先'拢'住他们。"

他回去了。想了很多办法。一开始给同学买好吃的,后来"升级"为关心同学的学习困难,再后来学会跟同学"苦口婆心"做"思想教育",再后来,"忽悠"自己小组的同学搞组内竞赛、与别的小组比赛——"每周二晚自习、周五班会后我们碰头半小时。"学期末班级课本剧表演,他的小组获得大家长时间的掌声和欢呼声,他在掌声中大声喊道:我们小组个个好样的! 再看看他的表情,发现他的喜悦之下,更多自信、谦和与坚定。

成长既是自我成全,也是自我革命。既要革掉成长过程中因不好的环境附加导致的自己身上不好的东西,也要在打开这些不好的"茧房"之后,把自己内在美好的潜质发挥出来。

比如人的集体意识和组织能力。

组织能力包括组织他人的能力,也包括自己在团队中成为健康存在的能力。

无论是刚刚从"小皇帝""小公主"的状态走进学校的小学生,还是已经结束某一学段学习的初中生,他们会在学校里自然结成小伙伴,也会因为管理的需要"归属于"某个班级和小组。但是,这种班级和小组内的人的关系是松散的。所以,学生在学校里感知和培养"社会性"的机会并不多。

但是,每个学生客观上都是集体中的一员,每个人所作所为,都是集体文化形成的因子。就是每个人的表情、气息,根据量子理论,也都是集体"性格"形成的元素。反过来,班级性格和集体文化又成为每个学生成长的环境。人际关系的好坏,对学生的性格与心理有极大的影响。

同时,班级可以算是"社会"的模拟或曰"雏形",是学生学习与他人打交道、学习在群体中保持自己独立性和亲和力的养成机遇。学生将来总是要走向社会的。屏蔽学生集体意识和组织能力培养的机会,对学生的未来将形成很坏的趋势。

作为学生,首先要强烈地意识到,集体不仅仅是自己学习课程的安身之处,更是自己培养自己成为社会人的重要场所。每个人的价值更多的是在"集体"或"社会"情境中实现和体现的。

其次,要理解"每个人都是环境中有能量的元素"。或者正能量,或者负能量,或者大能量,或者微能量。他不可能是一个可以完全被忽视的存在。在这个集体中,每个人不仅对自己有责任,而且对他人产生必然的影响。

其三,每个人都应该"分阶段给自己定位、跨阶段让自己轮岗"。为了不给自己太大的压力,可以一开始把自己培养成"积极的合作者",再把自己打造为"有能力的领导者"。一开始尝试带领微型团队,逐步向大的团队"进军"。

（3）把自己"设定"为身心健康且富有情义的人。

◇ 案例:"老师,我们小组不想要她了"

一向心直口快的小组长田田跑到我跟前,欲言又止。

扭捏半天才鼓起勇气说:我不想让 ZC 在我们学习小组。

我问:"怎么啦?"

她激动起来:"要说怎么啦,还真没怎么啦。她一个木头人,还能怎么啦? 你问她背课文背了没有,她不吱声。昨天小组搞活动轮她上场,您猜她怎么着? 不上场也不说话,低着头,耷拉着眼皮一声不吭,活活把我们一个好好的活动搞砸了。我去劝她,她还哭了!不知道的人还以为我们怎么欺负了她!"

ZC是我们班一位女生,刻苦,守纪。但是她少言寡语,轻易不抬眼看人,即便上课也难得看老师一眼。

分组的时候我特意建议她加入田田小组——热情的田田一定会融化一些东西。那时候田田有点犹豫,但是我恳切地说了一句:"我还指望你到时候还我一个快乐的ZC。"她就"收下"了ZC。但是我知道她心底是不乐意的。我曾经给田田出了些主意,比如"先搞一点活动让大家开开心。"但是所有的小组活动ZC几乎都纹丝不动。

我问田田:你觉得ZC是个坏人吗?

田田:那倒也不是。

"她朋友多吗?"

"应该没什么朋友。"

"一个没有朋友的人,会怎么样?"

"会孤单、无助。反正挺悲剧的吧。"

"你愿意她孤单无助地读三年书,孤单无助地毕业,孤单无助地读大学,孤单无助一辈子吗?"

田田红了眼眶。

"可以想见,如果你不好好想点办法,你这个小组将多么被动,ZC将孤单和苦恼到什么时候……现在她有了交朋友的机会。很困难,但成还是不成,就看你了。还是拜托你。"

……

到了期末,在我和田田的双管齐下、全班同学心领神会的配合之下,ZC虽然还比较内向,但是每节课上"看着老师"的时间越来越长,表情偶尔会闪过一丝顽皮,被田田拉着手在校园里奔跑还能留下一串笑声。

第二学期组长轮换,田田说了"一百个理由"推荐ZC当组长,ZC竟然也充满自信地答应了……

"身心健康"是每个人赖以生存的第一前提,"富有情义"是人之所以为人的第一特征。据说苹果公司的库克有一句名言:"我不担心计算机变成具有情义的人。恰恰相反，我担心人类变成没有感情的机器。"斯巴达时期城邦的教育几乎以学生的机智勇敢和坚韧为第一教育宗旨。一个身心健康、富有情义的学生，不仅保持个人生命过程中青少年时期应有的美好色彩、为未来的生活带来良性的心理和性格趋势，而且作为集体中美好明媚具有生机活力的元素，给集体带来美好和向上的力量。

但是，现在学生多是独生子女，其成长环境让很多孩子有了娇骄二气，部分家长和老师的唯分数是论忽略孩子的身心发展，加上手机电脑对人际交往的部分取代、个别学生对游戏等沉迷，有的学生唯我独尊、自私冷漠，从不为集体和他人着想；有的学生过于娇气，承受压力和批评的能力极低，一有"风吹草动"就反弹、走极端；有些学生敏感自卑，一方面有很强的自尊，另一方面爱面子、输不起；有的脾气暴躁，为回护自己的错误与其他人发生强烈冲突；有的内向隐忍，为未来埋下后患。

作为学生，要强烈意识到身心健康对自己的根本意义、身心不健康对自己和集体的危害。多锻炼，多旅游，多亲近自然。关心成绩、关心德行，更要关心自己的健康、在乎自己是不是快乐。

心理和情感产生的机制非常复杂，轻易很难触及要害。心理干预是专业的事情。但是心理和健康调试，更适合自己和自己身边的小伙伴。情绪与心理和感情有直接联系。情绪表现既有当下的刺激，也有长期的各种因素的综合发力。虽然情绪产生的机制同样内隐而复杂，但是通过保持微笑、平和的表情，既可以观察情绪状态，也可以调整当下情绪，并且形成心理习惯——暗示和控制自己处于愉快、冷静的情绪状态。

另一方面，心理学家在研究英语使用者的交际现象之后发现，在日常生活中的信息55%是纯靠表情传递的，靠语言表情传递的则有38%。真正靠语言表情达意的只有微不足道的7%。加大学习场所"语言"的频率，练习在交流的过程中控制好"表情"，会有助于形成和悦友好的同学关系，对美好的情绪和健康心理的养成具有直接成效。

所以避实就虚、"外在调控"反而更有策略。从"情绪管理"着手，借"表情"来观察和调整情绪——笔者观察和实验发现，"风向标"和"小按钮"能产生妙效。

不妨在教室里设计一个"温度"指数，让同学们激励自己和小伙伴不断优化自己的情绪：今天你笑了没有？有多少阳光明媚的瞬间？

让自己健康美好,影响周边的人更加健康而美好,让自己拥有更加健康美好的条件,让美好的能量在循环中生长——让它成为每个成长中的人的自觉意识和自觉追求。

(二) 教师:站在"讲台"边上、具有核心"技能"的人

习近平总书记说,只有高质量的教师,才有高质量的教育。有个外国首脑谈到教育说,每间教室里都应该有一个好教师。

其实不仅教室里,教室外也应该有一批好教师。

因为学生成长的空间不仅有教室,还会有教室以外的校园、校园以外的任何空间。

关键是,什么是好的教师?

是不是必须是"道德高尚、专业一流、为人师表、鞠躬尽瘁死而后已"的教师?

未必。第一这种要求有点夸张。教书也只是一种职业,不能把教室当作圣殿、把教师当作圣人。教书育人到底不同于道德宣讲和圣人示范。

第二,这种观念并没有把学生当作语境的重心。学生依然是被动的仰慕者、模仿者、感动者。

在基层实践领域,教师有三种类型。

一是劳力型。成天忙忙碌碌、劳作不已。写教案、改作业、讲课本,跟在学生后面无穷无尽地"盯""关""跟",不惜违规罚抄和补课。学生一边感动一边厌烦。老师自己也疲惫不堪、苦大仇深。

第二种是智力型。这种人,可以说是传说中的"教书匠"——当学生解析几何没有感觉,他有办法让她产生感觉;当学生写作总是立意平庸,他能"教"他并让他立意深刻起来——就像木匠想做板凳就做成板凳、铁匠准备铸一把宝剑绝不至于最后做出个匕首,是"有技术实现教学目标的人"。

还有一种是魅力型。这种老师看起来潇洒自如,甚至桀骜不驯,但是思维敏捷、技术精湛、个性鲜明。学生喜欢、钦佩、敬畏、仰慕。这样的老师一旦说,不知道你们有没有这种胆量把这道题挑战一下? 立即有好几位同学默默但是热切地挑灯夜战。这种老师从来不去做学生的"保姆",但是因为他有热情和特长,跟学生踢球、下棋、讨论摄影或电影,学生如痴如醉。学生会经常模仿这些老师的打扮、动作或说话的腔调,他们以是他的学生而感到自豪。

在学校领导或上级主管部门的评价系统中,劳力型老师很容易得到肯定,容易被视为"劳动模范";魅力型老师往往因为其强烈个性和"小毛小病"难得被社会评价体系认可。在学生的评价系统中,会教书、有意思是"好"老师的标志。而两种评价结果的分野,恰恰是"基于管理"的价值观念体系与"基于学生立场"的价值观念体系的分野。

当然,有魅力的老师有时候也会像流量明星,他的影响力对于学生的成长是一把双刃剑——有些学生看不见规则、以教师的言行为规则;万一教师有不那么正面的价值导向,后果就非常可怕。

但是,他们的存在和影响至少说明了一点:基于学生立场考量,"好"的教师未必完美,却往往是"意义"与"意趣"兼具的精神导师、学术领袖。

1. 形象描述:站在"讲台"边上的人。

◇ **案例**:同学你问我该做什么作业?[①]

开学不久,在经历了一段"衔接期教学"之后,我和学生开始"试教学"。

第一节课下课。课代表追出来找我:老师你今天没有布置作业。我笑眯眯地看着她,对她说:"你有望成为史上最优秀的课代表。"然后丢下她走了。

第二天上课快结束的时候,我说,请同学们把作业拿出来我查看一下。同学们先是大惊失色,然后欣喜若狂。他们争先恐后地说,老师你没有布置作业。课代表勇敢地站起来证明说:"老师我昨天跟你说你没有布置作业,你最后还是没有布置作业。"

我故作气愤地说,堂堂的高中生,堂堂的名校学生,老师不布置作业竟然就不知道该做作业,你们是当奴隶当惯了吗? 说完我"扬长而去"。

当天晚上就有家长给我打电话,她说,老师你好歹布置一点作业吧,我家的孩子在家哭。我对家长表达两点想法,第一,孩子作业不会做,想哭那也是可以哭一下的。第二,以后孩子有什么困难最好鼓励他自己来找我,我希望他是一个有勇气跟别人对话的孩子。

第三天我又来检查,学生们纷纷拿出他们的作业。我特意留意了

---

① 参见笔者《同学,学习是你们自己的事》,收录于徐崇文主编的《优秀教师实践智慧案例选粹》,上海教育出版社 2015 年版。

一下那位哭的学生,发现他把我们正在学的文章(古文《促织》,很长)抄了两遍。我说,今天我看作业的标准是"谁做出最具有智力含量的作业"。然后找出两份精彩的作业赞赏了一遍。课后让他们分小组就他们作业的"选题"(而不是内容)做认真的点评。

就这样,从让学生学会主动做作业,到引导学生做出有"智力含量"的作业,再到培养学生互相评判各自的智力元素,直到把具有智力元素的作业贴在墙上,打在电脑里,在学生会、班会、家长会上拿出来展示。学生从此争先恐后地做出所谓最具有智力含量的作业。当学生挖空心思做作业,你还会担心他学不好吗?

以学生学习为中心的教师,应该是有目标、有内涵、有技术、有理性的教育者,他必须是规范的坚守者(最好是德行的示范者)、教育的研究者、学习的先行者、教学活动的策划者和实施效能的保障者;同时也应该是一个真实的、有热情、有感召力的自然人。在"技术"领域,他能有效做一个把学生带向尽可能理想的未来彼岸的教导员,在社会语境中,他是能让学生感受到温度、个性、美好生命姿态的"人"。

好的教师一般要经历三个成长阶段,第一阶段靠才华教书——一站上讲台便口若悬河,滔滔不绝,每节课都是精彩的演讲,满腹才华令人艳羡。第二阶段靠经验教书。注意教学过程中的轻重缓急,留心不同学生的不同策略。第三阶段是靠理念教书,基于理念建构自己的价值系统、教学操作系统和评价系统。

教师一方面要克服自己的行为习惯和心理习惯——负责惯了的老师最怕"袖手旁观":内心不安、"良心"受责备。很多老师视"讲课""谈话"为乐趣,但是要让他站在一边"无所事事",他会觉得是一种折磨。

身为教师,对学生自然当管就得管、当帮就得帮、当讲就得讲。否则,教师的功能如何体现?

可是,管得多了、帮得多了、讲得多了,学生的自主性就得不到体现、学生的深度学习就会受到干扰,学生的学习习惯就会被误导。

坚持学生学习立场的教师最大的特点就是面对种种可以自我表现甚至自我表演的机会说"不"。把更多的时间和空间、更多的机会、更多的权利还给学生。

不当管的不管、不当帮的不帮、不当讲(讲课)的不讲。

所谓"站在讲台边上"，就是坚持两项原则：

① 着眼"未来"，大目标、小步骤——不同对象，分层级要求。

确定总体目标为：培养学生学会自主。但是有的学生因为学习习惯欠佳、学习能力偏弱，教师应鼓励和迁就兼容。保证"成效底线"和"压力底线"，在一定的时间和目标要求下制订自主程度和范围最大化目标。分步骤，不迁就，逐步过渡。

② 多动脑，少动口，不动手：不同块面，区别对待。

教学过程中，怎么自主、哪些地方让学生自主——教师要对这些问题深思熟虑。对观察、对分析，相时而动。尽量少地进行语言"教导"；活动学习一般过程中不予干预。

2. 专业特征：懂课程、善引导、富情意、能"五讲"。

教育是未来的事业。未来事业的成败，很大程度上取决于教师。教师最大的德行是热爱教育，同时懂得教学。徒有热情是教育行业的大忌。

好的教师应该是富有情意并且能够调动情意、理解课程并且能够设计课程、喜欢教学并且拥有专业策略、富有耐心但是止于当止、行于当行的人。

（1）素养：教有术、育有道。

① 能让情感变成力量。

◇ 案例："你以这样的方式报复自己？"

开学一个月不到的某一天，我跟同学们讨论诗词中语言品味的方法和标准。E同学一节课异常沉默，不看书，不参与同学讨论。我多次用眼光示意，他置若罔闻。

下课我喊他到谈话室。问他："你今天怎么啦？"

他不说话。

我再问："谁欺负你了？"

他仍然沉默以对。

我开玩笑说："是不是老师欺负你了？"

他突然爆发、泪水奔涌，大声喊道："我没有在语文课上做化学作业！"

我猛吃一惊，此话从何讲起？想了半天终于省悟：上课之前发现他课桌上有本化学练习册,便随手拿起来丢在他旁边的空桌子上了。

这就这样了?

我"勃然大怒":"原来这么回事! 简直笑话! 第一,我没有说过你上课做作业。你对老师的行为胡乱解读,自以为是! 第二,就算我认为你做了作业,语文课即将开始,你却把化学练习册放在桌上。如果我有误会,这个误会也该由你来解释! 第三,就算老师有错,你可以选择一百个方式来纠正老师的这个错,偏偏以不参与学习的方式报复自己,愚昧。第四,堂堂的一个大男生,因为这么一点小事就大哭起来! 可悲!"

他一下子被镇住了。停了一会儿说:"老师,你好像有道理。"

我继续吼道:"什么叫'我好像'? 你有道理摆出来。"

他有点郁闷地回去了。

第二天他又有点郁闷地回来说:"老师,昨天是我不对。"

我若无其事地对他说,那当然。我瞟了他一眼认真道:"不过我很喜欢你这样率真纯净的小朋友。"

从那以后,他成了我的"跟屁虫"。语文成绩一路上升。

到了高三的时候,不知道什么事情他又"惹恼"了我,我又在课堂里把他批评一顿。

批评完我突然问他,高一的时候我没有说你你就大哭,今天我这么骂你你怎么没什么应激反应? 请问,你这是进步了呢还是退步了?

他竟然站起来想了一下,然后一本正经地回答我说:"我觉得我进步了……"

没几个老师是不爱学生的,但是,有情意不等于有力量,更不等于有正面的力量。作为生活中的自然人,老师有自己的喜怒哀乐,但是在学生面前,与工作无关的喜怒哀乐要自觉封藏。这个老师们都懂得,也都会努力做到。

但是,一个老师如何运用非理性的情感激活理性的"生产力",既是老师的使命,也是老师的课题。

情意的力量来自三种方式。

第一,用眼神、表情或语言,向同学示意,表示你对他的喜爱、赞赏、期待和信赖。同学会从中获得安慰、得到鼓励、产生信心,也会因为感受老师的亲近之情而对这门科目更有兴趣、对自己提出更高的要求。

第二，直接用语言表达"失望"或"愤怒"。这种方式看起来很失态、很危险，不当心会有"虐待学生"的嫌疑。但教育和虐待之间有两点明显的区别：教育本着暖意、本着"让孩子成长"的动机，而且关注结果的"可控"——教师一方面情绪饱满，另一方面密切关注自己施加的所谓"暴力"是否在"不伤害学生心理"的范围内可控。"虐待"则是出于发泄自己的愤怒、不顾及或故意不控制对学生心理产生的负面效果。

第三，行为感染。当一个老师全情投入某首诗歌、某种情境的时候，学生也会因为受到感染、引发好奇而投入情境。这种因为"感动了自己"而引发的对学生的感动，不仅在学习方面有"引诱"的力量，而且在产生"志趣"方面有深厚的功效。

是否能调度情意的力量激活学生的情感世界，往往是合格教师与成熟教师的分水岭。

② 拥有核心技能：教有术、育有道。

教学素养是教师实施课程的基础力量。什么是素养？素养就是一个人转换时空依然可以运用的身心资源。一个老师无论在哪个学校、无论对应哪套教材、无论在什么地区、面对怎样的学生，都有可以通用的理念和策略，就是素养。

如果承认教学是一种专业，那么除了"运用情意的力量"之外，最重要的就是理解课程、根据教学的需要重构课程、并且能有效实施课程的意识和能力。

其一，平等的对话者：说得出感受。

传统的教育理念系统中，教师是知识的传播者甚至传递者。在信息闭塞的时代，对于学生而言，教师在学科知识上几乎是权威的代表，所以必须是绝对正确的存在。因为学生除了教师的口口相授，鲜有自我矫正的机会。在信息爆炸的时代，信息和知识则不是稀缺物质，教师作为"先行者""专业人员"的"感受"才成为弥足珍贵的东西，它具有真切的引导性和诠释性。

倾向于"谈感受"，意味着教师专业定位的转移。"教知识"的时候自己是一个知识的传输者，是一个神性的存在，学生必须带着虔诚的心全力接受和领会。谈感受则不同。"感受"是个人想法，且只是诸多"想法"中的一种，是仅供学生参考的东西，学生可以认可也可以反对，甚至可以自行选择听或是不听。教师在表达感受的瞬间，只是平等地、坦诚地跟同学"对话"，在进行一次人与人的交流。

谈感受也是对学生的一种示范。信息接受和智能建构的原理告诉我们,"看到"与"发现"之间有本质的区别,是"学"和"学到"之间的差别。"关注——理解——分辨——产生感受——输出感受","学"可能只聚焦于前两环,也可能仅限于第一环,与"学习真正发生"还相距甚远。是"搬来的"与"学到的"之间的距离。老师经常性地跟学生"谈感受",会给学生一个强烈的暗示:要直到自己有所"发现",才算是完成了学习流程。否则,极有可能变成两脚书橱。

比如,关于本学科知识系统或具体篇章知识点的感受。会让学生对所学课程有纵观全局的视野,也能激发学生对本学科的好奇,便于学生对具体的知识系统在本学科中的位置产生适当的感知。当然,也增加学生对老师的崇拜和喜爱之情。

◇ 案例:"我非常喜欢这首诗"

要开始学习诗词专题了。我给学生们提出建议,你们把会背的诗词理一理,想一想,看看你们关于诗词已经有了多少"库存"。

课间操时间,我到教室里转悠的时候,听到有一个学生在背《钓鱼湾》。

我说,这是挺有意思的一首诗。

学生问,老师您会背吗?

我老老实实地承认:"老师记不太清了。"

"但是,我还记得这首诗的诗名在作者储光羲的诗集里叫《钓鱼》。在《唐诗总集》《唐诗品汇》《全唐诗》等里面又叫《钓鱼湾》,谁先谁后、怎么回事,我也不清楚。将来你们搞清楚了告诉我一声。另外我搞不清的就是"荷动知鱼散"这句。在我的印象里,荷叶是初夏才露尖尖角的。这首诗前面写杏花纷纷,表明这里是春天,春天怎么会有荷叶呢?

"不过我非常喜欢这首诗。特别是'荷动知鱼散'这句。谢朓有类似的诗句是'鱼戏新荷动',也许储光羲受到谢朓的启发。但是我很喜欢这个'知'字。简直是一部心理活动的连续剧。第一眼看见荷叶晃动,心里一惊一疑:安安静静的荷叶怎么'动'了?继而一猜一想——这里有什么东西让荷动啊?再又恍然大悟:是鱼呀!我知道就是鱼呀!我没看见但我也猜得到呢!心中有一点压抑不住的得意吧。但是,鱼,

170

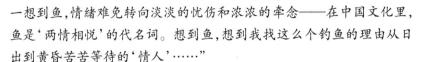

一想到鱼，情绪难免转向淡淡的忧伤和浓浓的牵念——在中国文化里，鱼是'两情相悦'的代名词。想到鱼，想到我找这个钓鱼的理由从日出到黄昏苦苦等待的'情人'……"

我由衷感叹道："多么精巧灵动啊。"

我发现，学生的眼睛有光芒。也许他被这首诗里的这个句子感动了，也许他意外发现诗句的里面有这样的丰富的世界而这是他以前没有想到的，也许他发现他有很多急切去破解的疑问，也许他心底对老师增加了几分佩服、对语文增加了几点热情。而做老师的，只是谈了谈"感受"而已。

教师还要经常性地表达对"学生学习"的感受。学生的学习包括知识技能的学习和关于成长的学习。学生常年浸润其中，有点"苦海无边"的意思。这时候一点"有营养"的感受，会给学生一种醍醐灌顶的感觉。

其二，有高度的设计者：做得出方案。

基于学生立场的教师，不会把自己放在圣人和指挥官的立场上。但是，也一定不会忘记自己在工作场境中的工作职责。教师经常以感性的、小伙伴似的、对话者的姿态出现，但感性的姿态背后是理性的思考。可以这样说，教师是"感性其表、理性其里"的人。

这里的"理"，最为系统和宏观的层级是关于课程标准的个性化解读、课程实施的总体设计。这是从国家课程到运作的课程的具体转化。

所谓"用教材教而不是教教材"，强调的就是教师应该有更加深远的理性起点。为什么要用这些教材？用这些教材将实现什么目标？如何在实现理念和目标的过程中采取有效的教学策略？这本身就是一个系统。这是教师教学起点从课时到课程的必有思考。

比如，转述课程标准的方案。

高中语文教材的单元提示是设置了单元主题的，但是，如果单单只盯着单元专题进行探究，一则浪费了经典篇目的教学资源，二则单元探究缺少基础，三则"语文基础"部分的内容在学生学习过程得不到落实和强化。笔者工作室对第二册教材的探究主题设计了两根线——一根线，对应单元探究主题；另一根线，各单元到底"以什么为探究主题"？对应单篇在单元主题之外的核心价值：

单元	主题	主要课文	单篇主题、单元探究主题（＊）
第一单元	中华文明之光	《子路、曾皙、冉有、公西华侍坐》	1. 语言与人物个性 2. 孔子的政治理想＊
		《齐桓晋文之事》	1. 孟子说理的特点 2. 孟子的思想＊
		《庖丁解牛》	1. 渲染的本领 2. 庄子的养生观＊
		《烛之武退秦师》	1. 先秦地图所呈现的战争的奥秘 2.《左传》中的儒家之礼＊
		《鸿门宴》	1. "小说家的笔法"之细节描写 2. "小说家的笔法"之场面描写 3. "小说家的笔法"之人物形象 4. 探究司马迁的"气"＊
第二单元	悲情与悲悯情怀	《哈姆莱特》	1. 悲剧的冲突 2. 莎士比亚戏剧的语言
		《雷雨》	1. 中国戏剧的语言 2. 冲突在戏剧中的作用
		《窦娥冤》	1. 戏剧语言与人物个性 2. 戏剧语言的作用 3. 悲剧意蕴的鉴赏
第五单元	历史使命与时代担当	《在〈人民报〉创刊纪念会上的演说》	1. 无产阶级的特点 2. 让演讲具有感染力
		《在马克思墓前的讲话》	1. 悼词的特点 2. 赞颂和号召的艺术
		《与妻书》	1. 何谓"英雄"？ 2. 写出催人泪下的文章
		《谏逐客书》	1. 立场与利益 2. 劝谏的艺术

（续表）

单元	主题	主要课文	单篇主题、单元探究主题（＊）
第七单元	理性的声音	《阿房宫赋》	1. 生动的语言 2. 史料的"歪曲"＊
		《答司马谏议书》	1. 如何在说理时既坚持己见又有礼有节 2. 如何在公共决策时客观公正＊
		《谏太宗十思疏》	1. 直谏的特点 2. 直谏的力量＊
		《六国论》	1. 立论的精切和创新＊ 2. 如何做到鞭辟入里地说理

这样的设计未必周全，但是能否做得出这样的方案，与一个教师把握课程的能力直接相关。

又比如，重塑课程的方案。

理论上说，教材所具有的学习资源应该足以满足学习目标的达成，也应该集聚该领域的优秀成果。但是也有例外，教科书难免受编写者视野与观念的制约，教材与目标的对应性未必充分，很多优秀的成果也会被有意无意排除在外。教科书因此具有先天的滞后性，最新的成果未必及时吸纳和更换。

即便教材资源充分，也还有一种特殊情形，就是很多真正有价值的东西在教材中以草蛇灰线的形式存在。是否把这些东西真正呈现在学生的面前，往往还需要另外一重功夫。

这就是基于课标重整教材、对课程进行二次开发的工作。

◇ **案例："为什么要学习《师说》？"**

我曾经问学生，我们为什么要学习《师说》？学生惊异地看着我，表示不明所以。我问诸多同行，我们为什么要教这篇文章？他们的回应是课本上印着，不教还能怎样？如果你再作追问，他们会说，据说它是

173

韩愈的代表作之一,所以我们要教啊。为什么韩愈的代表作就要教呢?他们只好说,韩愈是古文运动的代表。

什么是古文运动呢?

教科书只一句"(韩愈是)唐代古文运动的领袖""糊弄"了事。"教参"也对此语焉不详。其实,作为教师你得了解,虽然"运动"一词《易经》中就已出现,但是唐代并没有"古文运动"的说法。直到 1932 年刘麟生《中国文学史》,"韩柳古文运动"这个概念才正式出现并开始流行。1935 年燕京大学国文系王锡昌的《唐代古文运动》对古文运动加以简略而全面的论述。当然,也有人认为,在古文写作的历史上,并没有一群人进行一场有规模、立场鲜明观点清晰的所谓运动,"古文运动"的说法应该并不成立。2005 年中国大百科全书出版社出版的《思想与学术》(陈弱水主编),其间收录了罗联添《论唐代的古文运动》、日本学者小野四平《韩愈、柳宗元——唐代古文运动研究序说》,所持的都是否定的观点。

——把相关内容纳入教学,是"重整教材""重构课程"的必有作为。

最理想的情况是对应教材的课程化处理有三批人。一批人是大学里和科研院所的研究人员,他们按照学术体系进行专业研究;一批是"对接人员",按照中小学课程标准撷取专业成果,进行系统重组;第三批人就是中小学教师,他们进行实际教学。这种"生产链",如果把小鸡小羊的饲养作比肯定是不合适的,但是,从"生产草料",到运输配送,到实施喂养,道理上确实是一致的。

大学教师等专业研究人员	● 发现、提炼、创造优秀成果
对接人员	● 对应中小学教材搜集、重组有关成果
中小学教师	● 引导学生理解、体验

理想的教学资源配送框架

遗憾的是现在中小学教育没有"配送运输"的人,教科书只提供模糊标示,教参和网上的一般资料大多只能起到应付教学的作用,到哪里去取用真正的成果？得中小学教师自己负责对课程加以二次开发、在二次开发的过程中决定教的取舍与详略。

重塑课程包括将国家标准分解为单元重点、设计教材整合和使用的策略。将国家课程转化为运作的课程；并且据国家课标设计个性化实施指标和评价指标。

合格的教师能够对国家的课程标准进行全面理解，并且对应教材进行培养目标和学习内容的链接。2014 年 9 月 9 日，习近平总书记同北京师范大学师生代表座谈时指示："好老师应该懂得，选择当老师就选择了责任，就要尽到教书育人、立德树人的责任，并把这种责任体现到平凡、普通、细微的教学管理之中。"

如何"把这种责任体现到平凡、普通、细微的教学管理之中"？教师要有能力建构一张指挥和控制未来教学的"作战"图。

比如对应"学科德育"可以进行以下设计：

第一层级：对应学生小习惯小问题，教师——立足学科，对应细节，见缝插针、即兴纠偏。

第二层级：对应"两性情感"之类重要且复杂的问题，教师——心中有"德"，设计专题，立体渗透、寓德于教。

第三层级：对应育德目标，设计综合课程，注重学生体验，系统设计、长短并举。

再比如，实施课程的方案。

教师应该可以对应教学实际，特别是学生的基础，设计指向学生核心素养具体实施的实践方案；根据教材内涵整理知识系统，根据教学任务设置教学维度，系统性地设计教学方式和方法。

这是教师将自己的本体知识素养与教育教学素养有效融合的过程。一个教师是否有课程的系统建构力、教学内容与策略的组织力、选择力，能否高瞻远瞩，既不疏漏重要"知识素养"训练点，又尽量减少学习资源的浪费，看的就是这种系统规划和建构的能力。

◇　**案例：**"单元教学"是否要固守教材的"单元"？

实施语文新课标新教材的过程中部分教师陷入困惑。四大核心素养如何与任务群对应？又如何与单元对应？如何处理单元专题与单篇课文之间的关系？

高一下学期语文课本里有一个学习单元，主打课文是王安石的《答司马谏议书》《阿房宫赋》等。单元导语中提示本单元的研讨主题是"理性"。对应课程标准和本单元课文内涵，单元学习主题可以确定为"个人理性与公共决策的关系"，以引得学生领悟——任何人都可以有自己的心理特点和个性缺陷，但是涉及公共决策包括对公共决策的评价，都要用"理性"来驾驭。

但是，"理性"不是一个简单的概念。单凭该单元的几篇文章实现不了学习目标。

苏东坡在《石钟山记》中"叹郦元之简，而笑李渤之陋"。他表达结论的时候意气风发，后世的研究却证明妄下断语、"臆断其有无"的正是他苏东坡。他自以为理性其实不够理性。

高中课本里有《廉颇蔺相如列传》，其中的秦王虽然粗俗无礼，但是建有一整套有效运行的政治机制。当蔺相如以死相激的时候，他能够根据利弊而不是好恶来制止下属要置蔺相如于死地的打算。他以政治智慧表达了他的理性。

课外读物《史记·王翦列传》中，王翦功劳卓著却遭到秦王羞辱，但是他不咸不淡地告老还乡。等到秦王再次"求"他领兵打仗时，他不冷不热地要求封赏。好不容易踏上征程，他反反复复派人向秦王索要钱财。直到他的下属都看不下去了：将军要钱也要得过分了吧。他才仰天长叹：大王粗暴而多疑，不反复跟他要钱，难道让他怀疑我别有所图吗——王翦用冷静与谋略表达理性。

因此，体会"理性"，要将《石钟山记》《廉颇蔺相如列传》联系进来，补充《史记·王翦列传》等资料。把教材里有关的文章加以重组，对课外资源加以调度。而这是在"系统设计"之下，打破"单元"边界，重组"单元"，才有可能实现的操作。

"作业"也是系统设计的结果。做什么作业、做多少作业、怎样做作业，既要考虑学生时间的多少，也要考虑不同学习方式的功能，更要关注作业在整个课程标准中的定位与学生学习程序上的先后。比如高中统编语文教材的作文，写作难度上没有先后，问题训练上没有序列，甚至写作量也大大超

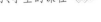

过中学的实际拥有的课时，训练维度上也没有具体的设计。一个负责任的教师必须对应写作能力达成目标，基于写作目标、学习资源、学生基础、表达能力发展的规律，对写作"教材"加以具体的分解和系统性重构。

在新课标新课改颁布之前，教师们通常只有文本没有"课程"，甚至普遍尊崇"课时主义"——学习目标、学习内容和方式以及课后练习都只见树木不顾森林。实行"双新"之后，很多老师又"只见单元"不见"课程"和"单篇"。其原因同出一辙——都是不能对教学进行系统设计所致。

其三，专业的开导者：讲得出道理。

"道理"是教师的基础能量源和基本工具。

学生的任务之一，就是了解人类社会文明，并且在社会伦理、在道德、情感方面，学会深入理解、自觉遵守社会规则。这是人生成长的重要功课，却是不那么轻松的一门功课。小到"为什么要穿校服"，大到"为什么要爱国"，内涵丰富，层次多维。

自古以来，教师都关注对学生"思想品德"和行为习惯以及心理意识的教育和养成。但是，正像前文所言，科技再怎么进步，一个人用 50 年时间也可以从拿筷子到宇宙飞船的原理统统学会，但是，老子的很多思想我们到今天都难于超越。知识技能的学习相对还是容易的，最困难的就是思想道德等方面的进步。

基于"人的发展"的立场，无论因为多元智能发展的技术背景，还是国家教育中长期规划背景，传道解惑的任务越来越重要，也越来越艰难。孩子从小接受各种"训导"，对老师的教导越来越自觉屏蔽；各种信息的汹涌而至，教育的效力又被各种力量抵消或减弱。一旦老师对应学生的各种问题和困惑依然只有婆婆妈妈老生常谈，学生宝贵的进步和生长的机会无疑会错失。

会"讲道理"，是一个老师的基本技术，也是老师释放教育能量的核心方式。

◇ 案例："你知道迟到的本质吗？"①

这一天，我的学生迟到了，不，又迟到了。他笑嘻嘻地对我说："老

————————

① 此案例收录于《静待花开——百位特级谈育人智慧》，上海市特级教师特级校长联谊会编，上海教育出版社 2020 年版。

师对不起,我迟到了。"很快他说:"不过今天我进教室的时候,××老师还没进教室。"我留意到他的眼睛里不仅没有愧疚,还有一点儿小小的得意。

迟到了还忍不住得意! 我决定认真"教育"他一次。

第一步,我要阻断他情绪的惯性,没收他因为得意而产生的快感。于是我单刀直入地问他:这是你第二次迟到吧?

他果然难为情起来,开始支支吾吾语无伦次地试图说明迟到的理由。

我摇头阻止他的解释。告诉他我只对"迟到"的事实感兴趣。至于理由,一个学生,第二次迟到,能有什么新鲜的了不起的理由?

他突然想速战速决:老师罚我打扫一个礼拜的教室吧!

我不同意——劳动最光荣。打扫卫生算是什么惩罚? 你倒搞一件光荣的事情惩罚我一下?

他只好说,我把课文抄一遍。

——这种低层次的事情也好意思说!

他反问:老师您说怎么办?

我不要怎么办。只要你能说服我,就谁也不用怎么办。

这是我"阴险"的第二步——让学生在为难中自动进行"问题"意识的强化。

他试图说服我,失败。他辩解说,作为学生,当然"一时"说服不了一个老师。这正中下怀,我慷慨地给了他一个礼拜的时间。

第二天他来了,他说,迟到是不对的,违反了学校的规章制度。如果人人都违反制度,那么学校就办不下去了。

这种街头大妈似的说辞,我连驳斥的兴趣都没有。

第三天他说,如果一个人养成迟到的习惯,现在影响自己的学习不说,将来还会影响自己的前途。

我故作惊奇地问:你不是说你这次迟到没有影响到学习吗?

第四天,他底气不足地表示:迟到是一个人不诚信的表现。不诚信会在社会上难以立足的。

到今天还只想着自己和自己的利益呀——我哈哈大笑之后对他说,放心,这个社会不诚信的人多了去了,很多不诚信的人都成功了。

他傻傻地看着我说，老师您说我该说什么？

我怎么知道你该说什么？到专业的地方找资源，到"问题"的"原野"找出路呀。

我终于可以实施第三步了。

我从书架抽出本卢梭的《社会契约论》交给他："一周时间读完，下周我们讨论。"

一周后，他读完了。我们热切地形成共识："人类"虽然是个大概念，但是是一个空概念。"人类"中的每个人都是一粒独立的沙。仅靠自己的力量任凭是谁都难以对抗来自外界甚至自己给自己带来的威胁。所以人类要结成同盟，古人结成部落和氏族，后来人结成家庭民族国家与各级联盟。人类靠什么结成同盟？靠的是契约。因为有契约，所以你家房子再富丽堂皇，我也不能随便跑进去安营扎寨；银行里再是有黄金万两，我也得安心吃我的咸菜。有形的契约叫"法律规章"，无形的契约叫"公序良俗"。"法律法规"也好，"良俗公序"也好，背后的根本就是契约精神。人类社会可能有各种属性，但契约精神是它的本质属性。契约精神是人类维护自身的存在及正义道德的重要保障。

我接着说：我们学校规定学生不能迟到，你做了这个学校的学生，等于接受了这个约定。你迟到了，就是破坏了契约。破坏了契约就要修补，以保证契约在规则层面的安全。而你，迟到了不以为然，至多只想着"有没有影响学习""能不能在社会立足"，这是从根本上对契约精神进行漠视乃至潜在地消解。长此以往，人间还有什么道义与安全所在？无良商家说，我往辣酱里面放点苏丹红、往牛奶里兑一点三聚氰胺，怎么啦？我愿意！世界霸权主义国家说，你们的宝贝我就要抢，怎么样？你有本事你抢回去！所谓的利益，有时与一时一地一人一境没有关系，更多的时候需要在"人类"文明的大框架下进行理解。

他很高兴，主动提出在班会时间为同学们做一个关于"迟到"的讲座。很自然的，同学们围绕"规则"开展了讨论。一个月以后，如果再有学生不好意思地对我说：老师我迟到了。我只需要直接"骂"过去：下次注意点不行了？为这种小事烦我。

借助"道理"，教师既完成对个别学生行为的深层次矫正，又激发班级集体意识进行更新与重塑。

有一位苏联教育家说:爱孩子是老母鸡都会的事情。老师好歹顶着教书育人的神圣光环,不至于把自己降格到老母鸡的层次。老师区别于老母鸡的关键在哪里? 大约就是老师的理性。在教育场境中,老师并不是一个自然人,他不能完全仰仗他的生活经验和常识,他必须把自己从庸常大妈婆婆妈妈的话语体系里抽离出来,他得了解如何打开事情的外壳并进而因势利导,如何利用心理变化规律在裂缝之处栽种"思想"的小苗;更重要的,是懂得如何把学生的眼光由生活和自我的表面导引到人类文明深处,如何引导他们获得自我教养的真正的、有"专业"意味的资源。

"道理"可以用来说,也可以拿来用,它既是教师教育行为背后的支架,更是学生获得教养的源泉。"迟到"这种"小事",对于老师来说,一样需要从遥远处着眼、在根本上着力。从这个角度看,能不能"讲道理",直接关乎教育的效力。

其四,智慧的辅助者:拿得出办法。

在思想意识的优化提升之外,知识与技能的养成,包括组织、管理、交流方面知识和技能的丰富和发展,是学生学习过程中的另一主题。教师能否在学生自主组织、彼此交流、专题学习的过程中提供有效的帮助和支持,是一个教师发挥职能两大领域中的一个。

这种辅助,有时候基于预见的提醒;有时候基于学生要求的适时供应。可以采用激发、交流、示范、任务驱动等各种方式。

但是无论哪一种情况和方式,两大特征是其根本特征:

① 是"辅助"而不是"灌输"或强制。

② 有效。

◇ **案例:"可以琢磨几个秘笈"**

> 有一次,学生苦恼地对我说:老师,我的文章老是写不出新意。
>
> 我说,什么叫新意?
>
> 学生说,大概就是别人没想到的"点"吧。
>
> 我问:一般别人想不到的"点"都在哪里?
>
> 学生说:更远的地方? 更深的地方? 反正我也不知道。
>
> 我指着窗外问他:你告诉我这窗外有什么?
>
> 学生说,有楼房、树、小草,还有小鸟、路人。

我说:试试在"虚无"处着眼,在"次要"处着力?

他马上心领神会:对了,还有空气和光线,还有很多微生物。

他继续举一反三道:我伸出个手指,别人看到皮肤,我要看到内在的血管和外在的热气;如果讨论"阶级",大多数同学关注阶级的弊端,我就多想想它的合理性。

我对他大加赞赏。提醒他,写不新是因为想不新,想不新是因为思维的发散性、有序性、精密性、思辨性不够。我建议他回去多琢磨几个"秘笈",我们回头再做交流。

一周后,他和他的小组研究出了"逆向思维"等三个方法。我在他们的基础上,跟同学们一起扩展出"思维十八法"——包括画图法、例举抽象法、象限法等。学生作文立意不够深和新的问题,逐步得到有效解决。

(2) 作为:导学、督学、助学+建立学际关系。

◇ 案例:统编高中语文第三册第三单元八九课时学习大纲

【探究主题】历史情境与思考角度的关系。

【学习针对】学生观察、思考的角度缺少有序、有效、多维的方法。

【学习目标】1. 通过新材料的学习,进一步拓展观察"情境"的视野。思考问题的"角度"增加3—5个,并能加以总结。

2. 体验"探究性学习"的方法和步骤,并能对其中的主要环节有具体感受。

【学习程序】采用杜威"思维五步法"或赫尔巴特"学习四步骤"。

杜威"思维五步":感知疑难的情境——确定疑难所在——提出解决疑难的各种假设——对这些假设进行推断——验证或修改假设。

赫尔巴特学习四步骤:"准备和提示"——"比较和抽象"——"概括"——"应用"。

"准备":学生回顾已有经验,引入有关概念;"提示":教师进行必要讲解和提醒;"比较和抽象":学生深入形成自己的个人体验、完成个体认知的过程。"概括":学生在事实比较的基础之上探究"原理"。"应用":学生将新习得的原理用来解释同类事实或实践运用的过程。

【学习时间】两课时+课外

【学习资料】

第一部分:《过秦论》及研读资料

第二部分:《屈原列传》及研读资料

第三部分:《伶官传序》及其研读资料

第四部分:学生作文

第五部分:部分译文

【教与学流程】

第一步:教师情境导入:你觉得下面的这幅图和"点"还可以是什么?

第二步:阅读资料;分小组讨论问题;填表;准备交流(30分钟)

问题1:六国灭亡,贾谊与苏洵的观点有什么不同?为什么有这种不同?是否符合历史的真实?

问题2:关于屈原的个性和对《离骚》的评价,司马迁和班固有什么区别?他们各自站在什么角度做出各自的评价?

问题3:对于投降的态度,李陵与苏武有哪些不同?他们的出发点分别是什么?关于苏武回国的境遇,李陵的说法和史料有什么不同?为什么会有这样的不同?

第三步:学生交流(15分钟)

第四步:教师提供工具和指导,学生优化学习成果

1. 对亚里士多德的说法加以理解或个性化调整:

亚里士多德:万事万物都是"形成起来"的。所以,form是名词也是动词。"最高的种",也即最高的概念,高到万物莫不纳入其下:实体、

数量、性质、关系、地点、时间、姿态、状况、活动、遭受(活动、遭受就是主动、被动)。后来又补充了五个范畴:对立、先于、共存、运动、拥有。

2. 制作类似的思维工具

第五步:学生自我评价,并对应作文运用自己的学习成果

同学们的作文立意分别在什么角度? 还有可能有哪些角度? 填写下表(可以根据自己的理解对图表的格式加以修改)。

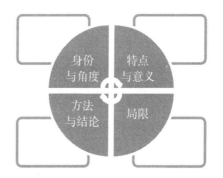

附 【学习资料】(具体内容此略)

第一部分:《过秦论》及研读资料(此略)

1.《过秦论》附名家点评

2.《六国论》附名家点评

3. 六国灭亡史实

第二部分:《屈原列传》及研读资料

1.《屈原列传》节选

2.《离骚序》

第三部分:《苏武传》及研读资料

1.《苏武传》(节选)

2. 答苏武书(节选)

第三部分《伶官传序》及研读资料

1.《五代史伶官传序》

2. 其他史料

第四部分:同学作文选

1.《"人"的偏执》 胡诗媛

2.《清醒者的代表》 李瑜悦

3.《醉酒时代中的选择》 李小树

第五部分:部分译文

1.《离骚序》译文

2.《六国论》译文

3.《答李陵书》译文

4.《伶官传序》相关史料译文

① 导学:是启动,也是驱动。

教师作为知识讲授者身份的时代已经终结,更重要的责任在于提醒学生学习的意义、学习的任务、学习的目标、方式、方法,同时用合适的策略激发学生的热情,并关注他们学习流程的推进、保障他们的学习成效、提供相应的学习支持。

◇ **案例**:《宋词吟唱》专题学习导语①

宋词美在形,有变化和谐的音律,有错落有致的句式。

宋词美在神,有温柔委婉的婉约之歌,有雄壮激越的豪放之唱。

宋词是音乐艺术与文学艺术的完美结合体。

由此,我们在本单元"因情而唱"的宋词学习中,要去重拾、去体验、去回味宋词美的本质。我们要摒弃只一味通过"看"赏析宋词文学性的内容,要学会去用"唱"、用读、用吟去感受宋词音乐和文学的双重属性的美。正如诗人艾青所言:"诗词并非一般自然的语言,非看不能知其

---

① 参见王白云总编,杜梦溪主编,《初中语文专题学习》《宋词吟唱》分册,上海交通大学出版社 2017 年版。

意,非吟不能会其气。"我们一定要用欣赏音乐感的耳朵和感受形式美的眼睛去寻觅、去捕捉、去体验宋词的美。

那么,在学习中我们应该如何实践呢?

首先,要善于营造入境的氛围。虽然大部分词的唱调都已经失传,但是今天也不乏一些重创古典诗词曲调的好歌曲,因此,我们要一起来"听"歌——依词配曲可唱的歌。如杨洪基所唱《三国演义》片尾曲《滚滚长江东逝水》,姚贝娜所唱《甄嬛传》插曲《菩萨蛮》,这是极为典型的豪放派词曲和婉约派词曲的代表作。另外歌手王菲《明月几时有》、邓丽君都曾经将古典诗词配曲而唱。听觉是想象的艺术,让我们侧耳倾听,去想象词曲的境,去感受词曲的情,去品味词曲的语。我们相信这样的体验,会让我们离宋词的美近一点,再近一点。

著名学者周汝昌说:"词的欣赏,首先要从格律美的角度去体会,离开这点儿侈谈词的艺术,很容易流为肤辞浅语。"我们要学会"唱"词,即学会去"吟"词,就必须要懂一点诗词的音韵方面的知识。

其次,我们需要做好学前准备。"工欲善其事,必先利其器",在学前准备中,我们需要了解基本的诗词节奏划分:四言两顿、五言三段、七言四顿,以及"一字逗"的领字停顿。读到领字要读得响亮有力,情绪饱满,要有意识地停顿或拉长以突出领起下文的功能,表现宋词的声韵节奏美。

还需要学习关于诗词押韵的基本知识。在"吟诵"中,要突出韵脚字,例如吟到韵脚或比其他字响亮,或比其他音长。

另外,要学习基本诗词平仄知识。在朗读中"平长仄短,平高仄低"的吟诵要求有助于领会词作的情感。

此时,我们一起来吟唱宋词吧,"因声入境入情"! 通常,我们要理解一首诗词需要从知人论世入手,再疏通词句语意和破解典故,继而去联想诗词中描绘的场景、塑造的形象,最后通过遣词炼字来领会诗人的情感。可是在这个过程中,吟诵被忽略了,宋词的音乐美被无视了。

再次,我们就该静下心来想想,怎么营造宋词的音乐美学,如何从宋词的音乐美去体验它的文学美?

"知人论世"有助于把握去把握吟诵词人作品的风格,如柳永的词,那是婉约之风,吟时好似渐渐沥沥的雨声滴答到天明,是悠长、温柔、委婉、绵长。

吟诵就如同"戏剧舞台的布景",使人产生联觉,引发联想还原形象,这才能融进诗词的意境。吟诵中音节发音的轻重、响沉、短长、高低都有助于我们理解词的情。

例如,苏轼"大江东去,浪淘尽,千古风流人物"中"去、尽、物"都是仄声,按照"平长仄短"和加强韵脚字的知识,应吐字有力度,短而促迫,表达作者面对壮丽江山,追忆前人的英雄业绩,不禁爽迈奋发。但吟诵到"小乔初嫁了,雄姿英发"这里尾字都是平声,想象那儿女柔情时,应拉长平声,轻柔舒缓。

结合诗词的基本音韵知识,我们去吟诵,更能感知诗人于文字细微处寄托的情感特征,这才能真正体验到宋词的音乐美和文学美的统一。

让我们的课堂内外都能充满"歌声"!我们参加配乐吟诵比赛,我们录制属于班级的宋词吟诵专辑,我们画出宋词的景致……

本单元学习中,在必读篇目选择了宋词风格中"豪放派"的代表词人苏轼、辛弃疾和"婉约派"的代表词人柳永、李清照。这8首词脍炙人口,是名篇佳作,需要细细读、慢慢吟。在选篇中按照词的发展过程中重要时期的代表词人,从晚唐温庭筠、南唐李煜到北宋词人范仲淹、秦观、欧阳修、周邦彦、晏殊,再到南宋词人陆游、姜夔等人的代表作。通过本单元的学习,让我们走进宋词文化,贴近传统优秀文化的脉搏,感受它穿越古今的生命跳动吧!

不废此学!不留遗憾!

导学是教师作用于学生开始学习之前的环节。学生在开始学习之前,最重要的事情就是做好心理准备、探究准备。好奇心、饱满的情绪、对过往有关内容的回顾,都是开始正式学习的"引桥"。这个引桥可以快速破除进入学习情境之前的心理壁垒、为后阶段的学习加速度。

所以导学要完成情绪感染、目标指导、方法传递等目标:

• 对学习的意义加以渲染。

• 介绍学习目标、实施学习动员、引诱学生兴趣。理性的思想、感性的语言、多媒体的渲染,都不失为有效策略。

• 说明学习内容。对本单元或本课时的学习资源及其结构加以介绍和说明。便于学生系统了解学习任务。

- 提示学习方式、学习过程。每一专题的学习方式都是不一样的,学习方式和学习策略有些可以由学生自己探索,但是教师不妨从个人学习感受和以往学生学习经验的角度,对学生进行学习方式和策略上的提醒、补充。

- 说明学习成效自我评价的标准、强调注意事项及其他。

② 助学:是扶持也是渗透。

助学是对学生提供学习上的帮助。学生在学习,特别在自主学习合作探究的过程中,难免出现学习方向、学习条件、学习方法及学习情绪上的困难。有些可以"放任"学生和学生组织自行突破,但是有些完全交给学生会相应产生时间过长、效益过低等负面效应。基于学生立场的学习,"学生的任务坚决不碰,教师的技能要精益求精",教师一定要适时适度地对学习组织或个体学习发挥作用。

助学主要针对学习流程设置与推进、解决问题的关键方法(技术)的指导、文化思想的提升、原理的抽象、学习型组织的建设、学习资源的提供以及搜集方法指导等。

助学遵循先系统后特殊的原则。在学生刚开始学科学习的时候,多媒体的运用、学习的一般过程、搜集资料的方法等,都属于教师需要指导的所在。比如文言词语的学习,一开始教师可能对文本中重点词语加以讲解,第二阶段只对重点词语加上标记,第三阶段连标记也有学生自己完成。

助学最重要的是教师的"五讲"。

前面谈过,为了培养学生的学习能力,我们要尽力进行权力的出让,不当讲的坚决不讲。这并不意味着我们该讲的不讲。

- 需要大力渲染的时候,讲。

为了制造情境培养感觉,有时候需要大力渲染。这种渲染有时候可以事先设计,有时候需要临时发挥。教师调度他的基本功进行渲染,往往能以更少的时间更简便的方式取得更好的效果。

- 需要深度诠释的时候,讲。

不是所有的概念或命题都可以由学生自行领悟。有的是长期的文化积淀在某个学术文化领域结成的"硬壳"。这些"壳"需要有人打开,而往往学生的"功力"难以企及。这时候需要教师深入浅出的条分缕析,帮助学生

"渡过"难关。

- 需要对本质或原理进行高度提炼的时候,讲。

深入浅出的教学总是先着眼现象、例子,再进行本质的分析和原理的提炼。而本质的分析和原理的提炼,也是学生能力难以达到的。这就需要教师的"出场"。

比如,什么是"阶级"? 为什么要有"阶级"? 这是学生在学习过程中会自然遭遇的"困惑"。但是,这一类的困惑俯拾即是,有的可以作为专题展开深入的学习,有的可以鼓励学生课余自行研究。但是当它既不在学习的重难点之列又屡屡把学生行进中的脚尖磕痛的时候,老师不妨高度精炼且深入地用几句话传达自己的"体会";归结原理是学生有效学习的必有程序,但是,诗的本质是什么? "段"在文章的结构到底可能有哪些意义? ——学生往往难以全面提炼。这时候老师要用语言加以有效的引导和诠释。

- 需要传授更为有效的"技术"的时候,讲。

教育在发展的过程中还有很多没有解决的问题,学科教学也是。比如,迅速打开一篇文学作品的内核的策略是什么? 如何才能让记叙文的语言生动形象? 人物描写怎样才能简练传神? 这些"技术",是学生特别要"学到"的部分,也是甄别一个教师是否能够切实"教会"学生的关键。

- 需要对学生进行贴切的心理引导和技术引导的时候,讲。

③ 督学:关注学习成效,适度追加学习。

督学是对学生进行过程监管和目标监督。相比较以教师教学为中心的教学模式,基于学生学习为中心的教学越发需要教师进行有效的督学。在以教师教学为中心的学习方式中,教学流程完全由教师控制,学习成效也可以由老师以"强制"的方式来保障。在以学生学习为中心的教学范式中,学生的学习态度、学习方式、在学习组织中的功能定位,都对最终的学习成效产生极大的影响。

- 学习过程中的监管。

学生在学习过程中对目标的了解与理解、学生的学习基础与学习心理,教师要了然于心。

学生参加组织学习的情况,学生在学习过程中所采取的步骤和策略,学习推进的进度和有效性,教师要控制底线。

● 学习成果的保障。

教师要对学生的学习成果进行评估，督促没有达标的学生追加学习。

● 学生学习支持条件的监督。

学生所参加的组织建设状况、学生获得资源的社会条件和家庭条件，教师要进行密切关心。不能满足学生学习和成长需要的，教师积极设法解决问题。

④ 建立"学际"关系。

人人都是能量源。

现代社会中的人都明白，没有"机制"就没有"效率"，更没有"长久效率"。现代学科教学的机制是什么？就是为"学"打造"自学·互学"的"机制"。笔者看来，这种机制就是"组织"。

学习是个体活动，本来是不需要"组织"的。但是由于我们面对的是班级，一个教室里就"学"的有几十名学生。说实话，单凭一个教师轻松自如地掌控几十名同学的情绪状态、学习状态谈何容易。老师在台上慷慨激昂，学生在台下玩手机、看漫画、说悄悄话甚至呼呼大睡的并不鲜见。笔者一次在听课中发现一个五十多人的班级竟有八名同学渐入梦乡。

有些学科知识技能一环套一环。掉了十分钟的链子可能这一节课就很难听懂，耽误了一节课可能从此就走向困境，久而久之自然厌学畏学了。站在有利于"学"的立场上，有效的教学"组织"是一个有结构、有体系的疏而不漏的网。

"一群人"不一定就是"组织"，一排排的座位、各就各位的学生也只是形式上的——未见得是很有效、很深入的"组织"。

学习型组织，不是简单的"年级制""班级制""小组制"，不是将重点目标定位于诸如收收作业、点点名之类的事务性的工作，教育教学中的"组织"是老师有意识地按照教育目的把班级分成小组，设置成"一定的结构"，使班集体成为一个能够更有效进行内部运作的有机体，一个具有自动循环和自动"生成"的能力，也因之有了自我修正、自我调整、自我反省、自我进化能力的系统。就像一棵树，一个人，正是因为有了有机的"组织"，所以能够在不需要外力驱动的情况下自动生长，也能在受到意外伤害的时候自动"修补"，还能自动检疫与免疫、自动随着环境的演变而不断进化。"组织"之下，才能自学、互学,才能生成、才能"不教而能"。

◇ 案例:"你们的作业太多了"

去年疫情期间,很多教师苦于线上教学"抓不住学生",要求学校让笔者去做个讲座。我就去了。

我打开手机给他们看我的微信群。里面有我班级的十个小组。我随便点开了其中的一个小组。

这个小组里面有 7 个人。除了组内的 4 个人,还有我、课代表、外班的一个潜水"考察"的老师。

我给大家展示这个小组的活动内容:有朗读视频、有作业展示。更多的是每周小组的背诵计划、研讨计划,分享的学习资料和小组测评。偶尔有我一两句点评。

有一天我的点评比平常长一些:

"XY(组长)、全组同学。你们好棒! 不管疫情如何肆虐,你们都沉着而热忱地坚守着你们成长的方向。不管小组测试还是学校测试,你们的成绩都令我钦佩和骄傲。

"但是,我也发现你们每晚一次视频会议的节奏略微密集了一些,'外国戏剧文化'之类的研究主题也太大了一些,互相布置的作业也远远突破了'平均每晚不超过一小时'的限制……"

"学际"关系是学生个体与个体之外的人与物之间的关系。笔者所谓的学际关系,指为了学生学习所建立的具有机构性系统性的边际关系。

在传统的教学观念和操作中,学生作为个体存在——他们听课、做作业、考试、拿成绩单。虽然一直有"小组",但是那只是老师收作业布置任务的"二传手",与学生的学习和成长没有本质的关系。近些年强调合作学习。学习型小组开始成立,学生开始以一种团队的方式"抱团"成长。

应该说,教育发展到今天,建立学生学际关系的意识开始萌芽,一些学习型组织也开始诞生。但是,意识上还不够开放、体系上还不够成型,对应学际关系的组织策略和应用策略还缺少研究。

学际关系有三种类型。

第一是学生与同学之间的关系。

自古以来,只要不是一对一教学,同学之间天然存在"关系"。但是,坐在同一个空间里,严格意义上只是物理关系,可以算是"同窗"。只有当同学之间存在学习上的互相发现、互相鼓励、互相帮助、互相评价的时候,对学生的成长有直接、长期、稳定的干预和回应的时候,才是我们所谓的"学习型学际关系"。学际关系是经历"变同窗为同学"这一过程的。

同桌之间是不是我们所谓的学习型学际关系? 只是坐在一起却缺乏学习上成长上的互动的,不能算是学习型学际关系。两位同学互相看笔记、偶尔讨论一下问题,也不是我们所谓的学习型学际关系。只有同学之间产生经常性的共同学习任务,甚至有长期的合作规划和稳定的合作行为,才是我们想要的学习型学际关系。

◇ **案例**:"他的表现你满意吗?"

有一天,班级进行学习成果汇报,每人3分钟。

轮到最后一组的时候,第一个上台的是组长,他的主题是"文学的全景时代",第二个同学谈"文学的零度",第三个同学围绕"文学与农业"展开,都非常精彩。轮到第四个同学了,她讲得疙里疙瘩,语无伦次。

我对组长表达我的不满意:这是你要的效果?

他辩解说,我们已经帮她确定了演讲主题和大纲。

"'口头表达'是不是这次练习的内容呢?"

说完我就离开了。

放学的时候,我看到操场边有几个同学在讨论,我走过去,是组长带领组里的同学帮助那第四个同学练口语,又是讲故事,又是陪她诗朗诵。

随后的一次活动中,该同学的表现与前一次判若两人。后来她凭借"博雅杯"被复旦大学提前录取。

第二种学际关系是学生与学术之间的关系。

学生成长不仅有方向问题,还有成效问题。帮助学生优化成长方式很重要,借助合适的内容来帮助学生成长更为重要。笔者曾经做过一个试验:在一个月的时间内,一个班学习课内文言文七篇,另一个班学习课内文言文

《廉颇蔺相如列传》和《史记》五篇。在月末的成效检测中,发现两个班级学生收获很不一样:

	学习资料	语词积累	作文素材	文化理解	学生成效感
A 班	课文《史记》文本及其他文言资料近5000 字、现代文阅读资料约10000 字	250 个左右的文言词、20 个成语	40 个左右的历史人物故事	1. 关于性格与命运的关系 2. 个人理性对政治决策的影响	良好
B 班	课文约 10000 字,其他现代文阅读资料约10000 字	150 个左右字词	15 个左右经典句子	1."美"具有不同内涵 2. 伟人之所以被视为伟人的主要理由	一般

仔细辨析可以发现:学习课文+《史记》的综合成效远远大于学习一个文言文单元。

原因很简单,前者课内外联系更广阔、更丰富,能激活的感想更多维。

除了学习内容的"专业化""学术化",学生能否习惯性地与专业和学术发生经常性的联系,决定了学生能否进入专业的语境、能否用有价值的信息更新和丰富自己的大脑、能否建立专业思维和专业知识图谱的问题。当一个学生解决阅读问题,只知道到一些大众熟知的搜索网站查阅资料或者连查阅和运用资料的意识都不具备的时候,是不能指望他在学业上有很大进展的。教师要引导学生经常性地、习惯性地(当然也适度地)建立与学术之间的联系。这种联系,将成为学生快速生长的高速路。

第三种是学生与社会之间的关系。

◇ 案例:"荨麻原来是百草之王"①

有一次笔者带学生到贵州进行社会实践,发现山上有很多樱桃般大小的野生西红柿。珠圆玉润,美不胜收。

我以神农尝百草的果敢放一粒到嘴里。味道不错。三五步之遥的

①　参见笔者散文集《时间的看客》,上海交通大学出版社 2019 年版,第 11 页。

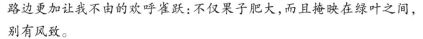

路边更加让我不由的欢呼雀跃:不仅果子肥大,而且掩映在绿叶之间,别有风致。

我立即伸出五指,但立即又以迅雷不及掩耳的速度收回。

——手腕处已是红疹点点。

蜜蜂、毒蛇、洋辣子?

回到住处更加难以忍受。如针刺,如蚁咬。不绝如缕,没完没了。洋辣子应该没有这样持久的法力?我决定找出元凶。

问陪同吃饭的校长:是否有植物的叶子会咬人?他疑惑道:荷麻?

带领学生跑到实地考察,抱着电脑到处找网去查,果然是荷麻。

荷麻,荨麻的一种。"咬"出来的疹子很像荨麻疹,又叫咬人猫、蝎子草、蜇人草、咬人草、防盗草、无情草、植物猫……

但是,人家也是"百草之王"。在土耳其,只要你敢生病,它就敢上场,不管是头痛还是脚伤。在欧洲,利尿找它、止血找它、祛痰找它、没有乳汁哺乳找它。至于治关节炎痛风病,那更是它的独门秘技。在"谈癌色变"的今天,它还对男性癌症有独特功效。在中国药谱里,"风疹初起,以此点之,一夜皆失。"产后抽风、小儿惊风、小儿麻痹、高血压、消化不良、大便不通……它简直就是活在人间不会行走的李时珍。

荷麻不仅是饲养鸡猪牛羊的好料,新鲜的叶子放进火锅,还是一道山里人家的美味。

朝鲜族、彝族、傈僳族、布依族、纳西族,族族懂它;英国人昵称白色裂叶荨麻为"树荫下的亚当与夏娃"。

学生们回上海的时候带回样本,经过化验,发现它的分子结构异常有趣。一位同学在班会课上跟同学们进行了分享;另一位同学写出了一小篇科研论文;后来,在海南和新疆旅游的同学发来图片和文字:海南有火山荨麻、草场有高山荨麻……

大自然才是真正的大课堂。

现在的学制可以用"漫长"两个字来形容。一个孩子长到18岁,除了幼儿时期,其他时间基本上都在教室里度过。当然,一般情况下,成年后还有可能继续读书4—10年。一个人在远离社会的"象牙塔"里一待几十年,最后对他的心理、气质乃至生存能力有多大的负面影响,年轻学子的生机不足足以证明。事实上,为数不少的博士生、名牌大学的毕业生毕业即索居,给我们基础教育也敲响了警钟。人,首先是一种社会的存在。教育包括基础教育,必须保持和保护这种"存在"。

此外,"社会"作为学习资源的全息空间,很多在校园里不能了解和获得的信息和条件,社会可以提供给学生更为丰富的学习资源、更为开阔的空间、更具有实践意义的环境。

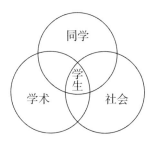

学际关系图

"学际关系"之一的学习型组织如何建设?

◇ **案例:"你们折腾的都是数学好的人"**

笔者做班主任期间,曾经接手了一个政治历史选修学科混合、班额较大、成绩不佳的高三班。到了第二学期三月份,其他各科成绩不错,只有数学成绩依然不如人意。我找来班长、学习委员、课代表商量。

我说:"这次模拟考数学成绩不怎么样。"

课代表意欲解释。

我说:"我不需要知道更详尽的原因,我只想知道你们打算怎么办。"

因为我们班有句口号,叫作"繁难的事情不要打算用脱口而出的策略解决",所以他们出去商量办法去了。

一个多小时之后,他们回来了。

我问:"你们想出办法了吗?"

他们点头。

我说:"好。不需要告诉我你们想出来的是什么办法,现在我想知道的是,你们的目标是什么? 打算多长时间实现? 假如预期目标没有实现,你们有什么补救措施?"

他们说:"五月份考进年级第七名。"

我们年级一共十二个班,我们是文科班,第七名可以接受。

他们回去立即忙乎起来了。先是班级"手拉手"——两个好的"承包"一个弱的,又请年级数学尖子来谈经验、请复旦大学教授来讲课。

我忍不住了。找来几个负责的同学说:"我怎么感觉你们'折腾'的都是数学好的……"

他们很聪明,立即转向。从此班会课都请该周数学测验后六名的同学上讲台,每人准备三张简易的 PPT。一张是"本星期数学做了什么",一张是"我的经验和困惑",最后一张"我下周的打算"。每人三分钟。

有一次一名同学刚刚介绍完他本周的"作为",他的"负责"对象就叫起来——你就做这么一点题,神仙也考不好啊!

又有一次一名同学谈他下周的计划,他的"小师傅"一下跳起来——你别扯了,这么多题,你做得完? 你筛选过吗?

就这样,"调动两头带中间",到五月份的时候,数学成绩跃至年级第六。

有一名同学数学成绩始终没有改观。他们准备再对她发力,我制止了:"她已经尽力了。她只需要安慰和放松。"

建立学习型组织,教师要巧妙地发挥"管理"的杠杠作用。

建设教学组织的目的是让学生全面发展,让老师从劳力型老师转化为智力型老师,甚至是魅力型老师。把老师成天跟着后面看、说、管,转化为学生自发、自觉、自主地学习;让学习集体变得更加充满生机,具有发展的更大可能。

一般情况下,越是勤奋的、有责任心、有智慧的老师越不愿放手、不敢放手、不想放手,越容易偏执于一隅。勤奋的人"闲"不住,有责任心的人对别人不放心,有才华的人对别人不信任。这是人的通病,教师也难以免俗。我们得相信成长是人的本能、成长是每个人不断征服和突破的过程。"尽少干预"是成就学生成长的基本原则。

建立教学组织的原则第一要放手。要把让学生自生长、培养学生的学习能力放在最重要的位置上。

敢于放手就是出让权力和机会。建立一个怎样的组织？在哪些人之间建立组织？在什么时间运作、怎么运作？教师尽可能多动眼不动口，自觉"靠边站"。只要保障规则底线和安全底线，不要以担心这个担心那个为借口频频干预。有限的风险和代价要有心理预期。要有"逐步放手"、不怕波折的决心。

放手首先对应的是个体。其次要控制节奏。放手的边界很悬，太猛不行，太弱无效。在妥协与引导之间找到合适的临界点，缓慢而有节奏。一开始放手三分之一，再三分之二。让学生跳一跳摘果。要舍得为难学生，舍得学生在你的整体可控的范围内出汗甚至流泪，要下决心让学生成为有效的组织中的人员、成为独立的有行动力的人，提醒和指导他们防止自己成为组织里面没有能量或者释放负能量的元素。

◇ **案例："你发表了几篇文章？"**

在开学一个月之后，笔者让课代表拿着班级名单到班级统计发表文章的篇数。学生大吃一惊：上学还要发表文章？我没有解释。只是让课代表继续统计。结果就两位学生在做小记者的时候发表过两篇文章。我在课堂上声情并茂地朗读了这两篇文章，并且不吝言辞大加赞扬。在不久的家长会上又声情并茂地朗诵了一遍，家长的眼睛放出光芒。

此后两年，学生在市级刊物发表文章人均三篇，其中没有一篇是我布置的，也没有一篇是我改的、我推荐的。我只要趋势、过程与结果。

一个学生成天想发表作品了，他能不好好学习语文吗？他的作文用得着你成天在那儿帮他改错别字病句吗？

"放手"有时候会带来群体性的生长。

第二是明确"抓手"。人生最大的困难是取舍，建立学生组织也一样。一个集体，几十个人，而且可能在此之前是一群"散兵游勇"，把所有事情都交给他们，教师完全置身事外，怎么能快速成功地建立起组织并且保障其有效运转？牵牛还要牵牛鼻子，撬动地球还是要用支点。所以，老师"主抓"一些事情是避免不了。但是抓得多了侵占学生自主空间，抓得少了影响组织建成的质量和速度。

"核心成员"的培养至关重要。要给他们明确的目标和强烈的自豪感。每届班长、学习委员和课代表都是重点培养对象，对于学科教学而言，有什么样的课代表直接决定了组织建成的效能。

　　◇ **案例："我的课代表可不容易做。"**

　　我对课代表说："听说你是主动要求做课代表的？"

　　"是的。"

　　"你知道做我的课代表很困难吗？"

　　她问："有什么困难？"

　　"她得是设计者，能设计班级开展学习的整体方式，有效调动同学们的主动性和研究精神、组织设计集体活动；她得是联络员，保护老师和学生之间的感情联系，让他们及时互相提醒和鼓励，保障班级的情意性；她得是小帮手，对老师各种教学事务上和缺漏予以协助和提醒。"

　　我加上一句，"这个班级我们这门学科学得好还是不好，很大程度上不取决于老师，取决于课代表。"

　　她看着我，坚定地说："我试试。"

　　接下来我们商议了很多事情，包括小组产生的办法、第一批小组长的人选，以后每周一下午的十五分钟的组长例会。

　　我们后来又将组长分为三个级别：

　　最低级是事务型，帮助同学制订背诵计划、督促同学背诵之类。

　　第二级别是业务型，能够成为小组的学术领袖和专业指导。

　　第三级别是特色型，能在完成基本任务的前提之下组织小组同学开展特色活动，比如诗歌接龙比赛、成语故事比赛。

组织最重要的元素是"带头人"。有时候"带头人即组织"。教师要在如何培养组织带头人方面有认真的思考和清晰的思路。对组长们的组织目标和组织策略进行系统和个别辅导，"扶上马，送一程"。

第三，果断施以"援手"。

组织建设既是学习的需要,也是学生社会担当意识和组织能力、情意性培养的需要。教师在组织建设的过程发挥自己的主导功能,调度自己的经验和智慧,提供适当的指导和帮助,有益于组织成员的快速成长。

• 目标确认。学习型组织的长期目标和每次活动的具体目标,教师要主动参与讨论并公开确认。

• "两极"推动。对带头人和组织中的"消极"个体,教师要加强培养、个别教导。

• 提示"关键"。在组织活动的过程中,一旦有技术策略上的问题,教师要及时提醒或提供"锦囊妙计"。

• 关注"预案"。学生组织极有可能达不到预期目标。教师要提前关注预案,不能因为放手学生就忽略教育成效的达成。

援手是始终站在离学生不远的地方,有点距离,有点高度,轻易不动手,但是一动手就要发挥学生发挥不了的功用。

第四节 学习流程:学生学习步骤、要素的有机重构

◈ 案例:关于《宽容·序言》的三份流程设计

《宽容·序言》是高中语文课本中的一篇寓言式作品。基于不同的立场,会有不同的流程设计:

1. 以教学为中心、教师为中心的流程

	教学内容	设计目的	预期成效
第一步	宣布今天学习《宽容·序言》	开场	学生大致感知《宽容·序言》的基本内容
第二步	分段朗读并教师讲解	完成教学环节	
第三步	全文思想内容艺术特色总结		
第四步	布置作业		

2. 以教师为中心的启发式教学流程

	教学内容	设计目的	预期成效
第一步	问:"宽容"是否适合做标题? 同学讨论; 老师出示中英文原文比较	激发兴趣	1. 学生学习和研讨的兴趣增强 2. 学生对"宽容"的内涵和本质有较为深入的理解并形成个人判断
第二步	问:漫游者到底有没有错? 同学讨论; 教师引导并总结:有错及其原因;没有错及其深层次原因	感知课文;为核心讨论铺垫	
第三步	问:对漫游者的宽容到底宽容什么? 宽容的本质是什么? 同学讨论; 老师提供关于人性、社会性的哲学资料	核心讨论	
第四步	同学讨论;师生共同总结:宽容的本质	学生建构	
第五步	学生写作一篇关于"宽容"的议论文	总结、强化并再次建构	

3. 以学生为中心的学生学习流程

	学习过程	设计目的	主要预期目标
第一步	师生共同确认探究主题。在教师的引导下确认为"宽容"的内涵与本质	确定学习目标	1. 学生系统规划学习内容和方式的能力增强;学生自主学习、自主探究、合作探究的意识和能力增强
第二步	学生朗读课文并讨论疑问所在	形成初步感知;把个人感受集结成班级公共话题	

（续表）

	学习过程	设计目的	主要预期目标
第三步	学生在教师的提醒下搜集关于《宽容·序言》及有关"宽容"的资料;并合作讨论;小组代表交流	扩大视野;培养搜集材料和运用材料的能力;学习整理概括;强化口头表达能力;加强人际交往;形成思想成果	2.学生对"宽容"的内涵和本质有深入理解并形成个人判断
第四步	同学再次讨论,师生共同总结:宽容的本质	老师提供思想样本,供学生自我矫正和进阶	
第五步	学生写作一篇关于"宽容"的议论文	学生系统自我建构;提供评价依据	

一、学生学习流程的内涵和思想依据

学习流程是指学生学习的基本步骤、过程。是隐性的教师教育理念和教学设计的显性表达,是学生学习逻辑的载体。

"教学"不仅仅关乎"教什么",也关乎"按怎样的流程教"。教学流程作为"怎样教"之中的重要内涵,必须受到切实关注。

当然,涉及"教学"流程,有三个重要问题需要讨论。第一是"立场":"教学"是基于教师教的立场,还是学生学的立场? 第二是"要素":不同的立场之下,完整的教或学必有哪些环节? 第三是"关系":依据怎样的原则对各环节之间相互因成、因势利导的呼应性进行考量,对教学内部与外部的联系进行调控,确定"最优化"的标准?

这三个问题可以统一归结为"最优化"问题。所谓最优化,就是使教师和学生在花费最少的必要时间和精力的情况下获得最好的效果。

最优化受限于国家意志、学生特点、外界条件。在国家意志已经明确、外界条件也相对稳定的前提下，"学生特点"是设计教与学流程的思想基础。

（一）学生学习流程的典型设计：多种理论

国内外理论丰富而多元。就学生学习过程，就有巴甫洛夫的条件反射理论、赫尔的驱力还原理论、斯金纳的强化原理、格式塔心理学的学习律和遗忘律、皮亚杰的建构主义、布鲁纳的认知结构学习理论、奥苏贝尔的认知同化学习理论、托尔曼的认知—行为观、加涅的累计学习理论、布鲁姆的掌握学习理论、班杜拉的社会学习理论、罗杰斯的人本学习理论。

这些理论所秉持的观点主要有四种类型：刺激反应；基于心理结构的认知学习理论；认知—行为主义学习理论；人本主义学习理论。[1]

正如 1959 年 9 月美国伍兹霍尔会议的召集人、美国心理学家和教育家布鲁纳所指出的："与会的心理学家们代表着广泛不同的观点……然而这些差异，在他们所遇到的问题面前，就显得不那么突出了。"教学中的问题，特别是学生学习的策略和流程，在操作层面，常常比学理基础和学术观点更为现实。何况教育家们的理论并不都以"教"和"学"为直接研究对象。即便他们对学习过程的展开及控制有所阐述，也普遍对教师和学生的操作细节不够关心。一般认为，学习理论是描述性的，教学理论是处方性的。我们讨论基于学生立场的学生学习的逻辑，将学习理论和教学理论视为一个硬币的正反面，我们要描述，更要处方。

其实，教育史上关于学生学习流程的"处方"也是有的。

美国赫尔巴特派就提出学习的步骤：提示和准备——比较和抽象——概括——应用。

英国语言学家威利斯（1996）在她的专著《任务学习法概览》中提出了任务型课堂教学可以分为三个步骤：

第一步，前任务——教师引入任务。

第二步，任务循环流程（Task-cycle）：

① 任务——学生执行任务。

---

[1]　参见施良方著的《学习论》，人民教育出版社 1994 年版，第 18 页。

② 计划——各组学生做向全班报告任务完成情况的准备。

③ 报告——学生报告任务完成情况。

第三步,语言聚焦:

① 分析——学生通过录音分析其他各组执行任务的情况。

② 操练——学生在教师指导下练习语言难点。

威利斯的任务型课堂充分关注学生的学习和互动。其学生的学习型互动大致有五类:

① 故事链任务(小组中每人讲一段故事,全小组讲完整个故事)。

② 信息差任务(两组或多组信息互补,协商完成任务)。

③ 解决问题任务(围绕一个问题或根据一系列信息,找出解决问题的办法)。

④ 做决定任务(围绕一个和多个结果,通过协商或讨论作出选择)。

⑤ 观点交换任务(通过讨论,相互交换意见,不必达成共识)。

但是,这些学习流程至少有三点不足。一是照应不周全。因为学生学习过程中并不是所有的学习内容都可以"升级"为"任务",某些不能作为"任务式学习"的学习内容,难免被当作次要或无关紧要的东西。二是对教师的专业主导性体现不够充分。过度强化学生的学,严重淡化教师的教,这会导致学生专业知识和技能高度与精度上的不足。三是忽略个性差异。"任务"和"目标"主导一切,学生有个体体验却缺少个性化指导。学习差异没有受到充分关注,这势必导致相应的时间内学习能力强的学生被"拖累"、学习基础差的学生"蒙混过关"。

马礼逊单元教学法则将学生学习分为五个步骤:

① 试探即预先测验。先考查学生对所要学习的单元已经知道多少,以作为教师教学时选择教材及教学方法之依据,以及运用何种教学技术引起学习兴趣的参考。

② 提示指提示教材。先让学生了解此单元学习的内容是什么、目的是什么,以为学习做准备。

③ 自学。是学生在教师指导下,自行研究,教师从旁作个别指导。

④ 组织。学生将所学的组成一个系统,列成一个大纲或者求得一个结论。

⑤ 复讲。要学生把自学的结果,以口头或文字报告出来,使学生思想

有条理,印象更深刻,以期获得真正而彻底的学习。

另外有一般单元教学法,主要由三大活动所构成:

①准备活动:在教学开始前,为唤起学生学习的动机和兴趣。教师由旧经验开始,指导学生阅读有关的资料或收集相关的事物,使其获得必要的知识和经验,以帮助教学顺利进行、提高教学效率。

②发展活动:采用观察、实验、讨论、制作、参观等活动方式,视学生的程度、学校设备以及学科和单元性质,开展教学活动。

③综合活动:作为单元教学的结束活动,包括组织、整理、欣赏、应用、发表、评鉴、展览,以及下一活动动机的引起等。

这两种单元教学法着眼学生学习在流程上的闭环,关注学生的自主学习、自主体验与教师主导相结合。更为可贵的是,不仅关注学习的发生,而且关注学习的成效。但是同样,对学生个体学习发生的差异性的关注依然不足、对学生学习的细节同样没有加以充分重视、对学习的不同知识类型没有加以区分。

(二) 设计学习流程的思想依据:学生成长案例

笔者经过多年跟踪调研,积累了丰富的学生案例。(本著关于学生学习的思想基础,主要依据对这些案例的观察和分析)

◇ 学生学习个案 1:

A 同学是某高中名校的学生。他是作为化学竞赛生被提前录取到这所名校的。进校之后,该学生忙于各级化学竞赛,很少参加其他学科的日常学习。他一方面参加有大学指导老师的训练营接受教师指导、另一方面自主阅读大量化学书籍,"读的书码起来差不多跟自己一样高。"

拿到一批大奖之后,该同学短暂地参加班级的物理学科的学习。就在这短暂的过程中,他"突然发现""物理比化学更加有趣"。于是开始阅读物理学著作,找老师探讨物理学问题,继而参加物理训练营。竞赛,获奖。报考大学的时候选择物理专业。

该学生从小热爱阅读,不过阅读的基本是科技作品,很少阅读文学作品。高中的时候"长"成一个不擅长语文也不喜欢语文的理科男。但是 A 是一个非常理性的学生,高三时期一心要在语文上突破。一本《古汉语常用字典》几乎翻烂,古文阅读水平一下子跻身"高手"之列。作文上也很用力。一开始,面对作文题"有人认为如果有两元钱,应该拿一元去买面包,另外一元去买水仙花",他坚持这是个"伪命题""不可能扯出 800 字"。然而,过了不久他就能够正常完篇,而且时不时举出物理化学领域的例子让老师惊艳。但是写出来的东西大多像说明书。老师评价说:你的作文就像某种包子,熟是熟的,但是没有香气,缺少魅力。因此作文达到中等水平之后再无长进。与此同时,他对现代文阅读一直"无感",文学作品的理解几乎"全靠瞎扯"。高考的时候语文竟然也考出个不错的成绩。老师开玩笑说,你的语文成绩不错,但是语文水平不高,因为你与文学仍然基本在两个感觉世界。他表示大为心悦诚服。

最后他以数理化基本满分、英语优秀、语文差强人意的成绩考进清华。

◇ 学生个案 2:

B 同学曾经是一个乡村留守儿童。因为考试成绩永远个位数被同学起绰号为"铁蛋"。老师试图让"铁蛋"开花儿,安排了两名成绩优异认真负责的同学对他进行帮扶。可是他身手灵敏,一闪身就能从两位小"看管"的夹击中溜掉,照样不做作业不背书,考试照样个位数。老师只好亲自上阵,把他关在办公室辅导。在老师慷慨激昂唾沫横飞苦口婆心的当下,B 同学能赫然呼呼大睡。该同学勉强混到小学毕业。

可是,仅仅五年,该同学作为一个未成年人,已经靠养野鸭子发家致富、上了电台成了当地的致富典型。他能够驾一叶扁舟在湖面上疾驰如飞。更神奇的是,他似乎懂得野鸭子的语言,每到春天,在他的召唤之下,野鸭子纷纷飞到他临时搭建的棚子里下蛋,他自制炕房,孵化、饲养、出售一条龙。饲料自己配制,连"天气"也是他自己用一只去掉水银的热水瓶养几只泥鳅"播报"。

又十年过去,他成家生女,事业不大不小但生活小康。生活得激情飞扬。

◇ 学生个案 3：

  C 同学自幼是一个乖乖女。尊师守纪、学习刻苦。小学成绩优异，初中成绩良好。中考成绩稳中有进，考取了一所示范性高中。高中学习阶段，寡言少语，几乎蠲免所有休闲娱乐，连看一场电影的时间也舍不得"浪费"。所有靠记忆的东西都滚瓜烂熟，但是理科成绩始终没有起色。高二的时候因为压力过大患上轻微的抑郁症，休养一段时间后成绩一落千丈，不愿高考也不愿出国，到外地上了一个连自己也不喜欢的"二本"。

◇ 学生个案 4：

  D 同学从小内向，但学习努力。在家人一路"陪读"之下，以优异成绩考取了国内名牌大学。但是进了大学之后，发现大学老师"不管"自己，自己除了听课根本不知道应该做些什么，加上中学一直学的是"哑巴英语"，第一学期就多门课程挂科。灰心之下自暴自弃，干脆从此沉迷于游戏、与"世"隔绝。大学勉强毕业之后，因为性格过于内向，勉强找个待遇极低的工作过一天是一天。

◇ 学生个案 5：

  E 同学出生在一个"高知"家庭。爸爸妈妈分别从事物理和数学研究。E 同学从小数学成绩极佳，各级数学竞赛大奖拿到手软。高中毕业获国外名牌大学全额奖学金，毕业后顺利进入国外某著名数学实验室工作。6 年前因为人工智能的发展，该同学的演算特长开始没有市场，不久被大学解聘。该同学因为除了演算别无所长，至今失业在家。

面对学习，学生有兴味型、自律型、依赖型、逃逸型。

兴味型学生由自己的兴趣导引便可自行探索，教师只需提供相应的支持和陪伴，其学习就可以达到极高水平。

自律型学生依靠责任心对自我进行严格要求，往往凭借死记硬背和模仿训练让自己"知识"得以丰富、技能得以提升，但是不能领会学科的特质，进入不了学科文化的殿堂，不善于借助多种资料扩大自己的见识、"围攻"自己的困惑点、形成自己的"感觉",更不能切实建立、丰富、反省、优化自己的学术结构、描绘属于自己的学科形象,过度输入,知识反而变成负担,难以真实地生长。

依赖型学生是自主性或智能条件有限的学生类型。也许是家庭环境或学习环境磨灭了自信,老师教一点才会学一点、推一步才会进一步。

逃逸型的学生往往一开始对学科理解出现障碍或者自我屏蔽,对学科内涵的理解和表达出现困难,继而表现出对学科学习价值的怀疑。在学习上是能躲就躲、能逃就逃。

学习也因此有了智学、勤学、苦学、不学之分。但四种类型并不绝对。有的学生在这个方面有兴味,在别的领域很麻木;有的学生对记忆性东西很排斥,技能型东西非常擅长。

学科之间的差别也不可小觑。比如语文学科的主要学习方式是阅读。一个从小爱好文学阅读的学生,无论是语文的兴味还是语感都差不到哪里去。与之相反,在5—6岁阅读的黄金期没有进行大量文学阅读的人,只好期待12岁以前补救。12岁以前仍然没有进行必要的阅读,错过蒙台梭利所谓的黄金期,那么语文思维和语文技能就都值得担忧了。数学学习则需要大量练习。华罗庚和陈省身都不止一次强调:数学除了做题还是做题。苏步青说:"学数学,我一向提倡学生多演算一些习题,这有利于弄清基本概念、定义,以至于达到熟练运算的程度。这就是非常重要的基本功""所谓'学好',是指把各学科的内容即教科书内容包括其中所有习题学得深透,演算得烂熟,真正做到没有一个定理不会证,没有一个习题不会做的程度。"①音乐体育等技能为主的学科,主要靠技术训练:一天不练手脚慢,两天不练丢一半,三天不练门外汉,四天不练瞪眼看。拿学习数学的流程学习语文,就像"市面"上广泛进行语文的习题训练,自然南辕北辙。同样,站在琴房或者篮球场上一味注重"谈道理",也并不能有效提高技能。

教师在学习过程中的作为和作为的权重因之成为重要课题:哪些应该由学生独立完成、哪些应该由教师辅助完成、哪些应该由教师主导,哪些应该由学生自主。一般而言,学生自行完成的任务、教师主导完成的任务在学习过程中形成交互,其交互方式有三种类型:学生自主类,比如字词查阅、文

---

① 参见华罗庚等《数学家谈怎样学数学》,黑龙江教育出版社1986年版,第35页、第37页。

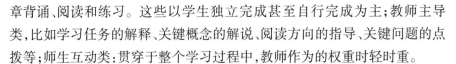

章背诵、阅读和练习。这些以学生独立完成甚至自行完成为主；教师主导类，比如学习任务的解释、关键概念的解说、阅读方向的指导、关键问题的点拨等；师生互动类：贯穿于整个学习过程中，教师作为的权重时轻时重。

总之，设计学生学习流程所谓"最优化原则"具体可以理解为：基于现实、因势利导；关注个体、致力于群体利益最大化。

1. 以"依赖型"学生的学习能力为学习流程的基本定位，同时打开上限、保障底线。

虽然每个学习集体中都有兴味型、自律型、依赖型、逃逸型学生，但是兴味型、自律型和逃逸型学生都占比不高。学习流程中学习目标的设立和学习流程的管理应该以依赖型学生的学习能力为定位标准，以确保大多数学生能够有效跟进。

但是目标过于单一、教师讲解过多，将对逃逸型学生不利，对兴味型学生更是严重的伤害。他们更需要自主的、探究式的学习方式，老师的规定和讲解反而限制他们的能量和兴趣。这批学生，恰恰是未来的乔布斯、比尔·盖茨们诞生的主要群体。如果他们的学习方式被扭曲，不仅影响其个体发展、班级文化，而且于整个社会未来的创新发明极为不利。所以，在设计学习方式、设计流程的时候，教师要尽可能给这批学生保留自主探索的空间，保护好他们给学习共同体带来的学习方式上的积极影响。

与此同时，自律型学生群体值得"分化"。这类学生有很强的目标感和顽强的意志，如果能激活他们的兴趣或是帮助他们找到与自己的兴趣匹配的方式，不仅他们个体大有作为，而且能转化为兴味型学生群体，让整个学校集体的学习文化大为改观。所谓一颗火种点燃另一颗火种、一棵树摇动另一棵，只有在这个层面上有意义。

不可忽略的是依赖型群体。他们是学习集体中的大多数，在他们学习方式还没有转型之前，他们更习惯也更需要教师的耳提面命。教师的导和讲不仅成为必须，而且按照这些孩子的心理，教师讲解、指导、督促的权重几乎覆盖整个课堂教学流程。所以培养他们，把他们尽量变成学习所需要的那个样子，这是其一；任务分离——让他们做他们能够自主完成的任务，这是其二。

事实上，任何实践活动都涉及无数变量。真正具有操作意义的学习过程是很难整齐划一步调一致的，但是个别化设计也永远是美好的愿景。基于理想的课程设计运作的程序,对应类别、繁简相宜、变与不变相互融合,既体现学生学习主体,又让教师的积极功能最大化,不排斥教师的讲授,是设计学生学习流程的基本思路。

2. 关注学生学习的外围条件,带动学习支持体系的系统进化。

讨论学生的学习流程,主要限定于课程教学范畴,眼光也经常聚焦于学生身上。对课程教学之外、对教师的教学技能,往往有很大的漠视与疏忽。但是,以学生学习为中心的学习流程,正是要将教师的教导和学生的学、将外部资源与核心能力,在更高水准上合成一体。所以,设计学生学习的流程必须关注学生学习的外围条件,带动学习支持体系的系统进化。

要形成出让教师权力时间空间的策略。首先承认教师讲解、设计的权力,其次认同"讲解只是手段,不是目的"。老师必须要"教",只是"教"的目的是为了学生的学习目标完成得更好,因此要坦然进行"讲解",更要智慧地把教的场域转变为学生学习的情境。

教师要掌握教学引导的核心技术。教学是有核心技术的。如何引导和激发学生学习、形成成长动机需要技术,如何有效帮助学生"学成"更需要技术。例如:"如何教学生描写眼前这座建筑?"——教学生写景,不只是教观察顺序,更要教写作顺序,最重要的是要教思维顺序,要建构学生认知逻辑。能带领学生观察房子是外围技术,能教会学生架构文章这是中间层级的技术,能指导学生建构思维方式这是核心技术。指导学生建构"有灵魂地组织材料和展开材料",才是学生"学会"的关键。

第三,要处理好联动平台的建设问题。万物互联时代下的教学,不妨坚持"一个中心""一条主线""两种方式"和"四种关系",即以学生为中心,以学习逻辑为主线,将线下和线上学习方式相融合,建立学生与同学、老师、平台资源、社会之间的学习型关系,让教师、学习资源、学习空间、信息平台和学习平台综合发力,彼此联动,以达到能量有效传递和提升绩效的目的。

(三) 学生学习流程的潜在杠杆:核心学习力

学习流程与学习能力互为因果。学习能力很大程度上既是学习流程的目标,也是学习流程的基础。不能单纯为了"流程"而设计流程以至于把学生的学习力摒弃在思考之外。

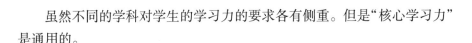

虽然不同的学科对学生的学习力的要求各有侧重。但是"核心学习力"是通用的。

1. 兴味。

前面谈到，优秀的学习者少不了"兴味"发挥作用。兴味从何而来？首先得承认，波利亚所谓"始于快乐，终于智慧"并不是所有学生都有的福气。有些学生天然对某些领域持有极高的敏感性和领悟力，而有些学生兴趣和天赋在别处。兴味也不是可以完全靠依赖外界植入的。这就是人与人之间的差别。承认差别才不会给学生不切实际的压力。面对一群天赋不一的孩子要求他们齐步走会对小部分学生产生直接伤害。

但是，基础教育最大的责任不是承认这种差别，而是不放过任何弥补或唤醒的机会。一次看起来不经意的谈话、一次别开生面的小实验，一个循循善诱的教师，都有可能成为唤醒的机会。

2. 敏感力。

敏感力包括对某一领域事物与信息的敏感、对现象背后的规律的敏感、对现象和规则背后的"问题"的敏感、对解决问题的途径和方式的敏感。"敏感"可以在观察和阅读的过程中产生，也可以在老师的讲述和同学的对话乃至任何一个不经意的场境中发生。没有敏感力的人很容易"走过路过全部错过"。麻木是一种可怕的屏蔽。对于成长过程中亟需扩大视界、激活思想、丰富自我拓展的机缘的学生尤其如此。而有敏感力的人会有更多刺激大脑的"触点"，也拥有更多探究的兴趣、交流的通道及创造的可能性。前文中"在食堂吃饭发现该食堂只能保障学生的生存需要而不能满足学生文化气质的优化"的学生，就是因为有与众不同的"敏感力"，所以多了一次发现问题、增加素养的契机。

3. 结构意识。

结构是世界组成的基本形式。这里的"组成"，相当于亚里士多德所谓的"form"，既是一种状态，也是形成状态的过程。所以，结构化认识事物、对事物进行结构化分析，不仅是一种认知，也是一种认知方式，甚至是智慧的认知方式。某名牌大学自主招生出了一道测试题："请列举筷子的用途。"结果大部分考生答："可以吃饭、吃面条、吃饺子。"——物理、军事等其他领域进不了他们的视野，是因为他们不能对"筷子"发挥功能的区间进行结构化分析(见下图)。有学生进行了大量的课外阅读,但是只集中在某一个作家上;有同学性格固执、思想偏激,为人处世好走极端;有学生在学习的过程中顾此失彼、没有办法实现合理的时间布局,都是因为不懂得"结构化"。

上海曾经有一道高考作文题:"没有事实的说法很无力、没有说法的事实很空洞,请你谈谈你的思考"。结果绝大部分同学的思考平庸而肤浅,只看到这句话的合理处而不能发现这句话的局限。

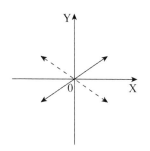

如果把"事实"放在 X 轴、"观点"放在 Y 轴(见左图),我们就会发现,越是占有事实的观点越可信、越是拥有观点的事实越稳固,正如它们在第一和第三象限里的表现。可是如果对思考的区间结构性划分呢? 在第一和第三象限之外的第二、第四象限里,越是没有观点的事实越是亘古和顽固(如我们人类还不了解的外太空、目前的新冠病毒),越是还没有事实呈现的观点越先进(如亚里士多德的时代牛顿的万有引力、诞生之初的广义相对论)。

具有结构意识的学生在观察了解世界的时候,会自觉防止盲人摸象、系统把握整体局面、防止思维单一思想偏激。

结构意识有两个主要表现。其一,认识到"万事万物都是由元素组成的",其思维特点是(1)能关照全局;(2)能关注要素;(3)善于"解元"。比如认识到"杯子"由"中空"和"外壁"两个要素组成。这是一种"解元"。

结构意识的另一种体现是"将万事万物当作元素并将它们组合成思想"的心理习惯。一旦发现"杯子"由"中空"和"外壁"两大元素组成的之后,将两大元素"组织"为"以内在的'空'决定外在的'有'的东西",这就是"思想",是"组元"的产物。

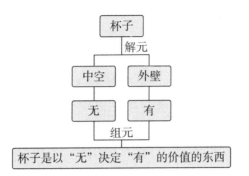

4. 抽象建构能力。

有一名学生在参加某大学模拟面试时说了这样一段话：

本人，喜欢运动。兴趣广泛。对古诗词有浓厚的兴趣，初三时获得中学生古诗文大赛一等奖；小提琴也考到十级。高中阶段加入了校团学联的校友部，不仅参与组织了部门中的各项活动，更是独立完成了多篇对校友的采访。我曾经去往重庆西沱，了解祖国不同地域的文化风情，并撰写了自己的课题报告；我经常参与各类志愿者活动，包括担任校内70周年庆典、温馨冬至夜等志愿者服务工作。我曾经去新加坡、爱丁堡游学，游历城市地标，感受异国他乡的文化魅力，对绘画、建筑逐渐产生了浓厚的兴趣。我物理学科基础扎实，曾经获得市级物理联赛金奖。我的志向是进入某大学建筑系学习。

指导老师要求她把自己的自我介绍抽象为"一个中心""三个层级"。"一个中心"是"我有学习建筑的热情、理想、基础，我能行"；"三个层级"分别是基础指标、重要条件、核心条件，并且建成一个模型：

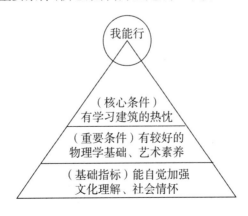

她借助这个模型将自我介绍调整为：

很多年前，我曾经去新加坡、爱丁堡游学。在游历城市地标、感受异国他乡的文化魅力的过程中，我逐渐对建筑与建筑学产生了浓厚的兴趣。为此，我更加努力地学习物理学，以至于获得市级物理联赛金奖。我还保持对古诗词、小提琴、绘画、运动的浓厚兴趣，为学习建筑学储备艺术素养，初三时获得了中学生古诗文大赛一等奖，小提琴也考到了十级。我积极参加社会活动，加入了校团学联的校友部，独立完成了多篇对校友的采访；去往重庆西沱，了解祖国不同地域的文化风情，并撰写了自己的课题报告，以增强自己的文化理解和社会意识。

本人强烈渴望进入××大学建筑系学习。

抽象，是对"事物的精神"进行提取。现象、例题、故事，都只是"精神"的载体，它们背后的知识的原理、概念的内涵、运动的规律，才属于"本质"，也就前面所说的"精神"。

"本质"和"精神"才是学生学习根本性的东西。当考试素材汗牛充栋、考试题目千变万化的时候，做不到"得意忘形"——不能发现很多题目其实暗藏的是同一个考点、它们在"本质"上是"一道题"的时候，这个考生是无法驾驭考试的。世界上点与线、与面、与体之间的关系如何处理？笛卡儿告诉我们，它们本质是数与数之间的关系。

《楞严经》中有这么一个故事：有一天阿难（如来身边最有学问的弟子）问佛：我不知道什么是"真"、什么是"表象"。如来从轮掌中飞出一束宝光。宝光投映到阿难右边，阿难就看向右边；宝光投映到阿难左边，阿难马上左盼。佛问阿难：你的头今日因何摇动？阿难说：我见如来发出的宝光忽而在左忽而在右……最后如来普告大众：你们要有定力，看到根本。否则就会遗失真性，颠倒行事，性心失真，认物为己。

如何做到不"遗失真性，颠倒行事，性心失真，认物为己"？关键是要在纷繁复杂的万事万物的表象背后找到根本。赫尔巴特和杜威的学习法中，抽象和概括都是学习过程中的重要环节。但是抽象比概括更凝练、更切近"精神"层面。所以抽象比概括更困难和高端。

抽象并不是学习的终结。抽象还只是"初级发现"，最完整的学习闭环应该包括"再次发现"或"发明"。发现了"杯子"的"外壁"与"内芯"的本质分别是"有""无"，这是第一次发现，做到了对事物深刻认知，但是还没有实现彻底的自我建构。如果对抽象出来的元素加以重新调度，发现"世界上很多东西都是以"无"的形式决定'有'的价值"——把"无"与"有"进行再次组合，则在更高的层面上重建情境。达到这个层面的学生，不仅"学会"了，而且"学到"了。特曼说，智力是抽象思维的能力。如果能够将建构的"模型"运用到陌生情境中，那就是学习的更高层级——直接表现为"智能"。

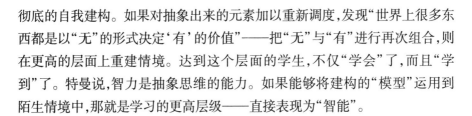

机械迁移式学习模型　　　　　　　抽象建构式学习模型

5. 语言能力。

语言是世界的要素，是思想的家。古希腊人把语言抬到"神"的高度，认为语言体现的是语法、逻辑、名词、言辞之间的逻辑关系，能够对万事万物进行定义和判断。中国文化重视背后的东西，将语言视为"正名"的工具。

语言能力包含对万事万物理解、阐释、定义的能力，也包含对诸多逻辑关系处理、对文化思想的建构能力。是人类的基本能力，也是交流、思想、思维、创造的能力。

语言包括书面语和口语、文字和图表。从学习的层面看，语言既是表达的工具，也是训练、引导、建构的工具。学生的学习疑难赖于表达，学习的成果也在表达中经受检验和修正。语言可以用来锤炼一个人快速搜索资料整理头绪作出反应的能力。口语能够有效调整一个人的性格甚至外部形态；书面语言可以作为有效强化一个人的逻辑能力和相关素养的载体。作为学术情境构成的核心要素之一，语言也是开启学术环境的密码。

语言的深层次价值不是沟通，而是表达判断和逻辑。最有效的表达不是文字，而是"模型"。学习了《前赤壁赋》，能够为苏东坡画像，能够帮助学生从入乎其内抵达出乎其外，从"我理解"到"我发现"。

模型也有现象型和工具型之别。工具型的模型是对现象作再一次抽象获得的。比如："如果您的学生又迟到了，您打算怎么说？"她奶奶的说法可能是："老迟到，就不能早起几分钟？"路人可能会说："你不遵守纪律,老师要批评了。"这两种说法的策略都是对迟到的后果加以预测,但是事实上这种预测并没有超出迟到者已有的预测,所以对于迟到者而言,他们的语言"没有意义",因而"不会采纳"。善于学习的学生,会因此建构一个模型(如下图)。但凡"现象分析",都可以借此模型打开思考、评估其价值和后果。

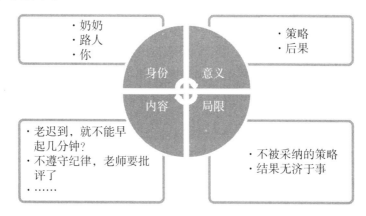

二、学生学习流程的两级模型

"学生学习"是分学段的。基础教育包含高中、初中、小学三个学段;每个学段又包含学年、学期;学期里又有单元、课时。

根据当下的教学形制,将学生学习流程可以分为大小两个层级,较高层级的闭环对应学段、学年、学期,基础层级的闭环对应单元、课时。

但是无论较高层级还是基础层级,既然讨论"流程",势必要讨论"主要环节及其先后顺序"。但是主要环节及其先后顺序必须顺应学生的认知特点:

1. 学习内容的由易到难、由要素到综合、由个例到原理。

2. 学习者学习心理的由已知到未知,由兴趣到探究。

3. 学习方式的由被教授到自主。

4. 整体把握上的由课时学习组合成单元学习,再组合成学段学习。

学生学习流程有两层级闭环。一是基于学段、学年、学期的整体设计大闭环;一是基于单元(专题)学习程序设计的小闭环。小闭环包含于大闭环之中。

　　按道理，对学生学习流程的设计应该按照学生成长的周期通盘考虑。但是，在现有的教学形制下，"学段""学年""学期"概念被强化，学生成长周期被淡化。由于教学又是按照章节操作的，无形中引导教师养成了只对章节、课时负责的习惯。能基于学期进行教学设计的就已经很少，能对学年进行关注的几乎是凤毛麟角。能够对应整个学段设计教学的绝对微乎其微。事实上，不观全局无以知方向，不着眼系统无以断得失。基于学段、学年、学期的大闭环学习流程设计对保障课程标准的实施具有宏观把握的作用。

　　以完整的学段（含学年、学期）为单位，学生的学习流程可以设定为三个阶段：学习预备期、专题（单元）学习期、综合实践期。

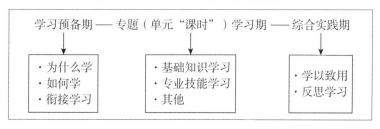

基于学段、学年、学期的整体设计大闭环

（一）学习预备期：引导学生把自己调理为课程需要的样子

　　学习是一种把外界资源导入个体并产生有效建构的活动。相对于学生而言，课程是那个外在的东西。外在的东西是否与学生相契合，讲究的是相互的靠近。

　　一方面，课程要尽可能为学生"量身定制"；另一方面，学生要尽可能把自己调理成课程所需要的那个样子。

1. 引导学生对学段与课程标准加以理解。

　　课程是什么样子？课程标准描述了它的灵魂。课程是学生的课程，学生自然首先要了解课程标准。这让很多基层教师吃惊——连很多教师都不去研究的东西，让学生学习？

　　课程标准是国家对学校教育和课程学习提出的要求。虽然"标准"是指上限还是底线目前尚不清晰，但是对于主张学生立场的教师而言，它既是自己实施教学的"上位法",更是学生学习的具体指向。学生不仅对课程标准具有知情权,更应该借此了解自己整个学段甚至全部学程的学习目标。既便于学生在学习的过程中确定方向,也便于他们进行学习成效的自我检测,同时避免日后学生在学习过程中因"不明就里"而产生抵触情绪。

更重要的功能是帮助学生了解课程、强化和优化他们对课程的认识。可以此作为激活学生学习兴味、把被动学习转化为主动学习的一个重要契机。当然,要求学生对课程标准进行全面系统的学习,既不可能也无必要。把需要学生做的、应该实现的目标介绍给学生,既尊重学生的权利,也明示学生的义务。

◇ **案例**:一节关于课程标准的语文课

教师问:"《普通高中语文课程标准》(2017年版2020年修订)中有'语言的积累与建构'。这是什么意思? 有什么具体的要求? 学生应该怎样学习、如何算是达标?"

学生们一开始新奇,继而迷茫,学习老师复印的材料、展开讨论。

学生答:"语言这个东西,应该说三岁就完成了基本建构,高中提出这个问题,应该是指学生语言的系统还不够发达,语言还不够丰富和'高档'。"

教师问:"你们推测如何让自己的语言丰富且'高档'呢?"

师生交流之后形成共识:首先要找到"语言"的要素。语言的要素应该主要指以下四个方面:

● 语汇。包括丰富程度和"专业性级别"。(文言与学术语言中语汇级别相对高于日常用语)

● 句式。包括句式的多样性程度和生动(或严谨)程度。

● 思维。语言是否单薄是否生动是否严谨,往往取决于思维是否能够发散、能否善于联想和想象、是否具有序性等。

● 语感。对语言的敏感性、直觉。

教师提醒:"日后的语文学习过程中,建议采取以下学习策略:朗读、关注并摘抄词语并根据语体进行归类;多做联句和仿写、扩写练习;开展'典雅语汇联句''生动语汇联句''含蓄语汇联句''长句比赛'游戏等学习活动。"

学生了解了课程标准，不管程度深浅，对其日后学习的自主性和有效性都有极大裨益。事实上，教师对课程目标的理解和因之产生的教学策略设计，也在学生的启发下更加真切和务实。

2. 督促学生对自己的学习习惯、学习方式加以升级。

小学是正式接受学校教育、进行课程学习的第一阶段。很多小学生一开始不适应学校学习。具体表现为"坐不住""课堂上想讲话""总想上厕所""不喜欢旁边坐着的这个同学"，"回家不想做作业（部分学生家里没地方做作业）""想玩好之后再做作业""一做作业就想睡觉"等。一些初中生进校之后反映出较大的校际落差，学习习惯和方式也相距甚远。很多高中生则长时间保留初中阶段的学习习惯，不喜欢开放性作业，不愿意自主学习，不知道如何把握时间，不知道在语文等学科上高中与初中在学习方法上有什么区别。

笔者在参加小学—初中衔接教育、初中—高中衔接教育、大学中学小学教育一体化实践策略等项目研究过程中发现，每个学段学生学习的习惯、方式大不相同，对学生的要求也大相径庭。一般的小学生以师生互动、生生互动、模仿练习为主；高中则更多地要求学生自主探究。初中往往介于二者之间。但是笔者调查显示，分别有 3.4% 的小学生、2.8% 的初中生、6.5% 的高中生因为不适应本学段的学习而给自己的学习信心和学业成绩乃至个性带来负面影响。对学生学习习惯和学习方式的调整，看起来是可有可无的动作，实则意义深远。

对学习习惯和方式加以调理，努力让学生更理解学段之间的区别并且适应当下的学习，这项工作因为学生的个性差异，加上有些习惯由来已久而变成一件非常耗时耗力的事情。事实上也没有哪位老师可以在衔接阶段完全可以实现这个目标。但是，为了班级教学顺利进行，也为了给学生意识上强烈唤醒，教师必须关注并找到行之有效的升级策略。

比如，建立"清单"制。将理想的学习策略和学习方式融入清单，按学期、按单元、按课时发给（或学生自行执行制作）"达标清单"。学生在学习之初拿到清单，理解学习任务和目标；学程结束之后学生自行"清算"——完成项打对号，半完成项打半对，未完成或不打算完成的标

"×"。学生可以自行选择是否在备注里说明原因或自我提醒。老师还可以跟学生约定:只要能完成目标,可以不跟随教师参加集体学习而进行个性化学习。

这类"清单",制作方便,操作简便。既能强化学生的目标意识,又能给学生的自主性和个性化学习留出空间。学生的学习方式和习惯会在前期"培训"和后期操练的过程中有意无意有效升级。

《师说》(韩愈)学习目标达成自评清单

	学习任务	级别	学生自评(完成的标✓;完成一半的标✓;没完成的标×)	备注
1	自行查字典,掌握加点文言字词10—15个	☆☆(表明每个人都必须完成)		
2	查阅两份以上的资料,理解本文与众不同的语言特点和说理特点	☆(表明每个人必须,但是可差异化完成)		
3	学习老师发放的复印资料,自行补充材料,理解韩愈思想在文学史上的意义	△(学生可以自主选择是否完成或者完成到某一级别)		
4	其他	(学生自行描述)		

3. 帮助学生对必备知识技能进行补充。

由于课程标准编制和实际教学上的各种原因,学段之间在知识技能和思维方式上有一定的断裂。学生经过一定时段的学习,在知识技能的掌握上也出现落差。这无疑给新学段的教学和学生们的集体学习造成困难。为了帮助学生更快地适应新学习阶段的学习,也为了集体教学中学生起步基础相对整齐,对必备知识和技能包括思维策略进行补充和补救极有必要。

比如文字学习。

文学学习是小学语文学习的重点。但是,学习方式和学习结论未必适应初中和高中学习。前文举"章"为例,小学老师解释这个字为"立""早"结构,是文章、乐章的意思。但是初中课本的《捕蛇者说》中"黑质而白章"中的"章",就没有办法解释为"文章"或"乐章"。这是因为小学教师教识字的方法不尽合理。所以,有必要在初中或高中按照训诂学的方法对小学学习过的 150 个左右的字加以重新学习。

比如学生不记笔记。对绝大部分学生而言,记笔记有利于强化学生的学习注意力、有助于养成自主学习和系统学习的习惯。但是部分学生并没有记笔记的习惯。衔接阶段的任务之一就是矫正学生的不良习惯。

又比如文献学基础。"治学先治史"这是常识;高中阶段学习搜索文献既是专题探究的必要,也是自主学习习惯养成的必要,同时《普通高中语文课程标准》(2017 年版 2020 年修订)也将"多媒体学习"作为核心素养进行了列举。所以学习一点文献学常识并不多余。但是,不仅一般的初中不会关注文献学,高中的课程标准和教材也没有将之列入。所以,高中生在学习预备阶段可以补充一点横向的对比资料和纵向的重要原理、重要文体的发展历程及一些推荐书目。既可以拓展学生的视野、激发学生的好奇心,也有助于学生加深对学科的认知和感情。

高中语文衔接期推荐书目

	对应核心素养	衔接重点	推荐书籍
1	语言文字积累建构	文字学、启蒙读物、国学	《说文解字》(《图说汉字》《汉字王国》)、《三字经》选、《幼学琼林》选、《声律启蒙》选背、《宋词纪事》(唐圭璋编)、先秦诸子选读……
2	听说读写语言技能	演讲	《世界名人演讲集》
3	修辞逻辑语法	语法	《语文常谈》(吕叔湘)
4	文史哲文化思想与视野	经典或现代思想	《人类简史:从动物到上帝》(尤瓦尔·赫拉利)、《时间简史》(霍金)、《万历十五年》(黄仁宇)、《苏东坡传》(林语堂)、《草原狼》(康恩·伊古尔登)、《胡适自传》(胡适)、罗曼·罗兰《巨人三传》、其他名家简史……

（续表）

	对应核心素养	衔接重点	推荐书籍
5	自主学习的能力、思维能力、研究能力（智力）	学习观念	《我们如何学习》（克努兹·伊列雷斯）、《上学记》（何兆武）、《大脑的故事》（大卫·伊格曼）、《当下的启蒙》（史蒂芬·平克）……
6	其他		

4. 其他的学习条件准备。

学习流程不仅强调学生为中心，还要关心学习发生的起点、预估实施学习流程可能遇到的困难和所需要的条件。衔接阶段要为后阶段的学习做好全面准备。除了学生的学习基础、学习习惯的调整，还有其他学习条件的准备。比如：

① 教学空间的布置。把空间布置成符合"班级性格"塑造的要求。

② 学习型组织的建设、组织领导人的培训、组织建设目标与方式的讨论。

③ 学习心理建设。包括学生对课程的情感的激发。

④ 家长组织的建设及活动方式的约定。帮助家长为学生学习供给能量。

（二）专题学习期：基于单元、课时的专题学习小闭环

专题（单元）学习阶段是学生学习大闭环中的主体环节，也是学生学习过程具体呈现环节。作为相对独立的阶段，它具有一定的系统性。

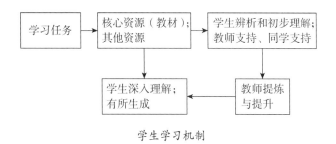

学生学习机制

这一阶段学生学习流程总体上可以分为四个环节：

① 师生进行教学准备、师生共同商定学习目标、确定学习流程和方式。

② 学生学习；教师导学、助学、督学、讲学。

③ 师生议学、评学。

④ 师生"对标"是否追加及如何追加教与学。

基于讲授式教学与探索式教学优势互补原则，参照杜威、赫尔巴特、凯洛夫、加涅等人的教学程序设计理论，对应中小学课时设置、教材设置、学生学习习惯等特点，笔者创设了"双线""五步"学习法：

1. 双线：学生学习流程与教师助学流程两条设计思路交叉互动推进。

（1） 学生设计学习流程的思路。

为什么要进行这一单元的学习——这将是一场怎样的学习（学习资源、学习方式、学习过程中可能遇到的困难及解决问题的办法设想）——如何评估自己是否达标以及评估的结果是什么——是否以及如何补充学习。

（2） 教师设计教学流程的思路。

学生学习本单元的目标和指标是什么——学习的步骤是哪几步——预测学生学习过程中可能遇到的困难、表现是什么——在哪几个"点位"给学生提供怎样的帮助——学生的学习成效达标情况怎样——是否需要帮助学生追加学习。

（比如，高中写作——学生已经有了哪些预备知识？对应高中生的作文写作学习目标，学生还缺少哪些东西？学生进行写作训练，估计有怎样的心理和情绪？三年的学习序列是什么？每个专题学习的序列是什么？每节课按什么顺序进行？）

2. 五步：对应单元（专题）学习。

单元学习是学习流程主体中的主体，对学生的学习成效发挥更为直接的作用，涉及的各种不确定因素也更为纷繁复杂。所以，涉及这一环节的学习流程，需要先行关注几对关系：

① 单篇（节）与单元的关系。

单元由章节、课时组成。单（节）篇教学和课时教学却具有相对的独立性。无论缘于教材单元设计的欠严谨，还是因为目前的教学体制沿袭过去的课时制度没有对应单元学习释放相应的空间，加上单篇（节）存在不同维度的学习价值、具有不同层级的学习难度,完全基于单元立场忽略单篇进行学习,几乎没有可能性。

如何既保障单篇(节)学习的效益,又能体现"单元"概念,这是非常现实的问题。当下可以采取的策略是,将"单元学习"视为一种理念,而不仅仅是一种操作。努力为学生设计学习专题、拓展自主空间、强化学习体验、促进成果生成;关注对单元内的单篇进行专题整合,但是不强求整合。在操作上,"花开两朵,攒成一枝"是一个两全的策略——先学习单篇(节),各个击破,再就单篇中共有的元素、对应学习目标总设计提取单元主题,进行专项探究。所谓"单篇各个击破,单元综合探究"。

② 不同知识类型与学习策略的关系。

学习策略因人而异,也因学习内容而异。对应不同的学习内容应该采取不同的策略。策略不同,学习流程自然因之而产生各种变化。

加涅依据机制的不同,区分出了学习的八种类型。

第一类,信号学习——相当于巴甫洛夫型的条件反射。是最基本的学习。

第二类,刺激—反应学习——相当于斯金纳型的由机体的运动刺激及其反应相结合(操作条件作用)而产生的学习。

第三类,连锁形成学习——两个(或两个以上)的学习内容的联结,形成连锁作用。

第四类,语言联合学习。

第五类,多样辨别学习——对某一集合的个别要素,作出个别的反应(记住任课班级学生的名字,弄清狗的种别,都属此列)。

第六类,概念学习——同多样辨别相反,是要抽出学习情境中具有共同属性的多个因素,学习同一的反应。(譬如用动物这个概念将狗、猫、猪加以抽象就是一例。在抽象过程中,自然需要将动物范畴内的刺激群同范畴外的刺激群能够加以辨别)

第七类,原理学习——原理、命题、法则等的学习。

第八类,问题解决学习——利用先前学习的原理,分析情境,思考出新的原理。[1]

---

[1] 参见施良方《学习论》,人民教育出版社 1994 年版,第 317 页。

但是,与理论领域的追求体系化、精细化不同,在实践领域,对学习类型与学习策略的分类越是精微,指导实践的功用越小——太多的分类只会让教师和学生无所适从。所以根据学习过程的复杂程度以及学生学习所运用的方式,可以把学习类型简化为三大类:

① 简单任务类。如英语中的单词记忆、文言文中的文言词语记忆、数学中的公式记忆等。对应这种学习任务,可以课前或上课伊始给学生 10 分钟时间让学生借助工具书自主完成,老师当堂测验。既能刺激积极性的最大化,又能保障后一阶段的学习基础。

② 专业知识理解和技能运用类。比如"句式的特点及其运用""公式的含义及其运用""化学实验的操作程序"。侧重以学生自行尝试、小组互帮互助、教师点评指导的方式进行。课后进行强化练习;条件允许则在社会真实情境中进行学习效能的强化。

③ 认知内化和主题探究类。比如"为什么说道德是一个人的根本""生态保护与经济发展的关系""鲁迅的文章是否应该从教材中撤出""解析几何与化归建模之间的关系"等主题探究,则必须在明确主题之后,基于相应的学习资料,促使形成自己的观点并进行成果交流。

融合设计,各有侧重。学生学习流程可以设计为以下五个步骤:

第一步,明旨——明确探究主题或目标指标。

探究主题指本单元或本课时学习过程中学生开展探究所围绕的话题或主题。目标指标指学习本单元或本课时的具体目标或指标。它是课程标准、单元教材(课本)以及学生学习机制三元关照之下的结果。好的探究主题和学习指标一定是学段整体设计之下的定位,适应学生心智发展的水平、显示教材的核心价值。

这里所谓的探究主题或目标指标有两个层级,一是集体统一的主题或目标,二是每个学习主体根据自己的实际调整之后的个性化主题或指标。

第二步,初学——初步感知(学习)并交流(检测)。

这个步骤旨在完成两大方面共四项任务。

第一大方面是查字典、记单词等"简单学习任务"。学生自主完成。

第二大方面是整体感知学习内容,激活已有知识作初步的成效产出;对应学习目标或指标进行学习成效的自我评估,预设学习策略、学习资源、学习的重点和难点;小组进行交流,把个人体验集结为集体学习的新起点,重

223

新定位学习的重难点并调整学习策略。

这是铺垫环节,也是蓄势的环节。

第三步,探究——借助学习资料自主合作探究并交流。

在这个环节里,学生要借助学习资料,对应学习重难点实施"攻坚"和"突破"。这个环节包括三个小程序:一,学生个体研读资料或进行技术试验,过程中教师观察并适度提醒或指正。二,学生小组交流,提取经验或提炼原理。提出依然存在的问题或困难。三,班级交流学习成果或困难。

在这个环节里,学习资源配置的数量和质量是学习成效高低的关键。学生是否有充分的、有质量的信息进驻大脑并更新或优化此前的"大脑"——"学"到足够的新东西,学生能否借力资源在原先的认知障碍上实现突破,学生能否因由学习资源感知相关专业领域的长度(历史)、高度(权威)或热度(最前沿),几乎全靠学习资源配置的水平。学生凭借学习资源进入情境、深入体验,发现新元素、产生新理解,形成阶段性突破。

这也是"以教为中心"和"以学为中心"最关键的区别之一。以教为中心的教学过程中可以除了教材不再有学习资源,也不一定进行自主探究,老师耳提面命就可以完成整个过程;以学为中心的教与学,必须有一定的资料供学生自行探究和研究。没有学习资源和自主探究,就不属于真正的"学习"。

第四步,小结——优化提炼学习成果。

这一环节是整个学习过程的"高光"时刻,是教师走上"前台"、表达自己的思想成果和引导技术的关键环节之一。教师既要为学生提供思想或技术方面的"样板",也要帮助学生提炼"关键技术"。

◇ **案例**: 为什么今天我们要重新谈"劳动"

高中统编语文教材第二单元讨论"劳动"。在学生完成了本单元的学习指标制订、基础知识的自主学习、借资料的合作学习之后,同学们产生了关于"劳动"的认知,同时也对"如何研究劳动这个主题"在学习方式上有了自己的总结。但是,学生到底是学生,他们需要更高水平的思想成果与学习技能作参照。于是老师"闪亮登场"发表自己的看法:

第一,劳动是人类存在至今永恒的命题,是人类文化的基因之一。我们了解这些文化和基因,是我们作为人类中的一员的任务和义务。

第二，在人类文明的发展史中，"劳动"是一个内涵不断丰富也不断变化的概念。从一开始以"力"为主的体力劳动，到后来脑力智能为主；到今天，我们潜意识中将体力劳动和智力劳动区分了"贵贱"。其实劳动只有基础和非基础之分。农民的劳动，表达了对自然规则的发现与尊重；环保工人的劳动，保障了我们的生存环境，也体现了人类宝贵的勤苦精神。适度的体力劳动更能促进身体健康。

第三，好逸恶劳是人的本性，当今社会很多人更注重利益的获得，而忽略劳动本身对生理机能和智力开发的作用，也忽略了劳动过程给人带来的喜悦和成就感。这是劳动观的异化。

第四，劳动是一种社会行为，但是在哲学领域可以阐释为一种意识形态。在生活领域可以演绎为一种人性或人伦的表现、在经济领域则是生产力和生产关系……

当然，劳动对于我们的价值，还有就是，借由这个话题，可以破除我们过去的成见，扩大视野，学习理论，让自己的智能结构得到更新和丰富。

至于我们作为学生研究劳动和任何社会文化概念和命题，可以研究日常生活中的观点、路遥等学者的意见，但是更要尝试阅读马克思写的《1844 年经济学哲学手稿》。结构性摄入可以让我们不至于偏于一隅。

第五步，补学——追加学习。

无论什么学段什么内容的学习，适度的练习总是必要的；无论多么科学合理的学习流程，学生最后产生的效果总是参差不齐的。所以，一方面学生要选择情境或习题强化学习成效；另一方面，对于学习不达标的同学，老师要带领学生一起研究合理的方式，追加学习内容，让学生尽可能不在掉队的道路上积重难返。

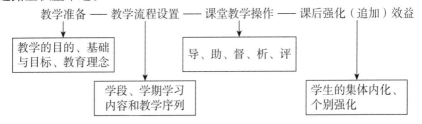

教学准备 —— 教学流程设置 —— 课堂教学操作 —— 课后强化（追加）效益

教学的目的、基础与目标、教育理念

导、助、督、析、评

学段、学期学习内容和教学序列

学生的集体内化、个别强化

（三）综合实践期：是内化也是强化，是互助也是渗透

教育实践及教育的社会化是教育自诞生之日起人们公开或潜在的要求。希伯来人规定青年人到了 8 岁如果不从事神职工作就得学习经商；斯巴达教育走向极端地把文化教育和科学教育看成没有意义的事情，集体训练才是教育的"主业"；柏拉图认为智能不是从外部世界的经验中获得而是一种回忆，但是他的学生亚里士多德就"纠正"说人的能力必须在实践中加以培养训练；罗马共和国的教育强调按照集体的要求塑造年轻人的生活，而且这种教育的主要方式是"实践和观察"；中世纪骑士教育确认的"骑士七技"就包括骑马、游泳、投枪、击剑、打猎、弈棋和吟诗。

到了近代，文艺复兴时期强调教育要理论联系实际。要向大自然学习，要利用实物和直观教具进行教学。英国教育家洛克为青年"绅士"开列的课程中就包括旅行、园艺、细木工。卢梭在《爱弥儿》中突出通过家庭教育或自然教育培养"自然人"的设想。瑞士教育家裴斯泰洛齐提出智力的发展应该与训练动手能力和勤劳作风联系起来，以实现心、脑、手紧密联系的三者平衡。

在现代教育史上，英国哲学家、教育家罗素预测四大教育趋势，"教育内容的实用化"位居其二。19 世纪末到 20 世纪 50 年代美国的"进步教育运动"特别强调教育与社会生活的联系。作为典型代表，杜威十分重视儿童直接经验在教育中的作用，认为教育的本质是"个人隐私与社会因素的协调或平衡"[①]，他不认为"教育"是"学校教育"的代名词，确定社会的其他部分也具有教育的潜力。

在中国，学以致用，用以致能是从古代开始就一直存在的教育观念。孔子就是在劳动中、游历的过程中培养学生；受杜威思想影响的陶行知倡导"行知教育"，是社会生活与教育密切结合的教育思想的具体体现。

随着对人类认识的不断深化和新思想新技术的突飞猛进，人们对"素质"的要求日益全面，对物理实验劳动等课程更为重视，STEM 等实践类课程迅速发展，学生有了更多的动手实践的机会。但是，具体到基础学科这种理念和尝试仍在起步阶段，学生在"六合空间"（教室）里进行文字符号的学

---

① 参见周采《外国教育史》，华东师范大学出版社 2016 年版，第 306 页。

习的时间仍然越来越长。

◇ 案例：关于"游学"的回想①

"游学"是我们"人文实验班"的特色课程之一。跟市面上热热闹闹的游学不同，人家侧重于"游"，我们侧重于"学"。每次游学前，我们都会分组"承包"景点，围绕"景点"涉及的相关课题搜集大量的相关资料，要提炼话题、总结观点、针对景点作精练而富有感染力的演说。

第一学期开学的时候，老师就跟我们确定过计划。高一高二一共四次，对应课本学习的主题，寒假分别是绍兴、杭州；暑假分别是洛阳、曲阜。

第一学期末我们去的是绍兴。大年初四出发。去之前我们分好小组，也分配好主题。

第一站我们去的是鲁迅故居。分到任务的小组开始他们的讲解。他们拿出手机，或拿出事先准备的A4纸。

当天晚上我们在所住宾馆的会议室里上课。老师对我们一一加以评点。对我们的"讲解水平"和"讲解水平所折射出来的态度和能力"给予严厉批评。

老师责问：没有足够的吸收怎么就敢上场、没有充分的训练就来胡乱开口？

当晚我们到处"流窜"搜集书籍和资料，其狼狈程度简直不堪回想。

这一次，我们去洛阳。

班长、学习委员、课代表、小组长组成的五人"筹备小组"，分头开家长会、找旅行社、设计游学地点、分配研究主题，轻车熟路。

这一次依然每个小组分别承包一个景点的讲解，每人五分钟，讲得好就继续讲，讲得不好，老师、课代表，任何人说一声"结束"，他就得"结束"——同学们显然对绍兴之行记忆犹新。一上动车，每个小组都立即从大包小包里掏出书本和资料开展研究。

在安阳，我们讲甲骨文。天气好热，我们讲得大汗淋漓，但也热火

---

① 该文作者为陈怡雯，复旦大学附属中学2020届学生。

朝天,FF 同学的演讲把人家导游那里的游客都吸引了过来。

在少林寺,HF 同学将打印的 26 张 A4 纸背得滚瓜烂熟,轮到开口时他却卡了壳。老师动员了一批游客听他讲解并给他鼓掌,他一下找到了"大腕"的感觉。

晚上去看"禅宗大典",美轮美奂。可是没想到大夏天的夜里冷成那样,看完之后我们全体在山脚狂跑出汗以防感冒。

在龙门石窟的大门口,面对琳琅满目的商品,"督查委员"认真履职,大声吆喝我们快走快走,声称我们不是老年观光团。

洛阳旅游局的工作人员对我们的表现赞赏不已,竟然主动给我们加了一场讲座。"丁大侠"最为威武,辗转的客车上她一直讲解"武术文化",不知道什么时候还写出整一张纸的格律诗。

我们依然每晚集中点评。只是这次换了角色。同学们互相吹毛求疵,老师倒是赞赏有加。

不知道老师是否知道,为了讲解透彻,饭桌上的时光我们都分秒必争。游学十二天,我们几乎没有人睡过囫囵觉。

当然,我们也悄悄安排了专人对她加以"看管"——谁让她总喜欢在拍照和吃饭的时候溜掉呢?

我们长大了好多。

对应学科的综合实践,往往具有四大特点。

实践的主题与"课内"有相应的关联。比如上面所说的游学,之所以选择绍兴和洛阳,不仅有行程长度上的考虑,更关注学习内容上的对应性——此前分别学习了鲁迅和"河洛文化"专题。

实践的目标是课内学习目标的提升、融合和贯通。上面所说的游学,表面上的核心目标是学生的演讲更上层楼。实际上,学生学习主题确定的能力、游学地点的选择能力、与校外专业服务机构的沟通能力、学生之间的组织能力、自主搜集材料、辨析材料并形成观点的探究和综合能力,都一并揉在其中,系统培养。

实践环节是课内的衔接与延伸。仍然以上面的游学为例:学生在日常的学习过程中,已经进行专题研究和口头表达练习,只是研究的任务不够紧迫、训练的环境不够情境化。所以,游学实际上是学校学习的强化环节。

综合实践也是学习，只是要求更高、情境更复杂、学习的维度更丰富、力度更"强悍"。所以，深度学习、自主实践的理念要比平时表现得更鲜明更强烈，而不可以徒有形式，不仅没有强化学习的实践性和综合性，反而消减了学生自主学习和综合学习的意味。

游学只是综合实践的一种形式。科研考察、论文写作、社会调查、课本剧表演、辩论活动，都属于综合实践。综合实践也不一定要在学期结束的时候进行，任何专题学习的终端都可以是综合实践。综合实践也不一定都依附于课内学习，也可以自成专题。

当然，并不是有了学习流程就能充分体现学生学习中心。流程中的"要素"的取舍和内涵的深浅很大程度上决定学生学习逻辑的性质和效力。一个表面上体现学生学习步骤的流程，极有可能本质上仍然体现教师本位，或者最终导致学习无效。

凯洛夫的教学五环节体现的是典型的教师中心、教学中心的理念。他设置的教学程序是：组织教学——复习旧课——讲授新课——布置作业。

假如我们对应凯洛夫的教学五环节，把教师教学的步骤调整为学生学习的步骤：是做好学习准备——复习旧课——听老师讲授新课——跟随教师巩固新课——完成课后作业。

是否就实现了学生学习的逻辑呢？

显然没有。

原因很简单：虽然过程的主体改变为学生，本质上还是教师带领学生亦步亦趋。究其内在，一是学习目标由老师制订并且学生并不知晓，"往哪里去"的问题将全盘由教师控制，学生失去学习方向上的主动性。二是缺少学生体验的探究的过程，知识获得主要由教师灌输。三是缺少学生自主学习的条件，包括空间、资源、自我评价指标。四是过程中过度关注课本中"知识"，而对学习的原理和策略有明显忽视。五是缺少对学习方向和学习策略以及学习成果的调控。

所以，真正的学生学习逻辑一定会特别关注几个重要的环节和元素，比如学习目标由师生双方约定、学生自主探究环节的确保、学生学习资源的提供、学习支持条件的建设、学习过程中关键技术和策略的关注。即，由学年与学期大闭环、单元（专题）学习中闭环、单篇学习小闭环组成"三环"，学习流程五步推进,学生主学、教师辅学双线贯通,构成实施"学"为中心的"三环五步"。

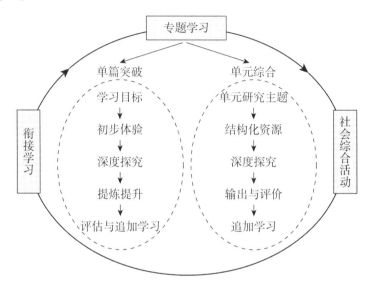

三环五步学习流程

建立学生学习逻辑还要特别关注教师主导与学生主体的关系。教师应该发挥什么功能,学生应该承担什么义务;哪些环节该以学生活动为主,哪些环节教师应该发挥讲解及帮扶的作用。不发挥教师功能的教学不可能是成功的教学,过度发挥教师功能的教学同样值得警惕。所以,在学习流程的设计和实施的过程中,教师和学生的任务、功能、发挥作用和占用时间的权重,都不仅是教学理念的体现,也都是学生学习是否成功的关键。

第五节　学习评价:从"标准化"转向"个性化"的能量流动模式的重新营造

《战国策》记载了一个故事:楚灵王喜欢读书人有纤细的腰身,楚国的士大夫们为了追求细腰,克制欲望,节餐缩食,每天只吃一顿饭。结果他们饿

230

得头昏眼花,坐在席子上非要扶着墙壁才能站立,坐在马车上一定要借力车轼才能起身。但乐此不疲。一年之后,满朝大臣都面呈死灰。

楚王因为个人爱好,将"细腰"确定为评价标准,"评判"工作便自然而然地发生:腰细的就是"有品"的臣子。

从此,大臣们自觉减肥节食,评价开始发挥导向功能。

评价的影响力并不到此为止。因为大臣们追求细腰,所以舒服的"沙发"必须改成硬邦邦的板凳,肥美的肉食必须替换为寡淡的蔬菜——即便你是一个对细腰没什么兴趣的武士、使臣、宫女,你也不得不接受这样的环境。特殊的评价标准带来特定的生态。大概这就是为什么后来又有《尹文子》的"楚庄爱细腰,一国皆有饥色"和"楚王好细腰,宫中多饿死"的汉代民歌。

当然,后续的故事还可以继续发生。如果当时有人对细腰与饮食的关系、细腰与健康甚至与社会文化、与国家命运的关系进行数据分析,那么,今天的我们得到的就不仅仅是历史的喟叹,而是又一条规律的发现了。

◇ 案例:评价让家长变了 [1]

中班升大班了。在听完老师介绍大班幼儿发展目标和学习任务之后,小静妈妈再也按捺不住内心的冲动。虽然知道将来小学教学零起点,但零起点不代表零准备啊!有些小学入学测试的知识难题多么吓人啊!小静妈妈立即组织一群家长和老师沟通,她觉得:幼儿园升小学,其他方面的适应应该不是问题,最核心的问题是学科知识的准备,她会自己送孩子上各类学科补习班,但幼儿园也应该教教拼音、认字写字,最好再教一些英语。

但是,在大班幼小衔接的这段日子里,小静妈妈被多次邀请参加了幼儿园各类家长会,她和其他家长一样,带着孩子随班级走进了小学一年级班。她特别留意学生一天中都做些什么、学生的情绪怎样;她还与小学教师沟通,衔接阶段应做好哪些心理准备和习惯培养,询问了幼小衔接准备期的课程标准和教学安排。活动之后,小静妈妈原本焦虑的

---

① 参见李丹、龚鸣:《一份特殊的礼物:成长感》,《现代教学》2013 年 11 期。

情绪稍稍得到了些许舒缓。

　　与此同时,小静妈妈收到了一系列参与幼儿园开放活动的通知,并要求她对孩子的表现进行评价。

　　于是,在每月家长开放日、在亲子活动中、在特色活动"大舞台"和社团活动中、在各类社会实践活动中,小静妈妈拿到了不同的活动评价表。通过观察、比较和评价,小静妈妈发现,学习类活动更关注学习兴趣、习惯、态度及学力的获得;亲子活动大多指向亲情关系的建立与稳固、尊敬长辈的礼仪和自理行为的养成;"大舞台"和社团活动中,目标直指幼儿的自我意识、自主意识和创造能力;社会实践活动更多发展孩子的社会性,包括观察力、交往合作能力等。

　　而小静在各项活动中情绪愉快、习惯良好、表现自主、学力增强,妈妈感到很欣慰和自豪。

　　在家长问卷反馈中,小静妈妈这样写道:孩子成长发展不仅仅在于获得多少知识,而应尊重孩子的身心发展规律和特点,培养完整儿童才是最重要的。

可见,评价不仅关乎判断,而且暗含引导的功力、关乎生态的营建,甚至对未来可以产生昭示规律的作用。

评价,顾名思义就是对事或人物进行判断、分析、形成结论。在中国,评价一词最早是"评定物品价值"的意思——如金朝元好问《为橄子酿金》诗之一"明珠评价敌连城,弃掷泥涂意未平",后来发展到对人、事的价值水平进行衡量。

教育评价是稍晚才产生的事物,由于它的复杂性和综合性,它的发展并不一帆风顺。第一阶段的教育评价以测量为标志、强调以量化的方法对学生学习状况进行测量。第二阶段,有"教育评价之父"之称的泰勒明确"教育评价"的概念,提出了以教育目标为核心的教育评价原理;第三阶段在 20 世纪 50～70 年代,教育史上称之为"标准研制时期"——以布卢姆为代表的教育家,提出了对教育目标进行评价的问题。第四阶段在 20世纪 70 年代以后,教育评价发展到注重"结果认同",特别关注评价结果的认同问题,重视评价对个体发展的建构作用,教育评价迈入"个体化评价时期"。

教育评价及其理论,由一开始的滞后于教学实践与教学理论,到后来与教学实践及其理论同频共振,再发展到引导教育教学实践和理论的进步,体现的是教育评价的功能被不断认识、开发的过程。在教育的 3.0 时代,教育评价这一话题被强烈关注,中国知网显示,研讨"教育评价"的论文有 2.6 万篇、博士论文 300 余篇、硕士论文 4000 余篇。在教育基层,"教学评一致""基于评价的逆向设计"等说法和做法也层出不穷。大体说来,各界人士都是试图运用教育评价这个"轻便"的杠杆,撬动教育教学质量提升这个大工程。

也正因为如此,教育评价所讨论的内容始终庞杂,所对应的主体也始终面目不清。如何在学生学习的这个范畴中讨论评价,始终缺少更明确的聚焦。也因此在学生学习逻辑中,评价什么、如何评价、如何对评价的效能和策略进行评估,始终缺少清晰的辨别。也因此评价在学生学习过程中的作用始终没有得到更有效的发挥。

一、"基于学生学习的评价":聚焦于学生学习"量身定制"的这一类

在实践层面,关乎学生学习评价的总体上有三大层级:

最高层级: 国家考试——国家对应届初、高中毕业生实施的结业考试或升学考试。它们旨在诊断学生水平、指导基层教学。

第二层级: 学校测试——学校对应课程教学进行的年级或学段统考。旨在诊断教师和学生教与学的成效。

基础层级: 学习过程中的评估——教师在教与学的过程中所进行的各项评估。

国家考试是否具有引导学生学习的功能? 当然有。教育部考试院发布的《中国高考评价体系》关于高考的核心功能,第三条就是"引导教学"。笔者曾经发表《关于上海语文学科高考结构基本框架的设想》①:

---

① 参见王白云《让"指挥棒"撬动育人杠杆》,收录于陈跃红、宋亚云主编的《语文教学与考试研究》,语文教育出版社 2019 年版。

板块	目标与要求	检测指标	等级	检测方式
阅读 (70分)	能够读懂资料,有一定的学习能力与鉴赏、研究能力	能理解文章中材料或文学形象的含义;能理解文章的思想感情和写作意图	识认筛选性	将阅读部分的现代文两篇和文言文一篇加以组合,变成1+1+1模型。第一个"1"是核心读物(课外必读书目中的文章或节选2000字左右),后两个"1"分别是比较性和助读资料,包括一篇古文(2000字)(古诗词另列)
		能根据不同的文体鉴赏文章的文体特点、构思特点和语言特点	诠释论证性	
		具有初步的研究能力,能提炼研究主题、形成观点	生成创造性	
写作 (70分)	能够围绕主题筛选资料,并有效地利用材料加以论述	论文有独立观点,有充足材料,有表达的逻辑		综合阅读后写一篇400字左右的学术论文;一篇800字左右的文学性大作文
说话 (10分)	能够在公共场合做有材料、有见解的演讲	1. 衣着得体 2. 口齿清晰,声音洪亮 3. 有主题	合格级	口语测试:提供情境,让考生说一段5分钟的话,或者填写三张PPT(含主题、观点、演讲过程设想)
		1. 有丰富的材料 2. 有独立的个人观点 3. 表达流畅	优良级	
		1. 有典型的材料 2. 有独到的见解 3. 表达能吸引听众	优秀级	

该考试框架(特别是楷体字部分)就是试图围绕国家政策和课程标准,以"立德树人""正确价值观、必备品格和关键能力"为目标,进一步借力评价工具,引导教学进一步关注学习情境、更强调多维学习空间的融合——在

特定时间、特定场境、特定主题中,将基础型课堂、拓展性课堂、研究型课堂进行结合,将篇章教学、拓展学习、社会体验进行结合,将说、读、写三大语文能力进行融合,将语文学科评价的诠释性、论证性、创造性进行结合,将语文学习的基本知识技能、思维能力与人文视野和素养进行结合。既体现"检测"功效,亦达成"引导"目标。

但本节讨论的是课程落实与教学过程中的评价。特指基于教与学主体——师生之间、基于学生学习逻辑的教学评价,包含教与学过程中一切与学生学习与成长有关的要素。鉴于以学科学习为基础,笔者称之为"基于学生学习的评价"。

但是,正如第二章所言,这里的"学习"并不只对应"知识",它的指向是人的发展。所以"基于学生学习的评价"是综合性的、多维度的,覆盖包括立德树人、学科素养的各个维度,包括学习动机、学习过程、学习成果,乃至学习过程中保障学生学习的整个支持体系。

撇开基于录招、管理等社会性功能的评价不谈,在教学实践领域,基于教师教学逻辑的评价和基于学生学习逻辑的评价,在评价理念、评价标准、评价过程、评价策略上有明显区别。

基于教师教学逻辑的评价:

• 更多地关注教师是否有"教"的目标,而不是关注学生是否有合理的"学"的目标。

• 更多地关注老师授课的思路设计、策略实施,而忽视学生学的思路与方式。

• 更多地关注教学是否完成教材内容,而不是关注学生的能力素养是否有效形成。

• 更多地着眼学生的学业,而不是学生的学业与综合发展之间的关系。

• 更多地关注学生是不是理解了知识,而忽视学生是否投入了深入的思考。

• 更多地关注老师与学生的对话,而忽视"学际"关系的发展。

• 更多地关注正式统一的终结性纸笔测试,而忽略指向学生过程性的、发展性的、指导性的学习评估。

• 更多地关注学生的学习成果,而忽略对整个教学支持系统支持水平的考查。

基于学生学习逻辑的主要评价特点是：

● 多维度评价目标。更强调"人"的多维发展，包括知识、能力、思维方式、文化理解、意志品格、组织能力、自主学习的意识和能力。

● 多主体评价者。特别强调评价对象的参与。把评价对象看作只是被动的接受者到把评价对象看作是评价的主体，强调评价对象自我评价的重要性，引导评价对象参与从指定评价方案到取得评价结果的全过程，强调评价对象对评价结果的认同；更注重评价主体的平等协商——个体、小组、教师、社会观课人员组成评价组织，建成能量立体流动的评价共同体。

● 全方位支持体系。更关心学生的学习条件。

● 全闭环评价流程。更强化评价的后续效应。

比较之下，基于学生学习逻辑的评价与基于教师教学逻辑的评价在评价设计、评价目标、特定评价指标等方面主要区别如下：

	维度	基于学生学习逻辑的评价	基于教师教学逻辑的评价
评价设计	目标共商	强调	忽略
	主体是教师、小组、学生个体、外部力量	是	主要是教师
评价目标	检测学生学习成效	强	强
	强化学生学习动力	强	弱
	激发学生优化个体及小组学习策略	强	弱
	激发学生自主学习、综合发展	强	微乎其微
评价指标	了解学生的学习基础、态度和方法	强	较强
	了解学生情感状态、综合发展状态	强	基本没有
	了解学生的合作性和自主学习状态	强	微乎其微
	了解学生支持体系的运作状态	强	基本没有

（续表）

	维度	基于学生学习逻辑的评价	基于教师教学逻辑的评价
后续作为	追加学习	强	大多止于"订正"，没有系统分析和设计
	引导完善学习观念与学习策略	强	大多关注学习态度
	有效进行后期规划	强	基本没有

◇ **案例**："演讲"就只是上台讲啊？

"演讲"是我们班级的常规"节目"。演讲内容主要是读书报告。演讲训练的目的有两个，一是督促和检查学生阅读，二是强化学生的交际能力和合作能力。

国庆节前，我们布置了演讲评价：每人三分钟演讲。

为了防止所讲内容过于杂乱，我们限制每个学生核心 PPT 只允许有三张：第一张显示演讲主题，第二张列举所阅读的书目或篇名，第三张列举演讲大纲。

我们事先确定演讲评级标准：

入门级：衣着得体、站姿挺拔、站位合理。阅读量达标。
良好级：满足"入门级"要求；且有独立的思想；话题聚焦，材料合理，论述有条理。
优秀级：满足前两级要求；且有独到思想，或颇具感染力。

我对班长、学习委员、课代表嘱咐了一番，然后兴致勃勃地等待。

他们是一群能干的孩子。

这天一大早我来到教室。一看却是我大失所望，教室里没有任何布置。课代表只是将 PPT 链接好了，既没有安排主持人，也没有设计计时程序。当然更没有评委。

我没有说什么，临时找了一个主持人和计时器。

237

同学们开始演讲。

有的人的"主题"就是书名。有的人好歹加上了一个"读"字：读《……》。

有的人材料铺天盖地，屏幕塞得密不透风。

有的慷慨激昂，听的人不知所云……

我问组长们，事先小组讨论过吗？

三个组长点头，七个组长摇头。

原来过去的一周里，小组活动并没有有效开展。

我马上请学习委员、课代表、组长们组织小组活动讨论：

一个好的演讲，做到哪几点最重要？

一次演讲活动是不是仅仅是"讲"的活动？

一个好的小组，应该在演讲训练过程中发挥怎样的作用？

两天后学生给出两份新的评价表：

班级组织工作评价表	演讲环境布置	演讲流程组织设计		
		主持	顺序编排与服务	反馈与指导

小组学习活动评价表	演讲主题设计研讨	演讲资料与过程互相改进	演讲效果互评			
			主题是否鲜明有新意	材料是否结构化且典型	演讲表情声音动作是否有表现力	PPT制作是否有效有艺术感

这个案例说明：

1. 课程实施、课堂教学中的评价，往往是预设与生成的结合。

2. 教师的"设计"永远具有"想当然"的元素。

3. 只有真正来自于学生"共识"的评价指标，才是切实对应学生学习中的问题、引导学生发展的工具。

二、基于学生学习逻辑的评价要素与策略

基于学生学习逻辑的教学评价具有很大程度的综合性。这里的综合性有两个意思。第一个意思是指评价的维度是复合的,是既包含着学生学习,也包含着学生学习的支持体系;既包含着学生学习的成果,也包含着成果的内在成因;既包含着学生学习过程中的学业维度,也包含着学业维度之外的情感、意志、自主学习力等方方面面。

综合性的第二个意思是评价目标需要进行整体设计,评价方式更为多元。常规的传统的纸笔测试的方法依然采用,但是权重大大降低,教学场境中的表现性评价会成为评价的基本形式。评价任务的设计会成为常态。

1. 学生自主导向的学习评价的五大要素。

基于学生学习逻辑的学习评价,对应学生学习流程的两层级五流程,课程推进中的评价,围绕学生学习的有效实施,主要关注五大要素。

(1) 学生对学习目标的认知水平与确定能力。

◇ 案例:你们是来学习的吗?

> 若干年前,笔者带一批学生到加拿大学习。
>
> 他们都是优中选优的学生,在加拿大最好的私立学校插班。
>
> 他们的成绩全面碾压当地学生。数学物理自然不在话下,即便英语他们也毫不逊色。
>
> 但是第二周的辩论赛中,他们的表现令当地老师侧目。那种咄咄逼人的气势,连我都完全看不下去。
>
> 但是他们对此浑然不觉,得意之情抑制不住地洋溢在脸上。
>
> 当晚我们开了一场交流会。
>
> 第一个问题:你们觉得你们到现在为止表现怎么样?
>
> 预料之中他们觉得好、十分好、好极了。
>
> 第二个问题:你们觉得你们是来学习的,还是来"征服"人家的?
>
> 他们愣了半天,回答说,学习的。
>
> 第三个问题:你觉得你们需要从哪些方面开展学习?
>
> 他们讨论了好久,给我结论:①感受人家文化的特点。②学习人家

好的学习观念和方法。③培养国际交流合作的精神和能力。

我问出第四个问题:你们能不能再一次评估一下你们到今天为止的"学习"观念、"学习"方式、"学习"成效?

讨论之后他们承认,他们一直在用自我表现代替"学习"——虽然"自我表现"也是一种学习。

基于学生学习逻辑的评价,首先要观察的是学生对学习目标的体认。能否关注学习目标,根据课程标准、学习进度、教材内容、自身特点确定合理的学习目标,并且在某学期、某学段中关注学习目标的进阶性,进而根据学习进展反思和调整学习目标,这是一个学生成为一个合格"学生"的前提。

(2)对支持性条件获取和利用的能力。

◇ 案例:关于《苏武牧羊》单元课本剧表演的评价表

评价维度	评价指标	自我品评	小组评议	教师评价
探究主题	主题与单元内容的相关性	☆☆☆☆☆	☆☆☆☆☆	☆☆☆☆☆
	探究主题是否聚焦			
学习资料	资料的丰富性	☆☆☆☆☆	☆☆☆☆☆	☆☆☆☆☆
	资料的权威性			
	资料的结构化			
学习环境	学习环境的多元	☆☆☆☆☆	☆☆☆☆☆	☆☆☆☆☆
	学习环境与探究主题的吻合度			
成果呈现	小论文的内涵	☆☆☆☆☆	☆☆☆☆☆	☆☆☆☆☆
	演讲的表现力			

学生学习是否达到效度的最大化,与学习环境、学习资源、学习伙伴有直接的关系。我们经常以领袖人物在剧院门口读书的故事来帮助学生"励志",这恰恰说明好的学习环境对于学习就像大地之于小树、河流之于

鱼苗。宏观的学习环境大多是由校方或教师提供的,但是学生未必不是学习环境的拓展者和再造者,而微观的"再造"和利用正是学生自我培养的机遇。学习资源、学习组织的获取也同样。所以,对学生的获取和利用学习支持条件的能力进行评估,是引导学生成就学习目标、培养未来能力的必要杠杆。

(3) 对学习成果的提炼、集结和表达的能力。

在学习成果上,教育界经常表现出一种极端和悖离。一方面,大多数人过于追求"成果",把学生的考试成绩和竞赛结果看成学生学习的根本甚至唯一;另一方面,很多有情怀的教育人士又一味关注"过程"。其实,学习成果应该理解为学生学习成效的观测"站",也是学生自我激励、不断晋级的台阶。而简捷有效地表达成果,需要学生既有较为宏观的视野,也有提炼的技巧与方法,思维活动量大、语言能力要求高,是一种高强度的综合性活动,对学生学习成果进行反观,则是较高层级的评价过程。

以学生为中心的教学不是不关心学生学习效果,恰恰相反,不仅关心学习效果,而且把学习效果当作自主学习能力、人际合作能力、自我支持体系建构能力的综合结果。所以,基于学生学习逻辑的评价也是多维度的、效能也是多向度的。

也就是说,引导学生关注自己的成果、积累相关成果,进而进行相应评价,是鼓励他们综观自己的学习成效,回顾自己的学习历程、分析自己的学习动力、学习方式和方法。

(4) 学生自我评估的能力。

现行的教学体制中,对学生学习的评估(评价)主体毫无疑问是教师,评估的方式主要是批试卷、改作业。如果一个教师让学生自己批阅试卷和作业,那么"转嫁劳动""不负责任"的帽子可能随时落到头顶。教师当然是需要对学生学习进行评价和评估的,但是"基于培养目标"的"分工"仍然是基本前提。

学生为什么要具有自行评估学习目标、学习过程、学习策略、学习成果的能力?

第一,强化自己的反思能力。思想永远在追问途中。自我评估力其实就是自我反思的能力。自我反思能力是每个人学习能力、智力、社会能力的一部分。西方教育思想家杜威曾系统地论述反思的重要性。他对反思加以定义:"思维或反思,就是识别我们尝试的事和所发生的结果之间的关系"。他同时强调反思的意义:"只要实际的思维过程真正是反省的,那么,它就会是灵活的、细密的、彻底的、确定的和准确的,它是一种有秩序的过程,简单地说,这便是逻辑的"①。反思不仅是一种对已有知识及能力的评判,也是一种对学习过程再认知的过程。

第二,明确调整学习目标的依据和学习策略的起点。

关于学习的自我评估的第一个层级是基于既定目标的自我衡量。

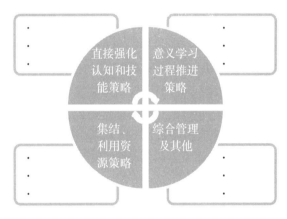

关于学习的自我评估维度分析示意图

学习不能没有学习目标和前置策略。但是,学习目标和预设的策略是动态生成的东西。就学习策略而言,直接强化认知策略、资源集结和管理策略、学习过程推进策略,都需要在自我检测之后才能有效分析和确认。

自我评价的第二个维度是参照同侪的自我分析。

比较是鉴别的有效途径。在学习的过程中,一味低头拉车显然难以发现自己在学习策略包括学习力度上的优势与不足。对应学习伙伴的学习成效,反观自己的形态和作为,进行一定的调查研究和数据分析,可以有效地将自我评价的过程演变为切实的自我教育。

---

① 参见杜威《我们怎样思维》,人民教育出版社 2005 年版。

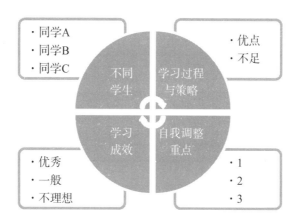

关于学习的自我评估同侪比较分析示意图

(5) 追加学习的意愿和调整计划的能力。

评价学习的直接功能在于激发学生强化学习意愿、追加学习效力。但是有些学生在评价结论出来之后,没有追加学习的意愿和规划。如果激活可激活的部分、缩短预备等待的过程,对"追加学习的意愿和调整计划的能力"的评估,会直接让学生意识到自己学习环节的缺失、学习目标不能实现的具体原因,从而焕发信心、采取行动。

学习目标不能实现的原因分析及追加学习计划表

	分析维度	细化描述
动力原因	觉得这个内容不重要	
	对这个内容没兴趣	
	对这部分学习没信心	
	其他	
策略原因	资源等外部条件不充分	
	阅读或练习不足	
	巩固不及时	
	其他	

（续表）

	分析维度	细化描述
追加学习	学习目标与内容	
	学习方式与方法	
	需要的外部支持	
	学习时间及成效评估的时间节点	

以上五个要素是基于学生学习逻辑的学习评价的重点，是基于学生学习的评估区别于教师教学中心的评估的特征所在，也是矫正当前学习评价的弊端的突破点所在。但是，在整个学生学习系统中，并不因此排斥传统的评价方式的规范性和有效性。恰恰相反，学生学习评价正是要基于传统评价方式，对之加以补充、调整和融合。

2. 教师主导的非标准化教学评估策略。

标准化评价是在系统设计下，特定的目标、时间、对象、维度、解释标准所构成的评价。国家考试、年级考试、学期评语、单元测验，都可以算进标准化考试之中。

标准化评价大多为教育主管部门设计，经多年的教学实践固化下来。他们对学生学习发挥直接的指挥棒作用。

基于学生学习的评价，更强调在标准化评价之外的非标准化教学评估，也更强调纸笔评价之外的动态的、"随意"的、隐性的、不加言传只凭借意会的评价策略。

（1）以"特色"统领"基本面"。

◇ 案例："你可以不批改学生论文呀"

在推广"学生学习逻辑"和"专题学习"相关理念的过程中，有一次笔者到实验校听课。

事先跟实验校老师一起备课、设计学生学习方案。

上公开课的老师很有才华，她带领学生开发了大量的学习资源，设置了多元化的探究主题、组织了学生学习小组,学生们每人写作了一篇2000多字的论文。学习效果非常不错。

正在我替老师喜不自禁的时候,这位老师找我愁苦地说,这种教法没法继续呀。

我大吃一惊,急问为什么。

她说,单批改学生论文就花了一个多礼拜的时间。

是呀,两个班90个学生,近18万字呢。

我问,你为什么要批改学生论文呢?

她吃惊道:还可以不批改学生作业?

我点点头,让她看我自己班级的一个录像:每个学生3分钟学习成果汇报,每人三张PPT,第一张演讲的主题,第二章阅读的书目和篇目列举,第三张自己的思想摘要。既可以观察学生探究主题设计的能力,又可以了解他们搜集资料和整理资料的情况,还训练了他们的演讲。而且,成果汇报之后学生们修改他们的论文,集成班级专题成果集,尽可能满世界送发。都满世界送发了,他们会不尽其所能地认真对待吗?

把评价由纸笔对话调整为情境对话,借助特色活动而不是传统的"批改作业"来观察学生的学习过程、学习内容、学习成效,完全可以把评价这一杠杆的效力几何式升级,有效统领学生学习系统的评价和学习系统的全面提升。

其次,以学生为中心的学习,最大的特点之一是师生分工——该学生做的老师尽量不碰,同时学习的空间和资源极大程度地丰富。很多的学习内容和学习过程是很难加以一一评估的。教师抓住"出口"、以特色活动为抓手,形成既具有集成功能、又富有综合效应的评价方式,比如演讲、表演课本剧等方式,以作品集、论文集、公众号等为平台,纲举目张,以点带面,不仅能有效观察学生的学习状态、发现其学习过程中的得失,而且能够有效引导学生以综合化的学习方式取得多维学习效益。教师也可以借机将更多的时间花在更有意义的地方而不是简单的体力劳作上。

（2）以压力激活动力。

◇ 案例：近期我不想跟你说话

小 Y 是一个非常活泼热情的男生，同时也是一个酷爱玩手机游戏的男生。期中考试成绩出来之后我找了 6 个同学到图书馆谈话，最后一个是小 Y。

小 Y 走到我身边，我请他在我对面坐下。

他坐下来，有点不安地看着我。

我不看他，看我桌子上的成绩单。

很久之后我抬起头对他说：

"我一直以为你是一个喜欢玩，但是有头脑、有目标、能自律、有出息的男生，没想到你是这个样子的。我很失望，不想跟你多说什么，你走吧。"

他坐着没动，似乎不知如何是好。

我声音低沉但蕴含愤怒和"嫌弃"地说，你走呀！

他站起来。

我说，你走呀！

他不得不走了。

之后一个礼拜的时间里，我基本不看他。我知道他一直在关注我的眼神，但是我都装作看不见。

他开始努力，并且努力表现，但是我一概视而不见。直到他有一天上讲台十分精彩地表达他的阅读感想，我才看着他对全班同学大声说，这才是一个可尊敬可信赖的男孩子的样子。

他笑了。我也笑了。表面上看是师生"言归于好"。实际上，是我"压力"性评价奏了效。

每个孩子都有自尊心，也几乎每个孩子都希望得到老师的重视和肯定。这里隐藏着教师评价的重要机遇：教师可以着眼理想与现实之间的落差，"利用"学生对老师的感情，给学生施加感情上的压力，激活学生成长的动力。这种"压力"，以相应的高度为起点——"我一直以为你是一个有头脑、

246

有目标、能自律、有出息的男生"，"责骂"的背后是对学生的欣赏和期待，这种欣赏和期待，会有效激发学生对老师的尊敬、信赖和对自己的期许，会暗暗下定决心以优秀的表现不让老师失望，以匹配老师美好的、"一直以为"的内心评价。

（3）以"随意"调度"系统"。

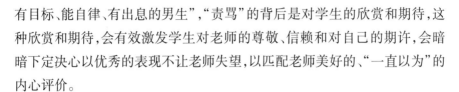 **案例**：它们是失败的油菜花

高三第二学期，一个女生半夜给笔者发短信说，老师我喜欢上一个男生。我假装没看见。但是她不依不饶，说老师我发的短信你看见了吗？我只好回她说，高三好好念书，别扯没用的。可是她非要扯这些所谓没用的，发来信息说："老师我现在被爱的情绪冲昏了头脑，别的事情做不下去，我可以听听你对这件事的看法吗？"我说："行，明天中午你跟我一道去食堂。"

第二天中午我们一道去生活区。她一路眉飞色舞赞美那个男孩儿这里好那里好。我不打断、不赞许，只做出心不在焉东张西望的样子。我故意以自己的心不在焉和东张西望消解她内心的底气。

临到食堂楼下，我站住说，我要去吃饭了。她被突然打断思路，愣了一下说，老师您还没有对我说您的看法呢。我指着楼边树脚下的一小片油菜花，问她说，好看吗？她一脸莫名地回答："好看。"我说："可惜是短命的花。现在是三月，马上会有倒春寒。倒春寒一来，它们就会全体凋零，然后，颗粒无收。"

她显然被震到了。转而若有所思地说："您的意思是我谈恋爱谈的不是时候？"

我笑着说："算你聪明。"

下午我走进教室，上课前我淡淡地说，到这个年龄还没有喜欢过异性，大概情商有问题。但是喜欢一个人就不管不顾，一下子陷入爱的陷阱里搞乱自己的局面，那是智商有问题，请你们用智商来控制情商。

据说，班级因此开展了一场关于"谈恋爱"的大讨论。

两性情感是中学生必然遭遇的问题,一不小心会有难以想象的后果。谈恋爱貌似与"学习"没有直接关系,但是基于学生学习逻辑的理念之一是"情意是第一生产力"。所以关于情感、态度、价值观的所有话题都是"教学评价"系统中的要点。在这次"即兴发挥"之后不久,本人不仅跟学生作了一个关于"爱情"的专题讲座,而且组织同学开展了一次集调研、案例分析、辩论于一体的活动,以实现"随意"与"系统"的深度对接。

事实上,无论初衷多么"与人为善","评价"都天然带有威压的特性。但是春风润物往往更具有深度的、系统性效应。看似"随意"的评价往往更能避免学生的防范心理,达到直击人心的效果。

当然,正像汪曾祺说他自己的散文是"苦心孤诣的随意"一样,教育评价中的"随意"也是内在系统的"点"式爆发。背后至少有三点"确认":话题里潜藏着值得关注的问题、策略上有心理学或社会学原理支撑、情境上能自然地对接。

(4) 以调研代替和辅助评价

◇ **案例**:周五是我们测验和调研的日子

作为高中语文老师,各种课七七八八加起来笔者每班每周有 5 节课。经过反复试验,笔者采取 2+2+1 式时间分配制——第一个两课时,交流学习目标、学生对应主题查阅资料形成研究报告,第二个两课时,学生交流探究体会,教师提炼和提升。周五的一节课是每周的最后一节课,我主要用来测验和调研。

为什么要用来测验和调研,又用来测验、调研什么?

——很多内容,比如词语解释、诗文背诵、文化常识,这是学生自主完成的部分,老师必须要进行"督学"和"评学"。学生也必须对自己的一周学习进行回顾和总结。后期的追加学习和策略调整,也需要以此为依据。如统编语文教材高一第三单元学习成效调研:

一、文学知识

　　1. 你认为《登高》的体裁是(　　)。

　　A. 古体诗　　　　B. 五绝　　　　C. 七律

　　2. 你认为《登高》"鸟飞回"中"回"的意思是(　　)。

　　A. 回家　　　　　B. 盘旋　　　　C. 倒退

　　3. 你认为《梦游天姥吟留别》所表达的感情主要是(　　)。

　　A. 怨恨无奈　　B. 缠绵深情　　C. 豪迈旷达

　　4. 你认为《琵琶行》中表现音乐声音最为激越的句子是＿＿＿＿＿＿＿

＿＿＿＿＿＿＿＿＿＿＿＿＿＿＿。

　　5. 曹操《短歌行》中最典型的四个典故分别是＿＿＿＿＿＿＿＿＿＿＿。

二、自主探究

　　1.《念奴娇·赤壁怀古》的版本运用"乱石穿空"而不是"乱石崩

云",你认为其理由是＿＿＿＿＿＿＿＿＿＿＿＿＿＿＿＿＿＿＿＿＿＿。

　　2. 围绕本单元,你阅读的课外资料包括＿＿＿＿＿＿＿＿＿＿＿＿＿

等,总计大约＿＿＿＿＿字。

　　3. 在本单元的学习过程中,你在小组合作中主要的作用是＿＿＿＿＿

＿＿＿＿＿＿＿＿＿＿。

三、学习体会

　　1. 学完本单元,你对诗词的理解主要变化点是＿＿＿＿＿＿＿＿等。

　　2. 学完本单元,你个人的收获主要有(　　)。

　　A. 诗歌理解方面

　　B. 阅读、写作、表达能力方面

　　C. 其他＿＿＿＿＿＿＿＿＿。

　　3. 在本单元学习的过程中,促使你进步的主要因素有:

　　A. 老师讲解的部分是＿＿＿＿＿＿＿＿＿＿＿＿＿＿＿＿＿＿＿＿＿。

　　B. 有关阅读学习资料的是＿＿＿＿＿＿＿＿＿＿＿＿＿＿＿＿＿＿＿。

　　C. 有关小组合作的是＿＿＿＿＿＿＿＿＿＿＿＿＿＿＿＿＿＿＿＿＿。

　　强调学生学习逻辑,就是强调以学生的学习为中心。但是"学生学习"内涵十分复杂,既包含着学生主体的不同特征,又包含学习内容的不同类别,同时包含学习过程中的基本环节和各种特殊情况。其次,学习的成效也有终结性、过程性之分。在达成终结性目标的过程中所体现出来的学习心理、学习策略,学习支持系统的状态,也是一个学习者成长的重要指标。因此,学习评价是一个复杂的系统。但是,越是复杂的系统越要找到简洁的路径和特殊的策略。如何长线与短线结合、即兴发挥和长期规划结合、学业发展与综合发展结合、学生主体与多维主体结合,建设一个能量立体流动的评价生态,关乎学习评价系统能否有效构建,也关乎学生学习逻辑能否全面实现。

但归结到底,正如帕斯卡尔所言,评价与教育的标准,永远是"思想"和"尊严"。在评价过程中,教师要慎用浩言、华言,多用简言、微言。爱,且让学生了解爱;期待,且让学生感动于期待;不纠结于表面现象、不惑于枝节性的甚至非人力因素的东西,着重营造评价的场景,以意境为上;发挥自评、互评、言评、意评、在不评中评的各自独特效用;在正确的教育观、课程观、教材观、教学观中将评价的过程演变为学生成长的进程。

兼具诊断、引导、激励等功能的学习评价,与指标性学习目标、多功能学习空间、结构化学习资源、学习型学习组织等一起,构成支持学生学习的运作系统。

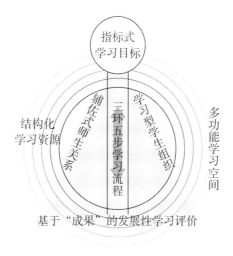

学生学习逻辑支持系统运作模型示意图

后　记

　　这年头，出书没什么稀奇。一个从事教书读书"事业"多年的人，谁还没能力出它几本书呢？即便是我，拉拉杂杂也主编或撰写出版各种著作几十种了。

　　但是老实说，在内心深处，真正属于"自己的书"并没有真正出版过。曾经在电视台做过"白云悦读"系列讲座，文字讲稿很现成，出版起来应该费不了多少力气；从事过科研工作几十年，自我感觉有很多心得体会，七七八八零零落落，很想为它们找一个归宿；为全国各地教师讲座近五百场，录音文字静候在电脑里而且日积月累。

　　当然还有几十年茶余饭后山间地头的闲散文字。它们中间的一部分被结集出版为散文集《时间的看客》，剩下的还有好大一批。

　　它们才是真正从我的内心出来的东西，是我生命的局部，是我最想在世间找到一个地方安放的林林总总。

　　先生说，这年头，写什么书呢，有谁看啊！

　　我哥哥说，算了，不要再做这种呕心沥血的事情。

　　女儿说，你不写人家还觉得你有点丰富，你一写倒觉得你简单了。

　　家人的反对是对的。活到知天命之年，对世间很多事情的"意义"产生怀疑，知道"出书"也只是一种莫名其妙的执念。加上日常事务繁多，整理书稿变成了迟迟没有开工的事情。

　　但是心底有另一个梦想始终不死。

　　少年时期受各种宣传画报影响，觉得中年女教师是世界上最刻板无趣的造型。所以一直抵触做教师。但是不小心还是做了教师，做着做着，有了困惑，而且困惑越来越多、越来越深。波兰诗人辛波斯卡在《诗人与世界》中说:"任何知识若无法引发新的疑问,便会快速灭绝——它无法维持赖以存活所需要的温度。"或许正是这些困惑激活了潜在的好奇心、探究的欲望与试验的乐趣,随着年龄的增长,教育教学思考与试验仿佛变成灵魂上的需要、变成提升自己生命"温度"的东西。

正在糊里糊涂乐此不疲地工作的时候,去年先生惊讶地发现几十年来我各级各类奖状证书和作品塞满整整一个柜子。他问我,马上退休了你这些东西怎么办呢?我嘴上轻描淡写地回应:"送进垃圾箱呗,还能怎么办呢?"其实心里咯噔一下:不管你对你的工作有多大的热情、自我感觉正干得如何轰轰烈烈,都有一个冷静的声音提醒你:你告别职业舞台的日子近了。

于是越发对自己几十年所从事的、所研究的、所关注的割舍不下起来。

越发觉得要把自己几十年所体会的、所发现的、所确认的总结一下。

何况觉得这外人眼里普通又普通的几十年,自己是怎样的筚路蓝缕——成天开会、科研、教书、带学员,为各地教师和电视台做讲座,没完没了地看资料写东西。大多数时候几乎没有什么时间吃饭和睡觉。更别说休闲。

何况觉得比大多数教育工作者幸运——有些人学富五车,但是没有太多的机会亲身体验一线的教育实践;很多教师勤勤恳恳,却没有太多机遇了解教育政策的顶层设计和各种区域重大项目。我呢,恰恰是"上蹿下跳"的一族——长期的教学经历、各级各类的所谓"专家"经历,让我得以立足学科思考教育、基于较为宏大的视野做最为细微的考察。从教育规划、学校发展、教师培养、学科策略、教育评价,不仅对基础教育的方方面面几乎全部有涉猎,而且教育教学设想几乎都可以在实践中试验。

有了这样的自恋和自得,更加对自己所谓的思考敝帚自珍,更加相信把自己几十年的"成果"总结成著作是一件有利于教育有利于学生的事情。更加相信它表面上是一本关于个人教育思考和实践的书,实际上它不仅是一个人的学术自传、也是一个教师三十多年来国内外广泛考察、专业非专业书籍大量阅读、参与各级项目研究、在教育领域中入围与突围——种种体验和思考的结晶;放大视野来看,它或许也是一个时代中平凡教师的所思所想所作所为的代表。作为案例,可以窥见教育时代特点之一斑、是教育发展到今天的一个记号。

实事求是地说,写作时候的"野心"不止于此。正如本书提要所言,中国关于"基于学生立场""学生学习支持体系"系统理论和实验样本并不丰富。我作为教育变革大局中的一员,很希望为中国的教育理论提供理论假设和实践样本。至于最后这个目标能不能实现——鉴于我水平的浅薄十有八九不能实现——已经不是我所关心的事情。

这听起来有点猖狂,甚至有点疯狂。但是真心里确实是这样想的,也是奔着这个目标去做的。我不顾一切地把各种工作之余的零散时间调度出来,零零碎碎地为自己的"著作"添砖加瓦。利用出差"闭关"的机会,以15天7万字的速度,续完整部书的草稿。

草稿完成了,我试着跟计划帮我出书的、合作十余年、为我尽心尽力又无限美好的编辑老师说,我想为这本书找一个更好的出身——我想换一家专业更加对口的出版社。

她竟然不顾烦难设法成全。

我跟上海教育出版社的何勇老师说,我想把这本书在您这里出——

他马上侠肝义胆地安排起来。

于是我遇到一位极认真、极严谨的编辑,一遍遍沟通一遍遍修改。我交给她一套毛坯,她打磨成一个作品。

其实不只他们。一路走来,上海市教委、复旦附中、杨浦区教育局教育学院……从各级领导到身边朋友,从各路同仁到我的家人,不知道给我多少包容和支持。不方便在这里一一列举他们的名字,但是他们的情意和智慧,已经渗透在字里行间。我只能以这样的方式,向他们表示衷心的敬意和感谢。

包括另外一些对这本拙著做出特别奉献的人。

2021.8

图书在版编目（CIP）数据

"以'学'为中心"理论的建构与田野实践/王白云著.—上海：上海教育出版社，2021.8
ISBN 978-7-5720-1148-1

Ⅰ.①以… Ⅱ.①王… Ⅲ.①基础教育–研究–中国
Ⅳ.①G639.2

中国版本图书馆CIP数据核字(2021)第175250号

责任编辑　姚　岚
封面设计　陈　芸

YI XUE WEI ZHONGXIN LIRUN DE JIANGOU YU TIANYE SHIJIAN
"以'学'为中心"理论的建构与田野实践
王白云　著

出版发行　上海教育出版社有限公司
官　　网　www.seph.com.cn
地　　址　上海市永福路123号
邮　　编　200031
印　　刷　上海昌鑫龙印务有限公司
开　　本　700×1000　1/16　印张 16.5
字　　数　245 千字
版　　次　2021年8月第1版
印　　次　2021年8月第1次印刷
书　　号　ISBN 978-7-5720-1148-1/G·0901
定　　价　40.00 元

如发现质量问题，读者可向本社调换　电话：021-64377165